En psykologisk Ram-modell

för analyser av psykologiska samband, och avsedd att vara en länk mellan kognitiv beteendeterapi, systemteori och gestaltterapi.

ISBN: 978-91-7785-335-0

Förlag: BoD – Books on Demand, Stockholm, Sverige

Tryck: BoD – Books on Demand, Norderstedt, Tyskland

Illustrationer, grafisk form och sättning samt omslag:

Staffan Garpebring

Inledning

Denna bok, *En psykologisk rammodell*, är en bearbetad nyutgåva av
FRAMES en psykologisk rammodell. Den har nu nytt format, kortad
titel och följaktligen nytt omslag.

Det har gått arton år sedan jag först började skriva för att
bearbeta mina erfarenheter i arbetet på en ungdomsmottagning.
Den första utgåvan av "FRAMES en psykologisk rammodell"
publicerades 2004. Därefter har jag skrivit "Stressreflexer och
tankefällor", "Stress Reflexes reflecting and affecting Perception
of Life" ("Fight Flight Psychology" som redigerad nyutgåva)
samt "Fokus och bakgrund". Fjorton år och fyra böcker efter
den första utgåvan har jag sett att en hel del behöver förtydligas
i denna bok.

Mitt behov att reflektera över sättet att arbeta med psykoterapi
kommer av mitt livslånga intresse för "det sinnliga", det gestalt-
terapeutiska arbetssättet och att jag själv hade behövt hjälp att
bearbeta mina sinnliga upplevelser när jag var liten. Genom åren
har jag så ofta reflekterat över och fascinerats av att vi människor,
trots att vi befinner oss på samma plats och i samma
händelseförlopp, kan registrera (ta in) det som sker på så olika
sätt.

Den psykologiska termen "selektiv perception" täcker det som
jag vill skriva om, men det är ett begrepp som kräver sin för-
klaring. Perception betyder varseblivning dvs. intag av sinnes-
intryck från omgivningen och inifrån kroppen. Vi har yttre
sinnen; syn hörsel lukt smak och hudkänsel. Vi har också inre
sinnen; balanssinnet, muskelsinnet olika sinnen som rapporterar
inifrån kroppen; smärta, lust och njutning.

Perception (varseblivning) och *kognition* (begrepp och tänkande) är
psykologiska funktioner som "går in i varandra", så vi behöver

hålla isär de båda begreppen om vi vill "plocka isär" analysera psyket (se motstående sida).

Det som vi *"tar in"* (blir varse) har valts ut av vårt psyke (selekterats). Det pågår ett ständigt flöde av information till hjärnan från omgivningen och inifrån kroppen. Sinnesintrycken inifrån oss själva och utifrån (från omgivningen) kommer i förgrunden *eller* i bakgrunden i vår uppmärksamhet. Vad vi blir varse beror på omständigheterna och vad vi tidigare har varit med om av känslor, tankar, associationer och förväntningar om kommande upplevelser.

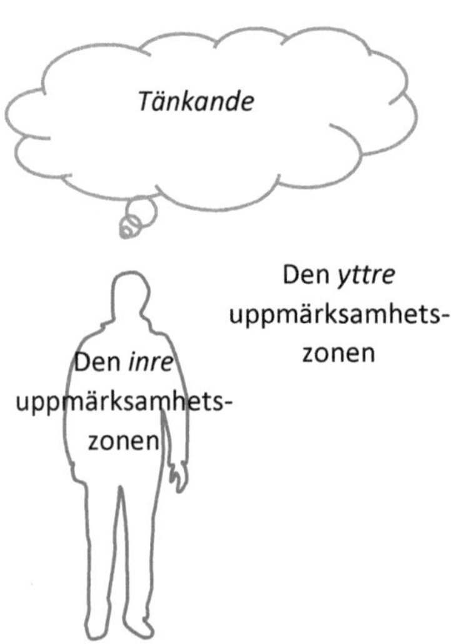

I "tänkandezonen" bearbetar vi minnen och begrepp.

Från den "yttre uppmärksamhetszonen" får vi intryck genom syn, hörsel, lukt, smak och hudkänsel.

Från den "inre uppmärksamhetszonen" får vi intryck genom muskelsinnet (om rörelser och hur spända musklerna är), balanssinnet (kroppens läge) och många andra nervreceptorer som talar om huruvida vi är hungriga, törstiga, har ont, om vi är varma eller kalla osv.

I medveten närvaro (mindfulness) registrerar vi huvudsakligen sinnesintryck och upplever "läget här och nu". På så sätt är vi i kontakt med våra sinnen och kroppen, och kan lättare kommunicera med andra om vad vi känner i oss själva.

FRAMES betyder följande i denna bok

F **Formering** av yttre sinnesintryck skapande/
sammanställning av synintryck, hörselintryck, doft,
smak och hudkänsel,

samt formering av sinnesintryck *från inne i den
egna kroppen* som kommer på grund av kropps-
minnen, mentala associationer *eller yttre
sinnesintryck*. Den sinnliga, sensuella delen av
psyket – den selektiva uppmärksamheten.

R **Reaktioner** (reflexer) **i kroppen.**

Fysiologiska reaktioner, stressreflexer,
avslappning, behovstillfredsställelse, kroppslig
balans eller obalans.

A **Agerande** beteende, kroppsspråk och mimik.
Språkliga uttryck.

M **Mental reflektion;** bearbetning av våra
ageranden och sådant som vi blivit varse via
våra sinnen. Kognitiva funktioner.

E **Emotioner,** minnen av känslor i relationer, och
känslorna här och nu.

S **Självupplevelser;** självbild, självkänsla,
självrespekt, självförtroende.

Innehåll

Kap 1	En samtalsmodell om psykologiska samband	11
Kap 2.	Beståndsdelarna i FRAMES	33
Kap 3	Andningens roll i stress och ångest	73
Kap 4	Här-och-nu-FRAMES, minnes-FRAMES och framtids-FRAMES	91
Kap 5	Cirkulära, systemiska samband i FRAMES	99
Kap 6	Utveckling av FRAMES till upprepade mönster i självupplevelser och personlighetsdrag	187
Kap 7	Analyserat liv	237
	Slutord	293
	Referenslitteratur	297
	Appendix: Balanserade FRAMES kontra ångestupplevelser	301

Kapitel 1

En samtalsmodell om psykologiska samband.

Jag hade träffat en ung man en tid på ungdomsmottagningen. Under tiden vi träffats hade hans tvångsmässighet minskat. Nu hade han sedan några veckor blivit förälskad i en ung kvinna. Hans vardag fungerade överraskande bra och hans oro och tvångsbeteenden var som bortblåsta. Helt fantastiskt! Hur kunde det bli så?

Eftersom vi tidigare hade utgått från FRAMES-faktorerna för att analysera hur han upplevt ångesten och hur den fungerar i kroppen blev det naturligt att använda modellen igen. Men denna gång handlade det om att försöka begripa ett positivt fenomen. Hur kunde det bli dessa konsekvenser av att han blivit förälskad? Tvångsbeteendena var borta. Han kände sig glad och lycklig.

Jag speglade hans berättelse genom att sammanfatta och lägga till egna reflektioner samtidigt som jag ritade och skrev följande på whiteboardtavlan: När du är förälskad "rusar förälskelse-hormonerna runt i kroppen". Det gör att du agerar spontant, och du känner dig fri och lycklig.

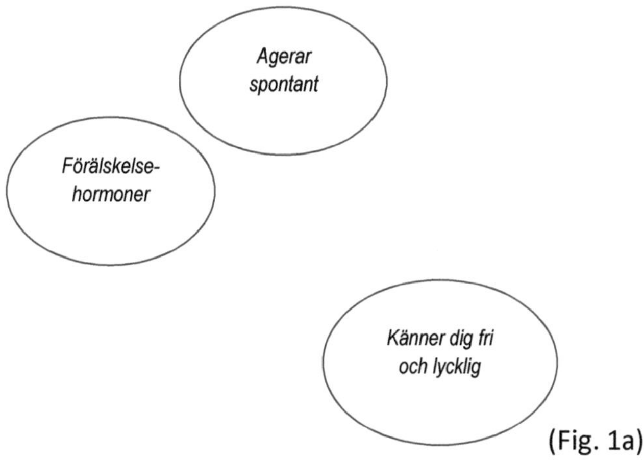

(Fig. 1a)

Därefter fyllde jag på med: Allt detta påverkar också tänkandet. Du tänker positiva tankar om dig själv och framtiden. Din självkänsla stiger, och det som du ser och hör verkar positivt. Omvärlden har klara och ljusa färger.

(Fig. 1b)

Grunddragen i den systemiska psykologiska modell som ska presenteras i denna bok växte fram på whiteboardtavlan i mitt arbetsrum på ungdomsmottagningen.

Jag ville göra visuella översikter när vi reflekterade, dels för att bekräfta min klients berättande, och dels för att kunna analysera systemiskt/cirkulärt. Till exempel hur stress ger koncentrationssvårigheter men också att koncentrationssvårigheter ger stress. Eller för att ta ett annat exempel: Om man är stressad eller rädd åker axlarna lätt upp, och om man går med axlarna högt är det lätt att känna sig stressad.

Det finns otaliga exempel på sådana cirkulära samband. Det kan uppstå onda nedåtgående eller goda uppåtgående spiraler i

FRAMES-systemet. När man känner sig älskad blir man gladare och får mer livsenergi vilket gör att man blir lättare att älska. När man känner sig inkompetent inför en uppgift förlorar man lusten att ge sig i kast med uppgiften vilket gör att man, jämfört med andra som tränar sig och blir bättre, bekräftar sin inkompetens.

Efterhand började FRAMES-modellen "leva sitt eget liv". Nya infallsvinklar och sammankopplingar av teori och praktik tonade fram. Jag blev allt mer engagerad i det cirkulära systemiska analyserande, som blev möjligt med FRAMES-modellen. Inom familjeterapi har man sedan länge tänkt system-teoretiskt, dvs. utgått från att alla i en familj påverkar alla. Om en individ förändras så förändras hela familjen på ett eller annat sätt. Egentligen är det ju också uppenbart att om man utvecklas som person förändras hela systemet av psykologiska faktorer. Såväl tänkande, uppmärksamhet, agerande som kroppsliga reaktioner och känslor utvecklas.

FRAMES-modellen är en kommunikationsmodell som är avsedd att göra det enklare att ta hänsyn till helheter i psykologiska händelseförlopp. Jag vill med boken vända mig till dig som läser psykologi, vare sig det sker inom ramen för psykologutbildning, psykoterapeututbildning, socionomutbildning, medicinsk utbildning eller lärarutbildning. Jag hoppas att exemplen ska göra boken intressant även för andra som är intresserade av psykologi och för dig som är intresserad av samspelet mellan kropp och själ.

Mitt arbetssätt är präglat av både gestaltterapi och kognitiv beteendeterapi. De flesta instämmer nuförtiden i att kropp och själ hör ihop. FRAMES-modellen är ett sätt att åskådliggöra detta, och framför allt ett sätt att reflektera kring cirkulära psykologiska samband. Den är ett komplement till andra sätt att gestalta, symbolisera och bearbeta psykiska problem. Några personer har sin starkaste inlärningskanal i det visuella, några via språkkanalen, andra genom att få göra det nya och bäst lär man sig genom att få använda alla sinneskanalerna på det sätt som passar en själv.

En ung konstnärligt intresserad man som ville ha hjälp med sin sjukdomsfobi (hypokondri) kunde oftast känna sig lugn efter att han blivit läkarundersökt. Men relativt snabbt fanns något annat som gjorde honom ångestfylld. Efterhand som han blev mer och mer medveten om att hans upplevelser handlade om hypokondri blev pendlingarna mellan stunder av lugn och stunder av hypokondri allt tydligare för honom. Vi gick igenom grundläggande information om ångestens psykofysiologi och han tyckte att saker och ting föll på plats och blev förståeliga.

Han upplevde episoder av hypokondri mellan vår träffar. När han var hos mig kunde han förstå hur ångesten i sig skapade sjukdomskänsla. Men när han hemma drabbades av ett nytt ångestskov undrade han vart hans logiska förmåga tog vägen. I skolan var han duktig i kreativa/konstnärliga skolämnen. Men i ämnen som krävde att man "pluggade in" sådant som han inte förstod hade han lägre betyg. Han berättade att han hade stor nytta av att vi bearbetade de psykosomatiska sammanhangen visuellt på whiteboardtavlan. När han kom hem efter våra timmar målade han upp sammanhangen som vi pratat om på sitt eget målarblock.

Det har nu gått mer än ett sekel sedan Freud började utveckla sina modeller för psykoanalys. Först affekt-trauma-modellen om undertryckta frusna känslor. Sedan den topografiska modellen om hur det omedvetna förhåller sig till det förmedvetna och medvetna. I den strukturella modellen delar han in psyket i detet, jaget och överjaget. Dessa modeller har utgjort basen i den freudianska utvecklingslinjen i psykologin. Samtidigt som den freudianska psykologin utvecklades har också andra grenar av psykologin utvecklats. Neuropsykologi; hur hjärnan arbetar och vilka delar av hjärnan som är involverade i olika processer, behaviorismen; om beteenden, vilka situationer som utlöser vilka beteenden och hur konsekvenserna kan öka eller minska dessa beteenden, kognitiv psykologi; om perception, begreppsbildning, minne och tankeprocesser, psykometri; mätning av psykologiska variabler, humanistisk psykologi; om upplevelser och aktiva värderingar, socialpsykologi; om grupprocesser och sociala mekanismer osv.

Inom psykoterapin har transaktionsanalys, familjeterapi, kognitiv beteendeterapi, gestaltterapi, hypnosterapi m.fl. terapiformer utvecklats. Praktiska erfarenheter och forskning inom psykologi är idag så omfattande, att det är omöjligt att ha en överblick över allt.

De två stora perspektiven; det psykoanalytiska och det behavioristiska har i många år "legat och skvalpat" i olika skikt, som oljan och vinägern i en vinägrettsås, utan att blandas upp i varandra. Jag har velat dra nytta av all framväxande kunskap inom psykologin, och jag har sökt en strategi för att kunna integrera så mycket som möjligt av allt som jag kommit i kontakt med under alla år i mitt arbete som psykolog.

FRAMES-modellen blev för mig en möjlighet till integration. Oberoende av vilken terapeutisk inriktning man har kan man använda sig av den pedagogiska FRAMES-modellen. Klientens behov får avgöra om och hur man vill använda den.

Till en ungdomsmottagning kommer ungdomar med mycket olika behov av psykologisk hjälp. Om man har en bred terapeutisk inriktning har man fördelen att kunna anpassa terapin efter klientens behov och förmåga att uttrycka sina problem. Efter den inledande fasen kan vi välja vilket arbetssätt som är befogat utifrån just hennes/hans problematik och sätt att tänka och uttrycka sig. Vi kan också anpassa arbetssättet under terapins gång. Med vissa klienter använder jag nästan enbart gestalt-terapeutiskt arbetssätt. Tillsammans med andra klienter jobbar jag mer uppstramat beteendeterapeutiskt med noggrannare situation-respons-konsekvens-analyser, och strukturerade mål och träningsuppgifter. I vissa terapier behövs en längre tid av förtroendeskapande samtal innan klienten klarar av att konkret verkligen inleda utvecklingen av sitt agerande utifrån den med-vetenhet som fått växa fram i lugn takt. FRAMES-modellen använder jag helt enkelt när jag tycker att den passar in, och tillför något.

FRAMES-begreppet är påverkat av flera psykologiska skol-bildningar: Kroppspsykoterapi där man betonar kroppens betydelse. Den gestaltterapeutiska traditionen där man lyfter fram gestaltbildning, selektiv perception och uppmärksamhets-zoner. Den neuropsykologiska forskningen om motorik, sensorik och aktivitetsreglering. Kognitiv beteendeterapi med fokus på tanke, känsla, handling och konsekvens. Sociologen Antonovsky tankar om salutogenes och känsla av sammanhang (KASAM). Systemteorins fokus på cirkulära orsak-och-verkan-samband.

Boken innehåller korta exempel från min vardag som psykolog. Mitt syfte med boken är *inte* att sammanställa forskningsresultat inom psykologi och psykosomatik. Inte heller att beskriva hela terapeutiska förlopp från början till slut. Syftet är istället helt enkelt att presentera en systemisk, integrerande referensram för systemiska psykologiska analyser.

FRAMES´ *första faktor* **F**, som handlar om varseblivning kan göra det möjligt att integrera kunskap som finns om uppmärksamhet och perception. Jag är fascinerad av att perceptionen är så selektiv, att varseblivning av sinnesintryck påverkas så mycket av olika sidor i mig själv; åsikter, behov, avsikter, vanor, värderingar, familjekultur osv.

R, som handlar om reaktioner på fysiologisk nivå kan göra det möjligt att integrera relevanta delar av neurofysiologin i en psykologisk referensram.

A, som handlar om agerande (handling beteende) kan göra det möjligt att integrera behaviorismens forskningsresultat.

M, som handlar om det mentala kan göra det möjligt att integrera kunskap om minne, begreppsbildning och tänkande.

E, som handlar om emotioner kan göra det möjligt att integrera forskning och teori om affekter.

S kan göra det möjligt att belysa olika självupplevelser (självkänsla, självbild, självrespekt, självmedkänsla osv.)

Jag har tagit med korta sekvenser från terapier för att exemplifiera FRAMES-analyser. Exemplen är modifierade så att det inte ska gå att identifiera vem som beskrivs, utom när exemplen handlar om mina egna FRAMES. Syftet med boken är inte att beskriva hela terapiförlopp, utan att beskriva en psykologisk samtalsmodell. Exemplen är korta brottstycken ur terapier.

I fig. 2 beskrivs modellen på ett sätt. Senare i boken kommer den att beskrivas på flera olika sätt och jag hoppas därigenom att både strukturen, djupet och komplexiteten i FRAMES-begreppet ska tona fram.

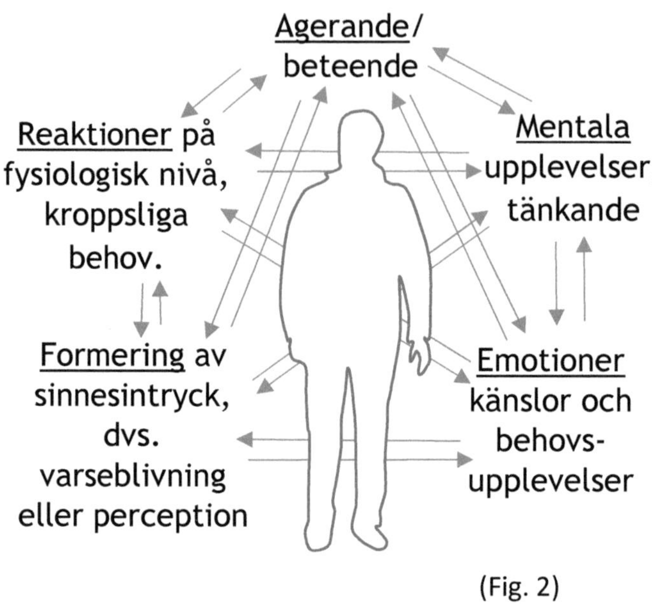

(Fig. 2)

Alla faktorer påverkar varandra ömsesidigt. Alla har betydelse i upplevelsen att finnas till.

Begreppet FRAMES kan stå för begränsade psykologiska händelser. Till exempel att jag gör något (A), får negativ feedback (F), tänker på kritiken (M), blir ledsen (E), stressad (R), känner mig dålig (S), och tänker att "så där ska jag aldrig mer göra" (M).

Ett annat exempel. Solen strålar en sommarmorgon (F), jag får lust att göra en dagsutflykt med kanot på sjön (E), jag frågar min fru om hon är intresserad (A), vi planerar tillsammans vad vi behöver ta med oss (M), medan vi är ute blir jag allt mer avstressade (R) och när dagen är slut känner jag mig tillfreds med mig själv (S).

FRAMES kan också symbolisera upprepade mönster av psykologiska händelser. Jag har många gånger upplevt kontakt

18

med mina känslor när jag spelar gitarr, och därför använder jag ofta improviserat gitarrspel som ett sätt att meditera. Jag spelar (A), hör vad jag spelar (F), låter tankarna komma och gå helt fritt (M), blir medveten om mina känslor (E), hur det känns i kroppen, om jag är trött eller pigg (R).

FRAMES-processer pågår hela tiden. Livet i oss kan beskrivas med FRAMES-strukturen. Poängen med modellen är att den påminner oss om att *alla* FRAMES-faktorerna ständigt påverkas av och påverkar varandra i ömsesidiga förlopp. De fysiologiska processerna pågår hela tiden samtidigt som de psykologiska. Man kan till och med ur en synvinkel påstå att de fysiologiska och de psykologiska förloppen är ett och samma: Vår existens.

Samspelet mellan FRAMES-faktorerna fungerar som en vävmaskin, som väver min livshistoria. Så småningom kan jag reflektera över, och bli medveten om mina livsmönster, "se de röda trådarna i min livs-väv" med hjälp av FRAMES-analys.

Här kommer inledningsvis ytterligare fyra korta smakprov på hur FRAMES kan användas. Exemplen är dels från mitt arbete som psykolog på en primärvårdsansluten ungdomsmottagning, och dels från mitt arbete som psykolog i ett habiliteringsteam för barn och ungdomar med fysiska och psykiska funktionshinder.

Flicka med inlärningssvårigheter: Jag satt i mitt tjänsterum på habiliteringen tillsammans med föräldrarna till en flicka med inlärningsproblem i skolan. Efter att jag redogjort för resultaten i ett psykologiskt test kom vi att prata om att deras dotter varit irriterad och inblandad i bråk både i skolan och hemma de senaste månaderna.

De tyckte att det ibland varit helt omöjligt att få henne att acceptera de enklaste tillsägelser t.o.m. sådant som hon brukat acceptera förut. Jag frågade om föräldrarna kunde komma på någon förklaring till detta.

De berättade att hon inte kommit till ro på kvällarna, att hon sovit dåligt sedan rätt lång tid. De tyckte att det verkade som om hon hade en inre stress i sig hela tiden. Jag plockade fram whiteboardtavlan, skrev efterhand följande och ritade pilar (se figurerna 3a – 3d).

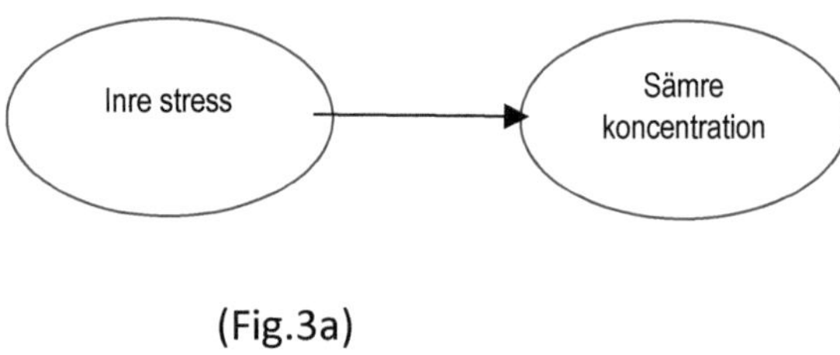

(Fig.3a)

På grund av den sämre koncentrationen och den inre stressen i kroppen kunde de se att hon blev irriterad.

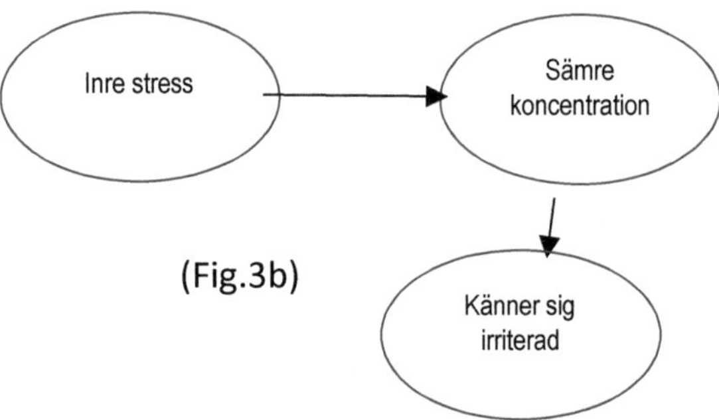

(Fig.3b)

När hon blivit irriterad kunde hon få utbrott och kasta saker omkring sig.

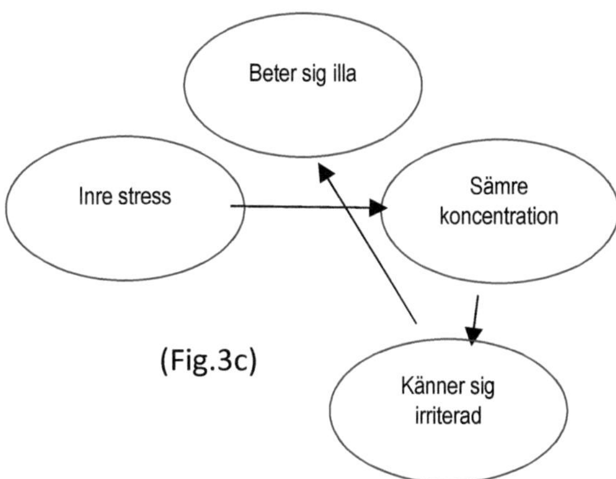

(Fig.3c)

När hon ofta får höra: "sluta bråka" så bidrar det till den inre stressen. En ond cirkel är fullbordad. Självförtroendet försämras.

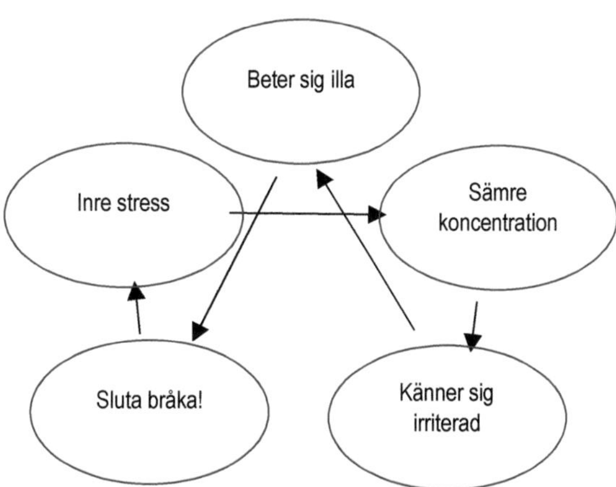

(Fig.3d)

Mamman satt länge och begrundade. Jag frågade: Vad betyder det här för dig? Hon reagerade som om hon blivit väckt från en dröm och svarade "jag ser mig själv i den".

Mamman som själv hade problem behövde hjälp att ta hand om sig själv, och att agera mer konsekvent och stödjande gentemot sitt barn.

Den osynliga, bortglömda: En ung man hade brutit med sin familj och flyttat hemifrån med sin flickvän, trots att föräldrarna motsatte sig detta. Han hade mått mycket dåligt i sin barndomsfamilj, och varit det osynliga bortglömda barnet. Efter att han bott med sin flickvän en tid sökte han åter att få kontakt med sin barndomsfamilj.

Men det visade sig då att samma mönster återupprepades. Han kom på undantag igen. Han och hans flickvän glömdes ofta bort när det var dags för olika större begivenheter i hans barndomsfamilj.

Samtidigt bidrog han själv till detta mönster genom att inte berätta något om sina besvikelser, sina önskningar och sin livssituation. Vi jobbade mycket med att han skulle börja agera annorlunda. Framför allt att säga klart ut vad han tänkte och önskade sig, vilka behov han hade. Hans beteende stod i skarp kontrast mot de övriga syskonens. De var både krävande och i högsta grad synliga. För att kunna agera annorlunda behövde han ifrågasätta sitt tänkande om sig själv och sin plats i familjen.

Eftersom mönstret inombords i honom repeterats i många år behövde han tid på sig att verkligen formera om sitt sätt att vara gentemot familjen (sina inre familje-FRAMES) och det kunde han göra genom att vi fokuserade på hur han kunde agera på nya sätt och tänka i nya banor. Men det första steget för honom var förstås att berätta om, och bli mer medveten om sina beteendemönster. Vi gjorde en FRAMES-analys som visas i fig. 4.

Framför allt var det viktigt att han inte skulle upprepa mönstret i sin blivande familj, eftersom han mådde så dåligt av det. Temat kom tillbaka många gånger under terapin. Det som byggts upp under många år kan inte förändras på en månad. Hans beteende var djupt integrerat i hans personlighet, i hans FRAMES.

(Fig. 4)

Ung kvinna med tvångsbeteende: Som ett annat exempel på hur psykologiska skeenden i en ond cirkel kan belysas med hjälp av FRAMES ska jag beskriva en sekvens i ett samtal med en ung kvinna som var orolig över om hennes pojkvän verkligen älskade henne.

Hon brukade tänka: Tänk om han inte egentligen tycker om mig! Hon kontaktade pojkvännen på ett tvångsmässigt sätt via sin mobil för att försäkra sig om att han verkligen tyckte om henne.

Efter att hon beskrivit sitt dilemma, att hon nästan hela tiden både ville och inte ville ringa sin pojkvän, frågade jag om det var OK om jag försökte förstå sammanhanget genom att rita upp det hela på whiteboardtavlan. Hon svarade ja. Jag började med att rita upp cirklarna. Därefter sa jag: Du tänker alltså: Tänk om han inte egentligen tycker om mig? Hon svarade ja och jag skrev samma mening i den cirkel som representerar de mentala processerna. Och du blir stressad och orolig när du tänker så – uppfattade jag dig rätt nu? – Hon nickade och då skrev jag in orden orolig och stressad i den cirkel som representerar R-processerna i FRAMES och ritade en pil från M- till R-cirkeln. Och när du blir orolig så blir du ännu mer upptagen av tanken på att han kanske inte egentligen tycker om dig?– "Ja just det!" Och så ritade jag en pil åt andra hållet mellan R- och M- cirklarna.

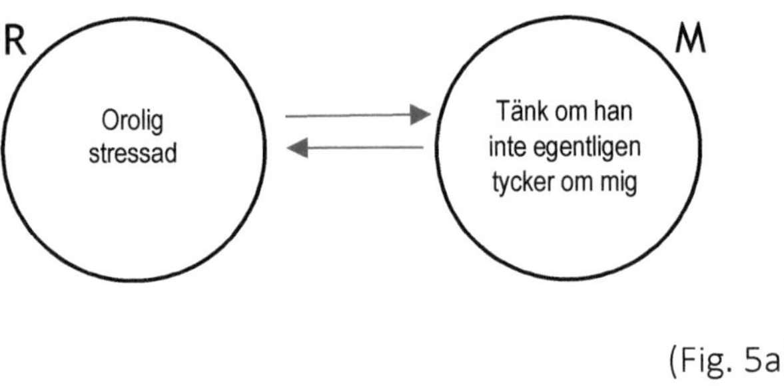

(Fig. 5a)

Hon tittade eftertänksamt på tavlan. Vilken känsla har du i dig? – Kan du beskriva den lite mer? Orolig, stressad – hur blir det i dig då? Känner du dig irriterad? Har du ångest? Är du ledsen? Eller arg? Eller en blandning Eller något annat? Hon svarade: "Jag känner mig ledsen." Då skrev jag in ordet ledsen i cirkeln som representerar känslor i modellen, och ritade ut en pil från R till E och från M till E.

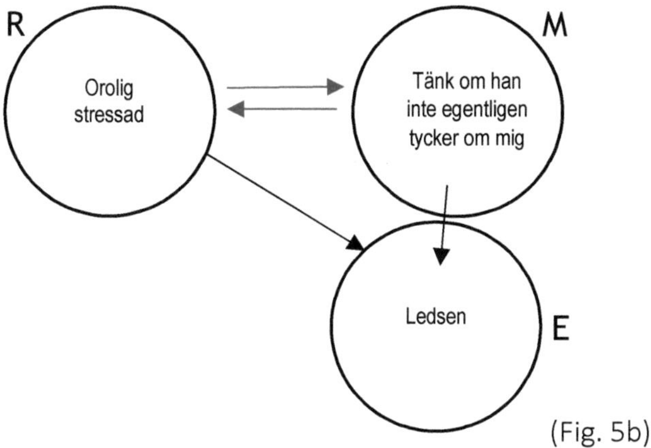

(Fig. 5b)

Hon fortsatte att titta begrundande på tavlan. Jag frågade: Hur påverkar det din självkänsla, ditt självförtroende? Hon svarade: "Jag får dålig självkänsla." Jag skrev upp "dålig självkänsla" mellan ringarna. Vad vill du då när du har dålig självkänsla? - "Jag både vill och vill inte ringa."

(Fig. 5c)

Jag har förstått att när du är ledsen och orolig, och din självkänsla är dålig, då både vill du och vill inte ringa och kolla om din pojkvän verkligen tycker om dig. – Och så beslutar du dig oftast för att ringa upp? – "Ja". Jag skrev ringer upp i cirkeln som representerar agerande, och skrev pojkvännens namn under hela figuren, samt band ihop det hela med pilar.

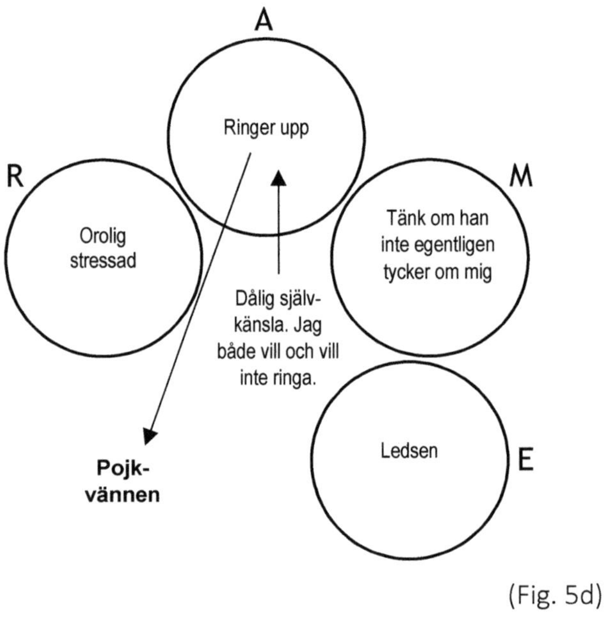

(Fig. 5d)

Vad händer i dig när du ringer upp din pojkvän? "Jag blir lugnare av att ringa upp för han säger att han älskar mig – men han brukar låta irriterad och säga att jag är tjatig, att jag inte hör vad han säger; att han älskar mig." Jag skrev "blir lugnare" i R-cirkeln. Och så skrev jag in i den sista cirkeln: "han säger att han älskar mig, men han låter irriterad". "Han säger att jag är tjatig" Vad tänker du när du hör att han låter irriterad på rösten? – "Att han är irriterad på mig" – Vad betyder det för dig? Hon svarade: "Han kanske inte vill fortsätta att ha mig som flickvän".

Så ritade jag en pil till den första cirkeln där vi började (den mentala/ kognitiva), och därmed var beskrivningen av den "onda cirkeln" fullbordad.

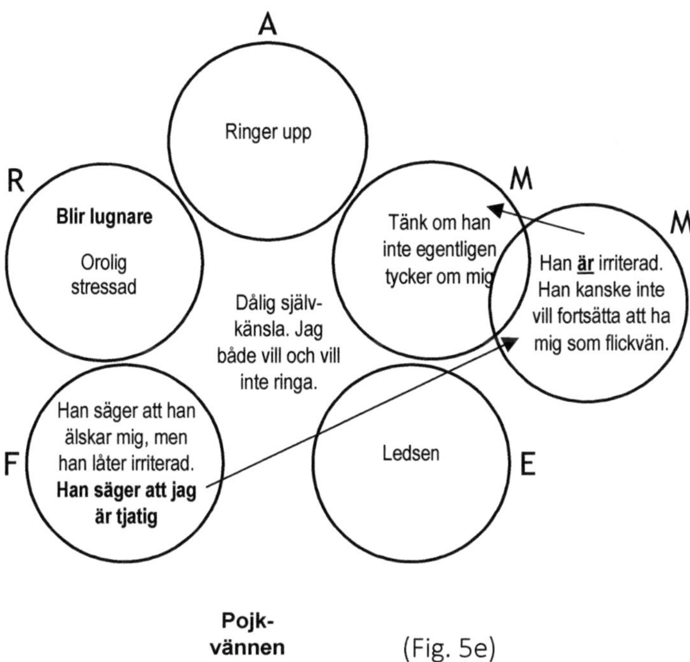

(Fig. 5e)

Det tvångsmässiga ringandet gav en tillfällig ångestlättnad men agerandet gav ny energi åt oron eftersom det ledde fram till den ursprungliga ångestutlösande tanken; "Tänk om han inte egentligen tycker om mig!".

FRAMES-analysen fungerade som ett underlag i den förberedande analysen och planeringen av den kognitiv beteendeterapi som hon sedan gick igenom. Hon fick utsätta sig (exponera sig) för, och samtidigt lära sig att hantera den ångest som den tvångsutlösande tanken ("Tänk om han inte egentligen tycker om mig!") åstadkom, och träning i att göra något annat än det rituella

27

tvångsagerande (att ringa upp pojkvännen) som hon vanligen tog till för att minska ångesten. Hon blev efterhand mer medveten om att hennes tvångsbeteende ökade i perioder av ökad stress.

Hon behövde handledning och tid att öva sin förmåga att tänka och agera annorlunda, att experimentera med nya sätt att hantera sig själv och omvärlden när oron och ångesten kom, den oro som var drivkraften i de olika tvångsbeteendena (och de var åtskilliga).

Hon kunde berätta om hur hennes första tvångsbeteende började, vilket ökade hennes förståelse. I psykologin i skolan läste hon om Freud. Hon funderade över vad det kunde vara som hon hade i sig, och som hon *kanske var omedveten om*. Jag föreslog att det kunde vara att hon var omedveten om sin irritation, och att hon alltid försökte ställa upp på andra, även när hon egentligen inte ville eller kunde.

En sida av henne var den försiktiga, ängsliga flicka som hanterade sin rädsla eller irritation med hjälp av tvångsritualerna. En annan sida var den kloka, starka flicka som insåg att de magiska tvångsutlösande tankarna (t ex "om jag inte rättar till kortet på byrån fyra gånger kommer det att hända mamma något hemskt"), var orimlig logik.

Vid ett tillfälle fick hon gestalta, och leva ut de två sidorna genom att ömsom sitta på en stol där hon var den rädda oroliga flickan, och ömsom sitta på en annan stol där hon var den kloka starka flickan. Denna terapitimme slutade med att hon sa: "nu sitter jag kvar i *den här* stolen där jag känner mig stark".

Under andra terapitimmar övade hon avslappning och andningsövningar, och hon övade sig i att trotsa sina impulser att upprepa sina tvångshandlingar.

Efterdyningar av mobbning: En ung man som varit mobbad av de övriga eleverna i lågstadieklassen blev deprimerad på gymnasiet, samtidigt som han där fick många vänner. Han tänkte: "När ska det här ta slut?" Det störde honom att han inte kunde lita på sina nya vänner, slappna av och njuta av sin popularitet. Han var också mycket duktig på gymnasiet, vilket han inte hade varit på låg och mellanstadiet. Redan på högstadiet hade han börjat upptäcka att han hade begåvning för studier. Vi gjorde följande analys av hans mobbnings-FRAMES:

(Fig. 6)

Även när han hade nya *vänligt sinnade kompisar* var samspelet mellan de övriga FRAMES-faktorerna så automatiserat att det mycket lätt triggades igång av tanken på att det skulle kunna vara möjligt att de nya kompisarna också skulle kunna vara illasinnade gentemot honom.

Ett annat analysexempel (på A-nivå – se textrutan på motstående sida) var den förälskade mannen som led av tvångssyndrom (sid. 11). På grund av den inre stressen (R) som triggades igång i olika vardagssituationer (F) tänkte han fixerade tvångstankar (M).

När han var i sina tvångsritualer (A) upplevde han dock en känsla av belöning och lättnad (E).

Han upplevde samtidigt en inre konflikt (B-nivå – textrutan på motstående sida) därför att han både ville utföra sina tvångsritualer men samtidigt upplevde obehag och stress över att just behöva agera tvångsmässigt.

I samvaron med flickvännen mötte han en medmänniska som tänkte i helt andra banor, som var förälskad med allt vad det innebar av förälskade upplevelser av honom, kreativitet i agerandet, varma känslor och kroppslig energi. (Analys på C-nivå).

I mötet med henne och andra vänner kunde han prata om att han gick till en psykolog på grund av sin tvångsmässighet.

"Psykologen kan hjälpa oss som har tvångssyndrom" (D-nivå).

Föreställ dig att FRAMES-komponenterna är skyttlarna till en vävstol som skapar väggbonader med levnadsberättelser som är unika för varje individ och dennes livsomständigheter.

Om man ökar stress-trycket i upplevelserna av sig själv kommer det att påverka de övriga beståndsdelarna i FRAMES-systemet eftersom faktorerna fungerar som "kommunicerande kärl".

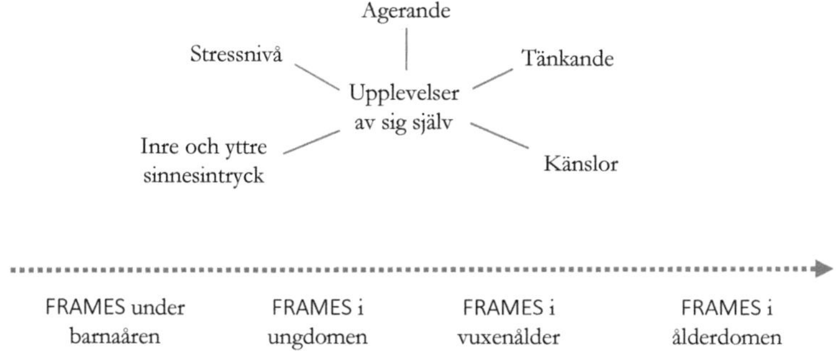

Matris för analys av respektive periods FRAMES.

Det *systemiska samspelet* mellan de psykologiska faktorerna F, R, A, M, E och S kan beskrivas och analyseras på följande nivåer:

A-nivå: Dynamiken mellan de olika faktorerna i FRAMES: Hur påverkar stressnivån ångestnivån? Hur påverkar stressnivån tänkandet? Osv

B-nivå: Mellan två eller flera olika delar inom samma individs psyke (integrerade eller dissocierade i psyket som helhet). T.ex. "Barnet inombords" stressar den vuxne när han/hon ska hantera en svår situation. Inre konflikter och dilemman.

C-nivå: Samspel mellan individer: T.ex. den enes beteende uppfattas av den andre så att denne i sin tur påverkas i sitt agerande som svar. Samspel på gruppnivå (i en dyad, en triad osv).

D-nivå: T.ex. att en individs selektiva uppmärksamhet och agerande påverkas av det som "ligger i tiden" i samhällsut-vecklingen (analyser på sociologisk nivå).

Om en individ upplevt svåra trauman i sitt liv kan effekten ha blivit dissociation istället för association och integration inom jaget.

Dissociation på A-nivån (t ex att *inte agera* utifrån tankar eller *känslor* eller att *inte agera* utifrån en *faktisk* situation).

Eller dissociation på B-nivå. Olika självupplevelser "bråkar" med varandra, t ex att en vuxen person överväldigas av ett "inre barn" så att hen har svårt att ta vuxenansvar i en viss situation.

På C-nivån (kontakten människa till medmänniska) kan det bli problem med tillit, förståelse och kommunikation.

I detta introduktionskapitel har jag gjort några korta utdrag från terapisamtal och några teoretiska översikter för att ge en bild av hur jag använder mig av FRAMES-modellen som ett sätt att kommunicera med mina klienter.

Jag hoppas att du som läsare efterhand kan se möjlighet att använda FRAMES-modellen i bearbetning av psykologiska samband.

Om du lägger märke till något i din omgivning som kopplas till någon reaktion i din kropp kan du registrera hur du agerar, vilka tankar det väcker och vilka känslor som kommer.

Du kan också *skapa* en sekvens i dig själv; medvetet fokusera något utanför dig själv och inne i din kropp, *reglera* stressnivån i kroppen och agera på ett sådant sätt att du känner dig nöjd med dig själv.

Jag ville med FRAMES ha ett *inlärningspsykologiskt begrepp* som beskriver viktiga faktorer i en *dynamisk helhet.*

Vad är det då som händer i oss när vi upplever livet? Hjärnan är vår kropps och våra upplevelsers centrum och sambandscentral. Tänk dig att du möter en söt liten ivrig hundvalp, som vill leka med dig. Du länkar samman (upplever) information från dina ögon, hörseln, lukt, hudens känsel med minnen och känslor i kroppen, när du tar upp hundvalpen. En härlig upplevelse - eller hur?

Upplevelsen sammanställs i hjärnan, både det som sker i kroppen och det som sker i omgivningen, som jag uppfattar via mina sinnen. På ett eller annat sätt, direkt eller indirekt, informeras de olika delarna av hjärnan om det som händer i kroppen. Hjärnan är i högsta grad integrerad med hela kroppen. Den tar emot information utifrån och inifrån kroppen och är delaktig i styrningen och regleringen av kroppen.

Hjärnan är en kroppsdel, men vi upplever inte *vår hjärna* så som vi kan uppleva en annan del av kroppen, t ex en hand. Om man t.ex. i en hjärnoperation stimulerar den del av hjärnbarken som tar emot information från höger ben, så "känns det" i höger ben, och inte i hjärnan. "Det finns ingen känsel i hjärnbarken, och en stimulering av hjärnbarken projiceras därför upplevelsemässigt på kroppen. Vi upplever att det är kroppen som stimuleras, inte hjärnan. Verkan av en elektrisk stimulering av hjärnbarken är identisk med den aktivitet i hjärnbarkens nervceller som utlöses av en sinnes-förnimmelse" (Nörretranders 1993).

Detta fenomen är ett strålande exempel på ömsesidigheten (den cirkulära relationen) mellan "kroppen och själen", eller om vi så vill; mellan kroppen och hjärnan. Det normala är förstås att det går en nervsignal från t.ex. benet till hjärnan, men hjärnan kan alltså projiciera en nervretning (inne i hjärnan) ut till kroppen.

Hjärnan är som en anonym dold högsta styrelse och exekutiv chef, som får information om det mesta inombords (medvetet eller omedvetet) och en hel del av det som sker runt omkring oss. Men hjärnan, som chef, är behäftad med samma tillkortakommanden som chefer brukar kunna vara. Den har ibland svårt att hålla reda på om tankar om världen "där ute", alltså kroppen och omgivningen, bygger på sann information utifrån, eller om det är chefen själv som föreställer sig världen utan att föreställningen är objektivt sann.

Det förefaller som om projektivt tänkande och projektiv perception ständigt pågår, helt enkelt för att hjärnan ser det som den är beredd på och som den kan förstå. Med projektivt tänkande och projektiv varseblivning menar jag att tänkande och varseblivning formas utifrån det tänkande och den varseblivning som är möjlig (givet den erfarenhet, kunskap och de behov som man har). Man gjorde ett experiment med några matjournalister i ett "infotainmentprogram" på TV.

Journalisterna fick en bindel för ögonen. Så fick de smaka på olika matingredienser och frukter. Allt i samma puréform. De kunde ändå säga vad det var som de smakade på. Därefter täppte man näsan med hjälp av en nypa och gjorde samma sak. Då misslyckades de att identifiera smakerna.

Min fru ville pröva samma sak. Hon blockerade lukten genom att hålla för näsan med tummen och pekfingret. Men hon prövade *utan att ha en bindel för ögonen*. Hon märkte ingen skillnad utan tyckte sig kunna känna smaken och lukten.

Detta illustrerar hur projektiva upplevelser kan fungera. Min frus *synintryck* var betingade till lukt, och smakupplevelser. Därför upplevde hon smak och lukt, trots att mycket talar för att smaken blir nästan utplånad utan stöd av lukten.

Salt, sött, och bittert registreras av tungan, men de mer sofistikerade nyanserna i de rika smakupplevelserna som finns i frukt, grönsaker, kryddor, och andra livsmedel förutsätter luktsinnets medverkan i helhetsupplevelsen.

Fördomar och projektiv perception vilar båda på samma grund. Olika delar av den perceptuella apparaten – de olika sinneskanalerna – och den mentala apparaten – är betingade till varandra och bildar på så sätt helheter (gestalter/begrepp).

F-faktorn och projektiviteten i perceptionen är, som jag ser det, oerhört viktig att ta hänsyn till i FRAMES-analyser. Analyser av perceptionen (gestaltformeringen) är avgörande om man vill vara medveten om och kunna hantera sina psykologiska FRAMES-processer.

Projektioner behöver inte fungera så vilseledande eller förrädiskt om man känner till att de finns där och om man är beredd att ta in och acceptera en "objektiv världsbild" som ett alternativ till sin egen subjektiva upplevelse.

Vi behöver ta med i beräkningen, att man normalt snappar upp fragment av omvärlden och att man har en tendens att fylla i mellan fragmenten, för att få en sammanhängande bild av världen – en fullbordad helhet (gestalt) som vi tycker oss förstå. Vi behöver alltså vara öppna och nyfikna för att finna ett sätt att få en *sann* helhetsbild av verkligheten.

En god chef gör klokt i att inte lita på medarbetare *som inte vågar säga obehagliga sanningar.* Det är viktigt för en organisation, att chefen känner sig själv så bra att hen kan hantera och kritiskt granska sina egna projektioner, sina egna önskedrömmar och sina egna fördomar.

Jag har hänt att jag fått höra att "nu är du för mycket uppe i huvudet". Den som sa det menade att jag tänkte abstrakt/teoretiskt – och underförstått; utan kontakt med verkligheten. Utifrån FRAMES-utgångspunkter kan man se det så att jag skärmade av ur mitt medvetande (dissocierade) mina sinnesintryck och sina känslor från mitt tänkande.

Det är inte bra när man är omedveten om sina känslor och de därför inte kan hanteras. Då finns en risk att man agerar inkonsekvent och ologiskt. Moraliska dilemman uppstår när man upptäckt, att tankar och avsikter kommer på kollisionskurs med kroppsliga förnimmelser.

I de djupare delarna av hjärnan ligger de områden som reglerar basala fysiologiska funktioner i kroppen, kroppens organ, behov, känslor osv.

I den omgivande hjärnbarken finns de olika primära sensoriska områdena som är uppkopplade gentemot varandra via associationsområden. Eftertanke är att surfa på nätverk av nervbanor "intranät" där jaget existerar i interaktiva feedbackloopar i mentala och emotionella delar av hjärnan.

Känslornas nyanser kommer av kopplingarna mellan tänkandes respektive autonoma nervsystems strukturer. Skuldkänsla är en mer "mental" känsla än t.ex. den njutningskänsla som en bastubadare kan känna när hen badar bastu. Skuld- och skamkänslor förutsätter att man har utvecklat upplevelser av att vara en individ och känslor för sociala spelregler.

Vissa känslor är mer relaterade till agerande som t.ex. tillfredsställelse efter att man lyckats genomföra en uppgift som man varit orolig inför. Andra känslor är mer relaterade till självet, som t.ex. stolthet, svartsjuka, tillgivenhet. Vissa känslor är mer relaterade till perceptionen, som t.ex. njutningen vid taktil massage.

Det finns i vår hjärna neurala samband mellan alla våra sinnen (F), tankar (M), känslor (E) och vårt agerande (A). Reaktionerna (R) fortplantar sig i kroppen och dess celler, via blodomloppet, utrymmet mellan cellerna (det extracellulära rummet) och nervsystemet.

FRAMES kan studeras med naturvetenskapliga objektiva metoder, exempelvis genom att med funktionell magnetisk resonanstomografi fMRI eller andra metoder kartlägga vilka nervbanor i hjärnan som är involverade och hur de samverkar när man upplever F formeringen av sinnesintryck, R autonoma reflexer, A när man agerar, M det mentala, E det emotionella och S sig själv som en hel, alldeles egen unik individ.

Men den *subjektiva tolkningen* måste studeras på ett annat sätt. Det sker på ett annat plan, i litteratur, berättande psykologi, sociologiska enkäter osv.

Man kan tänka sig att FRAMES-kategorierna på nästa sida placeras på ett kontinuum mellan neuropsykologisk och behavioristisk psykologi (högst upp) och själslig; berättande (narrativ) psykologi (längst ner).

<table>
<tr><td>

<u>Formering</u> av sinnesintryck i hjärnan.

Från den yttre uppmärksamhetszonen via ögonen, öronen, balansorganen, hudens berörings- och temperaturkänsliga receptorer, lukt- och smakreceptorer.

Från den inre uppmärksamhetszonen. Från muskelsinne och från alla inre organ. Stimulering av receptorerna kan studeras med funktionell magnetisk resonans-tomografi fMRI när den når hjärnan.

</td><td>**F**</td><td>Natur-
vetenskaplig
objektiv
psykologi</td></tr>

<tr><td>

<u>Reaktioner</u> på fysiologisk nivå. Effekter av aktiviteter i det autonoma nervsystemet. Hjärtats rytm, andningen, luftrörens sammandragningar och utvidgningar. Pupillernas storlek, blodkärlens och tarmarnas rörelser. Omsättning av signalsubstanser, näring, mineraler, vatten, slaggprodukter, syre, koldioxid osv. Effekter av droger, mediciner, sömn m.m. Reaktioner i kroppens alla organ, i kroppens celler och i det extracellulära rummet. Mobilisering av energi. Kroppsliga behov.

</td><td>**R**</td><td></td></tr>

<tr><td>

<u>Agerande</u>, medvetet eller omedvetet. Rörelser och spänningar. Kroppsspråk och handlingsberedskap. Agerande i tal och skrift.

</td><td>**A**</td><td></td></tr>

<tr><td>

<u>Mentala</u> processer, medvetna eller automatiserade tankeoperationer, medvetenhet om intryck från den inre och den yttre uppmärksamhetszonen. Begreppsbildning.

</td><td>**M**</td><td></td></tr>

<tr><td>

<u>Emotioner</u> och sinnesstämningar. Känslor som rädsla, glädje, sorg, ilska, nyfikenhet, sexuell upphetsning, hunger osv. Medveten och omedveten värdering av information från den yttre miljön och kroppens inre miljö. Medvetna och omedvetna känslor och behovsupplevelser.

</td><td>**E**</td><td></td></tr>

<tr><td>

<u>Självupplevelser;</u> självbild, självkänsla, självförtroende, självkritik osv. Självmedvetenhet och upplevelse av identitet. Känsla av att vara kompetent, känsla av att vara värd att bli älskad. Grundantaganden och automatiska tankar om sig själv dvs. upplevelser av sig själv, den egna viljan och sin livshistoria.

</td><td>**S**</td><td>Subjektiv
berättande
psykologi</td></tr>
</table>

FRAMES - som symboliskt begrepp.

FRAMES är ett av många möjliga sätt att visualisera och systematisera för att beskriva fysiologiska och psykologiska processer. Just detta sätt, med hjälp av en sammansättning av den första bokstaven i varje faktor, en s.k. akronym, kändes som en skänk från ovan när den plötsligt fanns där i mitt huvud en morgon när jag höll på att vakna.

En "minnesramsa", en mental referensram som skapar struktur och är lätt att minnas. Det är särskilt välkommet när man befinner sig i stressade och röriga sammanhang. Exempelvis en elevvårdskonferens i skolan om flera av deltagarna är arga och ledsna. Föräldrar kanske känner sig anklagade, lärare känner sig misslyckade. När jag som skolpsykolog väl har bekräftat upprördheten, och orsakerna till den, kan jag behöva struktur i mina egna tankar i det fortsatta samtalet. Hur påverkas till exempel elevens koncentrationsförmåga av svårigheter att i sin kropp *reglera sin vakenhet?*

Också en enskild klients berättelse i terapi kan vara kaotisk och stressad. Att lyssna aktivt i den situationen är en förutsättning för den fortsatta processen. Samtidigt är det viktigt att jag som lyssnar kan uppfatta sammanhangen i det som pågår i klientens liv. Då har jag nytta av olika teoretiska modeller för att skapa begriplighet i det jag hör. Familjesystemiskt, arbetsplatssystemiskt eller skolsystemiskt tänkande kan hjälpa mig med det. "FRAMES-systemiskt" tänkande kan vara en hjälp för att förstå de psykologiska och psykosomatiska sammanhangen i en klients berättelse.

När jag i boken använder mig av uttryck som t ex fobi-FRAMES så har jag inte preciserat tidpunkt, plats eller person som drabbats av fobin.

Uttrycket fobi-FRAMES är då ett generaliserande symboliskt begrepp. Tävlings-FRAMES är också en abstraktion, som handlar om upplevelser av tävlande. Men fobi-FRAMES eller tävlings-FRAMES är olika från person till person, och kanske också olika från situation till situation och olika från tid till annan. Samma sak gäller ångest-FRAMES, förälskelse-FRAMES osv.

Nu är det dags att gå djupare in på vad varje faktorer i FRAMES står för och vilken roll de har i helheten.

F-faktorn:

Formering av sina yttre sinnesintryck ("skapande/samman-ställning" av synintryck, hörselintryck, doft, smak och känsel i huden) samt formering av sinnesintryck *från inne i den egna kroppen* som kommer på grund av tankar, minnen och associationer eller pga. de yttre sinnesintrycken. *Den selektiva perceptionen:*

Av allt som kan påverka våra sinnen är det bara vissa saker (vissa fenomen) som vi lägger märke till. Dessa fenomen hamnar i förgrunden i vår uppmärksamhet. Annat kommer i bakgrunden.

Om vi sitter och tittar på en fotbollsmatch kan bollen vara i förgrunden och publiken vara i bakgrunden. Men vi kan också välja att ha publiken i förgrunden och bollen i bakgrunden. En van tränare kan se hur alla spelarna söker positioner för att lagspelet ska fungera, och på så sätt har tränaren kanske andra företeelser i förgrunden i sin varseblivning jämfört med en åskådare med liten fotbollskunnighet.

I varseblivnings-processen sker alltså en formering, eller om man så vill gestaltning, av sammanhang och helheter som är fokus i uppmärksamheten. Detta sker utifrån kunskap, erfarenheter och behov.

När våra sinnen träffas av något som finns utanför oss (ljus, ljud, dofter, mat och dryck, fysiska föremål, jordens dragningskraft, temperaturväxlingar) så rapporterar de detta till hjärnan. De mottagande nervcellerna i sinnesorganen "begriper" inte det som de utsatts för. Deras uppgift är bara att vara budbärare till hjärnan, som sammanställer informationen och ger den mening och sammanhang. Hjärnan lägger bara märke till en del av allt som träffar sinnena.

Ibland reagerar kroppen reflexmässigt, som när man bränner sig. Man drar undan handen innan man hunnit formera sinnesintrycket till något begripligt. Reflexionen låg på ryggmärgsnivå. Först efter reflexen begriper man vad man har varit med om.

Hjärnan arbetar ständigt med att formera sinnesretningarna till meningsfulla intryck. En skällande hund som springer framför våra ögon blir till en begriplig upplevelse med både synintryck och hörselintryck. En bil med sirener och texten AMBULANS blir till ett "utryckningsfordon som ska hämta sjuka människor som behöver hjälp och köra dem till sjukhus".

Uppkopplingar mellan sinnena och hjärnan skapar begriplighet. Det finns ett ordspråk som säger: "På sig själv känner man andra". Det speglar erfarenheten, att varseblivningen är urvalsmässig (selektiv). Att märka att en person är kreativ, är mer sannolikt om man själv är en kreativ person. Att märka att en person är blyg är lättare om man själv är en blyg person osv.

Men en selektiv, projicerande uppmärksamhet gentemot en annan person kan bli ett problem. Exempelvis om jag tillskriver en annan person egenskaper som han inte har, bara därför att jag själv har dessa egenskaper.

Hjärnan gör intrycken från omvärlden begripliga i en perceptuell process. Den kopplar först upp sig till gamla minnesspår (ofta använda synapskopplingar). Föreställningar och begrepp som redan finns i hjärnan aktiveras. Ibland fungerar föreställningarna bra, när de på ett bra sätt motsvarar verkligheten, här och nu. Men ibland leder de gamla föreställningarna vilse.

Förhoppningsvis uppfattar vi då att det är något som inte stämmer, att vi inte förstår det som vi upplever. Till exempel om en elevs sätt att vara i en klass i skolan får ett annat gensvar när hen byter klass.

Det kan ta sin tid att förstå underförstådda sociala spelreglerna på en ny arbetsplats när man bytt arbete. Då behövs en omformering av hjärnans tolkningar av sinnesintrycken (en omprogrammering av perceptionen). Men det är också detta som gör att vi kan upptäcka något nytt och bli klokare.

Perception innebär att individen uppfattar stimuli och ger dem mening eller innebörd. "Per" betyder *genom*, och "ception" kommer av capere som betyder *ta*.

Att percipiera är att ta in, att bli varse stimuli via sinnesorganen. Det är genom förmågan att ta in, bearbeta och tolka sinnesintryck och inre kroppsliga signaler som information blir medvetet tillgänglig. Perception ger möjlighet till fullbordade mentala begrepp – som blir nästa steg, *att blida koncept*, att begripa. Ordet konception är en sammansättning av "con" som betyder *samman*, och capere som betyder *ta*.

Från perception till mental konception går en logisk linje i flera steg, där nervceller stimuleras och kopplas upp till allt fler nervbanor, tills en sammantagen nervbanestruktur med rötter i flera sinneskanaler har bildat ett sammantaget koncept, ett begrepp.

Ett begrepp, en föreställning, innefattar för det mesta åtminstone minnesspår från de två sinnena hörsel och syn, plus något mer, t ex beröringsminnen. Men en föreställning innefattar oftast också uppkopplingar mellan andra sinnesmodaliteter som t ex luktsinnet, eller muskelsinnet.

Om en person lyckas läsa på läpparna något som en person i TV-rutan säger, samtidigt som TV-ljudet är avstängt, så kan hon för sitt inre öra "höra" orden som personen i TV-apparaten säger.

När någon pratat i TV går det som regel så fort att det blir nästan omöjligt för oss tittare att hinna uppleva kopplingen till alla sinnesmodaliteter som finns med i en föreställning. Det är för det mesta inte möjligt att *föreställa sig* det som sker på TV av den enkla anledningen att inslagen skiftar alldeles för fort. De sinnen som hinner med att aktiveras är syn och hörsel, eftersom de är dessa sinnen som televisionen aktiverar.

Om en Tv-reporter i ett kort nyhetsinslag berättar om ett bombnedslag i någon av oroshärdarna i världen kan vi se explosionen i Tv-rutan. Men de flesta av oss upplever inte minnesspår av hur cementdamm luktar, eller hur krutrök luktar. Vi upplever inte heller tryckvågen, skräcken eller hur det känns att försöka hitta saker eller människokroppar i ruinerna.

Några tittare kanske försöker att fylla i luckorna i den information som presenteras i rutan, men har inte minnes-FRAMES som svarar mot det man ser. Det behövs mycket empatisk förmåga för att lyckas föreställa sig upplevelserna hos de drabbade, om man inte har varit med om den händelse som beskrivs. Personer som har erfarenhet av liknande händelser upplever inslaget på ett annat, mer realistiskt och starkare sätt.

När TV i Sverige rapporterade om kriget och svältkatastrofen i Biafra (1967-70) upplevde jag och de flesta i min omgivning en katastrof och en nyhet som berörde oss alla.

Reportrarna var förundrade och chockade. De berättade med äkta genuint förtvivlade känslor. De pratade om de svältande barnen. Det kändes som att reportrarna uttryckte en vilja att kunna hjälpa.

Nu, när man berättar om katastrofer känns det för mig mer som ”löpande band”. Jag känner mig alltmer avtrubbad. Upplevelsen stannar vid det visuella. Det känns smärtsamt att tänka på egna minnen av ångestfyllda situationer, och det är jobbigt att känna sig maktlös. Tempot i rapporteringen gör det svårare att begripa nyhetsinslagen.

Varseblivning och begrepp är, och bör få vara, kopplade till känslor och värderingar. I hjärnan finns uppkopplingar mellan hjärnbarken och djupare liggande områden (känslornas hjärnstrukturer) som aktiveras när man tänker på något.

Perception (varseblivning) är alltså sammansmältande flöden av impulser i nervbanestrukturer, både inifrån kroppen och utifrån omgivningen. Övergången från sinnesstimulering, till inre reaktioner, till meningsbärande upplevelser och till agerande är en process som ständigt utvecklas under den personliga mognaden, som kan förändras medvetet i terapi och inlärning.

Stimulering av nervceller som rapporterar inifrån kroppen, exempelvis smärtreceptorer eller muskelreceptorer, är första steget i hjärnans varseblivning av hur det står till inne i kroppen. Det som händer i kroppen, i den inre uppmärksamhetszonen, förmedlas via proprioceptiva nervbanestrukturer. Proprioceptiv kommer av latinets proprius som betyder *egenartad*, självständig, och capere som betyder *ta*. Med andra ord; att ta in sin kropp i medvetandet.

Huvuddelen av alla fysiologiska processer inombords "känns av" och rapporteras till hjärnan omedveten. Hjärnstammen och de djupa centrala delarna av hjärnan "tar hand om" och reglerar de flesta kroppsfunktioner (andning, hjärtats arbete osv) utan att man märker det. Men vissa fenomen kan lätt lyftas till medvetenhet t.ex. smärta eller muskelsinnets signaler.

När jag lär mig ett nytt språk är jag mycket medveten om artikulationsmusklernas arbete. När jag kan språket är jag nästan helt omedveten om hur jag använder mina artikulationsmuskler.

Många fysiologiska fenomen i den inre uppmärksamhetszonen, som exempelvis stress, är tyvärr ofta i bakgrunden av uppmärksamheten i vår moderna stressade tillvaro. Det är en av förklaringarna till att en ångestattack kan upplevas som "en blixt från klar himmel", trots att den byggts upp i kroppen successivt under dagen eller bara en kort stund före.

När gestaltning av intryck blir medvetna upplevelser och tankar sker det i en urvalsprocess, ett selektivt medvetandegörande. FRAMES-kategorierna; tankar, känslor, fysiologiska reaktioner, agerande och självupplevelsen bidrar på olika sätt till selektiviteten. Medvetenhetsprocessen kan variera från dag till dag, som molnen på himlen, och från person till person på grund av sinnesstämning, genetiska förutsättningar och erfarenheter.

All information från sinnesorganen (yttre och inre) som objektivt skulle kunna nå mentala och emotionella flöden gör inte det. Istället gestaltas upplevelser bara av begränsad information, och vi fyller i "luckor i helheten" med tidigare föreställningar.

Hjärnans selektiva arbetssätt beror på dess förmåga att modulera vilka intryck som får prioritet, beroende på tidigare upplevelser, förväntningar, behov och känslor.

"Vissa delar av hjärnan skickar ut meddelanden som underlättar för andra meddelanden att passera vissa synapser. Dessa kallas faciliterande eller excitatoriska meddelanden. Andra delar av hjärnan skickar ut meddelanden som hämmar budskapsflödet över synapserna. Kombinationen av faciliterande och hämmande budskap ger upphov till en modulering som är nervsystemets sätt att organisera sina egna processer, att fungera selektivt utifrån vad som är bäst för stunden. Vi modulerar ljudet som kommer ur en radio genom att skruva upp eller ner volymen. Nervsystemet modulerar sig självt genom att öka energin från vissa budskap och minska den från andra." (Ayres 1983)

Det som är intressant eller viktigt för stunden faciliteras. När jag är hungrig faciliteras (och prioriteras) lukten av mat, och att få syn på mat. När jag är arg faciliteras och prioriteras intryck som kan vara en anledning till bråk. När jag är intresserad av sex faciliteras intryck som hör ihop med sexuella aktiviteter. När jag håller på och skriver en bok om psykosomatiska samband faciliteras information som har med psykosomatik att göra.

En man som höll på att sluta röka såg rökande människor överallt på stan. Känslor och behov tycks fungera som "sökmotorer" i den mentala zonen. Hans abstinenskänslor gjorde att hans tankar cirkulerade kring rökning nästan hela tiden, och därför skedde ett urval av visuell information som nådde den mentala zonen.

Han blev direkt medveten om de rökare som dök upp på näthinnan medan icke-rökarna inte noterades på samma sätt.

Selektiviteten i uppmärksamheten i miljön gör det möjligt att fokusera på det som är viktigt. Utan selektivitet – ingen koncentration. För att kunna angripa problem metodiskt, sträva mot mål och organisera sitt agerande behövs fokusering.

Det för stunden aktuella behovstillståndet i kroppen fungerar som en *sökmotor* i minnen och i miljön för att fokusera på det som kan tillfredsställa mina behov, eller på det som gör att jag kan hantera situationen. Tunnelseendet är både på ont och gott. Att rökning var ett så viktigt behov för denne man var naturligtvis inte bra, men selektivitet finns där vare sig den är uppbygglig eller kontra-produktiv.

På samma sätt är det med information från kroppens inre. Den är selektiv. Det finns både positiva och negativa sidor av selektionen.

Det vore att utnyttja det mentala oekonomiskt om man skulle tvingas att i varje stund processa all den information som kommer inifrån kroppen. Det skulle helt enkelt inte vara möjligt. I den bemärkelsen är selektiviteten positiv, dvs. den gör det möjligt att hantera helheten och göra ett tillstånd hanterbart.

Man kan hantera en situation trots, eller på grund av, att all information som finns i kroppen inte blir medveten. Samtidigt ska ju en massa information från den yttre uppmärksamhets-zonen processas mentalt.

Om jag går på en fjällvandring, väljer jag vilka signaler från kroppen som ska respekteras, och vilka som ska ignoreras. Om jag redan efter någon kilometer känner att jag håller på att få skavsår, är det klokt att åtgärda det direkt, istället för att vänta till jag är nästan ur stånd att gå.

Om jag har gått mer än halvvägs till nästa fjällstuga, och överraskas av isande slagregn i motvind som verkar bli bestående, måste jag göra viktiga val för att hantera både kroppen och situationen.

Är det lättare att gå tillbaka i medvind, eller är det lättare att gå till nästa stuga i motvind? Ska jag öppna packningen för att få på mig mer kläder, eller är det så nära till nästa stuga, så att det är bättre att lägga på ett extra kol och komma i skydd så snabbt som möjligt? Är jag så trött att jag inte kan fatta kloka beslut? Ska jag börja med att försöka finna skydd och äta snabba kolhydrater för att få igång hjärnan?

Om jag gör valet att sätta på mig regnkläder och att gå tillbaka till den förra stugan så måste jag satsa helhjärtat. Jag kan inte sätta mig ner och vila även om kroppen skulle vilja det. Då måste jag bortse från trötthetskänslan. Sedan när jag väl kommit i skydd kan jag ha full uppmärksamhet på den inre uppmärksamhets-zonen. Vad behöver kroppen nu för att återhämta sig?

Selektiviteten kan också få negativa konsekvenser. Viktig information om tillståndet i kroppen kan bli förbisedd på ett förödande sätt. Utmattning, smärta eller skada som under lång tid inte åtgärdas leder till utbrändhet, depression och psyko-somatiska besvär.

Perception kan ge en känsla utan att man riktigt vet vad känslan beror på. Låt oss ta ett exempel. Ett litet barn får bristande omhändertagande när det är litet. Barnet anpassar sig då med sina tankar, känslor och beteenden till att inte vara riktigt omhänder-taget. Hela barnets personlighet fungerar utifrån de förut-sättningarna.

Det är en realitet för barnet, och det känner inte till något annat sätt att leva. Barnet har inte tillräcklig överblick över sin och andras livssituation för att kunna ifrågasätta att livet är som det är.

Om barnet, när det har vuxit upp, blir älskat på ett verkligt, påtagligt sätt, kan det innebära att hen inte riktigt kan hantera det som sker i nuet. Föreställningen om att inte vara önskad finns kvar pga de selektiva FRAMES-flödena.

Hen "tar in" världen selektivt och uppfattar i första hand sådant som stämmer med den gamla självbilden. När barnet var litet var FRAMES-flöden anpassade reaktioner på realiteter i barnets liv. Senare, när barnet växer upp kan gamla processer i FRAMES vara missanpassade och behöva ifrågasättas.

Perception är alltså en sammansatt process, både ur fysiologisk och ur psykologisk synvinkel. Jean Ayres har i sin bok "Sinnenas samspel hos barn" (1983) lyckats beskriva hur dynamiskt hjärnan integrerar och organiserar sinnesintryck.

Hon beskriver hur integrationen har utvecklats både hos människan som art och hur den sensomotoriska integreringen utvecklas hos varje individ under utvecklingen från foster till vuxen. Bl.a. betonar hon vestibularis-systemets (balanssystemets) betydelse i integration av sinnesintryck. Balanssinnet stimuleras och integreras med intryck från andra sinnen, beröring, ljud, ljus, muskelsinne och impulser från inre organ. Integrationen bygger på nervbanekopplingar som utvecklats mycket tidigt i människo-släktets utveckling från primitivare livsformer.

"Alla sorters sensoriska impulser strålar samman i vestibularis-kärnorna och det retikulära aktiveringssystemet i hjärnstammen. Därefter leds en del av dem upp till thalamus på hjärnstammens övre del för att integreras ytterligare.

Den sensoriska integrationen slutförs i hjärnhemisfärerna där informationen från avståndsreceptorerna – ögon och öron – bearbetas till preciserade perceptioner och associationer." (Ayres 1983)

Den tidiga, och mycket nära kopplingen till intryck från muskelsinne, syn, hörsel osv. ger balanssinnet en viktig roll i helheten av perceptionen/gestaltbildningen. Genom sin tidiga integrering i upplevelsen av självet är balanssinnet också med och påverkar vilka sinnesintryck, som gestaltas i uppmärksamheten/ medvetandet. Detta beror på att hjärnan kan skicka nervmeddelanden som underlättar dvs. faciliterar/exciterar sinnesintryck, men också har förmågan att hämma sinnesintryck.

Nervsystemet, inklusive retikulära aktiveringssystemet och vestibulariskärnorna modulerar alltså sinnesintrycken till helheter. Alla dessa intryck kommer att påverka det egna kroppsspråket. Det är kanske inte så underligt att betraktaren upplever en annan persons kroppsspråk som en viktig del i dennes personlighet.

Om man har känt en viss lukt under en tid försvagas upplevelsen och kan till slut vara borta som medveten upplevelse trots att luktämnena finns kvar i rummet. Upplevelsen av synintryck verkar också försvagas successivt. Efter att ha vistats i en visuell miljö länge minskar signalvärdet i sinnesintrycken. Man blir hemmablind.

I hemmiljön blir det visuella mer bakgrund eller "brus", i upplevelsen av det som sker som t.ex. ett telefonsamtal. Om man däremot kommer hem igen efter att ha varit bortrest lite längre tid, kan de invanda synintrycken av hemmiljön upplevas på ett nytt sätt.

När man sätter på sig kläderna på morgonen känner man dem tydligt mot huden, men efter en stund känner man inte att man har dem på sig.

Också intryck inifrån kroppen upplevs olika mot bakgrund av andra intryck från de yttre eller inre uppmärksamhetszonerna. En svag smärta som man inte lagt märke till under dagen kan man bli varse först när man lagt sig i sin säng och andra sinnesintryck minskat i styrka. Upplevelser av muskelspänning i nackmusklerna i samband med stress kan tona bort efter en tid även om spänningen finns kvar. Först efter lång tid, när musklerna börjar smärta blir man varse spänningen igen.

R-faktorn:

Reaktioner (reflexer) i kroppen.

Fysiologiska reaktioner, stress, avslappning, behovstillfredsställelse, kroppslig balans eller obalans.

Reflexer/reaktioner pågår i kroppens inre, på cellnivå och på strukturell nivå. De pågår i cellernas inre rum, men också i mellanrum mellan cellerna. I fysiologin pratar man om "det extracellulära rummet" dvs. mellanrummet mellan alla kroppens celler.

Genom cellernas väggar (cellmembranen), och i det extracellulära rummet transporteras kroppsvätskor, kemiska substanser, näring, syre, slaggprodukter, mediciner, vatten, vitaminer, mineraler, salter, hormoner, signalsubstanser m.m. för att reglera förhållandena i cellerna och i hela kroppen.

Uttryckt med andra ord kan man tala om omsättning av energier, vätskor, näring, slaggprodukter i de olika delarna av kroppen.

Det sker i synapser, blodkärl och hålrum av alla slag. Andning, syra-bas-balansen i blodet, de reaktioner som försiggår i inre organ och som innerveras av det autonoma nervsystemet är grundläggande psykosomatiska fenomen.

Det är inte alltid lätt att veta vad som gör att man mår bra och vad som gör att man mår dåligt. Både sociala och fysiologiska faktorer påverkar välmående.

R-faktorn påverkar alla de övriga faktorerna i FRAMES-systemet. Låt oss ta bara ett exempel: När kroppen är stressad är det svårt att somna på kvällen. Tanken på att man inte kan somna, och att man behöver få sova, gör att man känner sig irriterad. "Nu måste jag få sova, för om jag inte gör det kommer jag att vara dödstrött imorgon". Och det ger känslan av ett hot som gör att kroppens alarmtillstånd ökar vare sig man vill det eller inte. Man rör sig oroligt fram och tillbaka i sängen.

Man kan önska sig att få känna sig så utvilad när morgonen kommer, så att man *vill* stiga upp. Om det inte blir så kommer besvikelsen och irritationen. Alarmtillståndet (med adrenalin-påslag) känns som irritation och gör att det inte går att somna. "Det känns som att man inte kan slappna av." Vakenheten ger irritation, som ökar vakenheten, som ökar irritationen i ett negativt cirkulärt samspel, en ond cirkel.

Nästan lika illa kan det bli av positiv stress. Man kan ligga i sängen på kvällen och tänka på något som engagerar och som är positivt i tillvaron. Den upprymdhet som kommer av detta kan också ge en vakenhet som är oförenlig med avslappning och sömn.

Det är mycket som händer i kroppen när den mobiliserar vid hot och fara. Den förbereder sig för maximal fysisk ansträngning, för kamp eller flykt. Stresshormoner gör att kroppens muskel-spänning ökar. Blodsockernivån ökar, sinnenas känslighet ökar, fokusering på det upplevda hotet ökar, hjärtklappningen ökar, andningen ökar och matsmältningen minskar.

Man inser lätt att det hjälper ett jagat djur att överleva och ett jagande djur att slå sitt byte när dessa reflexer aktiveras. Men samma stressreflexer i kroppen kan leda till ångest även om det upplevda hotet bara finns i tankarna.

1. Oroande händelser "fastnar", och går runt, runt i tankarna
2. Det kan bli svårt att somna på kvällen. Man kan få mardrömmar.
3. Skärpta sinnen gör att man blir lättstörd, lättirriterad, ljus och ljudkänslig.
4. Man kan få svårt att koncentrera sig och att minnas.
5. Koncentrations och minnessvårigheterna skapar i sig stress och oro.
6. Förhöjt blodsocker kan leda till svängningar i energi och humör.
7. Spända muskler kan göra att man känner sig darrig och spänd och att kan får ont i musklerna.
8. Störd matsmältning kan leda till allt från fjärilar i magen, muntorrhet, illamående, aptitlöshet, magsmärtor, till förstoppning eller diarré.
9. Ökad hjärtklappning känns obehaglig och höjer blodtrycket.
10. Snabb bröstkorgsandning kan leda till hyperventilation, en känsla att andningen är störd. Det blir tungt att andas och att man blir yr.

Många av dem som kommer till mig med ångestbesvär känner igen sig i delar av, eller hela tiopunktslistan ovan. Av de som fått panikattacker har många tänkt att de är sjuka, eller håller på att dö, när de har snabb hjärtklappning, darrar, är kallsvettiga och har yrsel (se kapitel 3 om andningens roll vid stress och ångest).

Att tänka att man blivit sjuk och gå och lägga sig är igen bra idé när man har en panikattack. Kroppen har ju blivit beredd att slåss eller springa för livet (kamp eller flykt). Det är bättre att bli fysiskt aktiv, omsätta stressen i kroppen och mentalt byta fokus. Om man lägger sig och tänker att man har en sjukdom finns risken att ångesten ger *katastroftankar om "sjukdomen"*. Det blir då svårt att lugna sig.

A-faktorn:

Agerande beteende, kroppsspråk och mimik. Språkliga uttryck

A-faktorn innefattar rörelseapparatens aktivitet, viljestyrd eller inte. Rörelser och spänningar som styrs av motorikens utåtgående (efferenta) och inåtgående (afferenta) nervbanestrukturer. Agerande handlar inte bara om stora kroppsrörelser. Det handlar också om mimik, kroppsspråk och tal. Spänningar i musklerna är också en del i A-faktorn.

Hjärnans aktivitet vid agerande involverar hjärnans sensoriska (F), motoriska (A) och planerande (M) strukturer. Agerande påverkas också av kroppens vakenhetsnivå, som regleras av hjärnstammen och av vilka kroppsliga behov som kan vara med i sammanhanget (R). Känslor (E) som attraktion eller ogillande påverkar också beteendet.

(Fig. 7)

I fig.7 har jag på ett skissartat sätt placerat in FRAME i områden som är förhållandevis aktiva i respektive faktor.

Det är en förenkling men illustrerar att hjärnans olika delar aktiveras olika mycket i olika psykologiska processer. Olika delar av hjärnan är kopplade till nervbanestrukturer som ombesörjer feedback till andra delar av hjärnan. Agerande är ett resultat av kopplingar till områden i hjärnan som tar emot sinnesintryck, till delar i hjärnan som koncentrerar hjärnans arbetssätt och som planerar agerandet. Agerandet är också beroende av vakenhet och energi.

Tänk på en fotbollsspelares agerande i en fotbollsmatch. Han ser hur bollen kommer mot honom och var de olika med- och motspelarna befinner sig och hur dom rör sig. Han uppfattar också genom muskelsinnet (det kinestetiska sinnet), balanssinnet och synen hur han själv rör sig. Han planerar medan bollen är på väg mot honom vad han ska göra, och på grund av detta reagerar retikulära aktiveringssystemet, och ger honom energi att lägga på ett extra kol i spelet. Känslorna inför matchen och läget i spelet ger eller tar också energi och hjälper honom att värdera hur han ska agera.

En seniorspelare har spelat så mycket fotboll, i så många olika matcher, under så många olika omständigheter, att mycket av hans/hennes agerande är automatiserat. En syn, eller en knuff kan övergå i ett agerande.

Man upplever agerandet genom perceptuella feedback-mekanismer. I väldigt många situationer är det som om agerandet "uppstår av sig självt" även när det startar i medveten vilja.

Tor Nörretranders´ (1993) beskrivning av neurofysiologen Benjamin Libets experiment, om hur en kroppsrörelse startar med en beredskapspotential i hjärnan, belyser omedvetenhet som kommer av automatiserat agerande. Experimentet handlade om att kröka ett finger när man själv bestämmer sig för att göra det.

Det gick till så, att försökspersonen fick sitta avslappnad i en skön fåtölj och titta på en klocka på en bildskärm, med en visare (en prick) som gjorde ett varv runt urtavlan på drygt två sekunder.

På så sätt kunde man få en mycket exakt tidsbestämning på när försökspersonen själv bestämde sig för att kröka fingret. Samtidigt hade försökspersonen också mätutrustning på huvudet som kunde registrera när beredskapspotentialen för fingerkrökningen uppstod i hjärnan.

Mätutrustningen var uppkopplad till samma dator som den snabba klockan. Dessutom hade försökspersonen mätutrustning på handen som registrerade elektrisk aktivitet i handen när fingerrörelsen kom igång. Även denna mätning var uppkopplad till samma dator.

Försökspersonen instruerades att på en given signal fästa blicken mitt på urtavlan, låta pricken gå ett varv runt urtavlan och böja fingret eller handen när han fick lust till det.

Han uppmanades att vänta tills han kände lust att handla, vänta på en impuls, ett beslut, en avsikt. Han skulle vänta tills han faktiskt kände en sådan impuls. Och sedan följa den. Samtidigt skulle han lägga märke till var pricken befann sig på urtavlan när han fick lust att röra fingret.

På så sätt fick Libet svar på tre frågor. När fattade personen ett medvetet beslut att handla? När handlade han? Och när inträdde beredskapspotentialen?

Resultaten från försöken visade. (1) Först kommer beredskapspotentialen i hjärnan. (2) Därefter blir försökspersonen medveten om sin vilja/sitt beslut att röra fingret. (3) Sist kommer handlingen.

Beredskapspotentialen kommer alltså före upplevelsen av ett medvetet beslut att handla (ungefär en halv sekund före).

Medvetenheten om att *vilja* utföra en handling som man själv beslutar sig för infinner sig nästan en halv sekund *efter det att hjärnan har börjat verkställa beslutet.*

Först kopplas beredskapspotentialen in, därefter blir personen medveten om att han tänker utföra handlingen, och slutligen utförs handlingen. Önskan att utföra en handling blir medveten *efter* det att hjärnan har börjat verkställa handlingen. Men *medvetandet infinner sig innan själva handlingen utförs* – trots allt.

"Hjärnan beslutar sig uppenbarligen för att påbörja eller i varje fall förbereda handlingen redan innan det föreligger något rapporterbart subjektivt medvetande om att ett sådant beslut har träffats", skriver Libet och hans medarbetare i sin resultat-redovisning.

De fortsätter: "Slutsatsen blir därför att hjärnans initiering av även en spontan viljemässig handling av den typ vi här har undersökt kan börja och normalt börjar omedvetet." Eller som Libet formulerade det några år senare: "Jag vill därför göra gällande att utförandet av en viljebestämd handling alltid föregås av speciella omedvetna hjärnprocesser som startar omkring 0,5 sekunder före handlingen."

Våra handlingar börjar omedvetet! Även när vi upplever att vi medvetet beslutar att göra någonting har hjärnan satt igång en halv sekund innan vi beslutar det! "Om medvetandet självt är ett resultat av en aktivitet i hjärnan är det väl inte så underligt att hjärnaktiviteten startar innan medvetandet uppstår?" Medvetandet kommer inte först! (Tor Nörretranders 1993)

Om rörelser automatiseras blir de allt mer omedvetna. Om agerande i så hög grad beror på inåtgående nervbanestrukturer och mentala föreställningar är det lätt att förstå varför barn med dåligt självförtroende, som inte tror sig kunna, har så svårt att lära sig nya färdigheter.

Att utveckla färdigheter förutsätter ju agerande, och agerandet är resultatet av en beredskapspotential som i sin tur kommer av mentala föreställningar. Om mentala föreställningar innefattar bilder av ständiga misslyckanden blir resultatet inlärd hjälplöshet.

Det är alltså viktigt att ha någon form av mental föreställning om att man utför en viss handling även att man kanske inte prövat på uppgiften förut. Det behövs för att man ska kunna börja agera och sedan successivt förfina och utveckla sitt agerande.

När man inte tror sig om att kunna klara en motorisk uppgift uppstår ingen rörelse och då tränar man sig inte heller att agera på det sätt som man skulle önska sig. Då skapas ingen föreställning om att man utför uppgiften. Därmed sker inget "trial-and-success-beteende". Det finns inga genvägar annat än att i praktiken träna och träna det som man vill kunna.

Med tanke på ovanstående är det också lätt att förstå att det man tror om sig själv och sitt sätt att agera lever kvar som inre föreställningar som styr agerandet.

Den uppfattning man har om sig själv har man fått av andras bemötande och andras och egna reaktioner när man agerat. Självförtroendet i *att kunna lära sig* är mycket viktigt.

Har man t ex varit "svarta fåret" i familjen, så kan det prägla FRAMES-systemet, som även innefattar "agerande-systemet" så att man fortsätter att agera i den rollen.

Ett förändrat agerande kan uppstå ur en ny mental föreställning om sig själv. Hos ett spädbarn består agerandet nästan uteslutande av förprogrammerade reflexer. Genom trial-and-error (eller kanske snarare genom trial-and-success) förfinas och utvecklas sedan agerandet, som från början bestod av senso-motoriskt agerande med låg grad av medvetenhet.

Men Libet visade att det inte bara är lägre ryggmärgsreflexer som fungerar "automatiskt". Även viljehandlingar är i en bemärkelse automatiserade. Uppkopplingar mellan inre bilder och motoriska scheman tycks också kunna ske per automatik.

Så byggs ageranderepertoaren successivt upp, som när byggstenar läggs på varandra när man bygger ett hus. Nya sätt att agera kommer till, och modifieras via utvärdering med hjälp av våra sinnen. Utvecklingen i bygget, hur det ser ut och fungerar som helhet kan överraska, och det kan dyka upp byggstenar som man inte sett förut.

Vi kan också utveckla och förändra vår beteenderepertoar genom att imitera andra och vi kan använda beteenden som vi haft tidigare, och tillämpa dem på nya situationer. Men vi kan också *av misstag* göra något som visar sig *vara bra*.

För att handlingsberedskap och agerande sedan ska bli anpassat, smidigt och automatiserat behövs att det repeteras och blir allt mer preciserat. Men handlingsberedskap kan också stelna och bli rigid om man inte klarar att fortsätta vara nyfiken på hur världen fungerar. När beteenden är automatiserade behöver vi vara öppna och beredda att lära nytt om vi ska utvecklas i vår beteenderepertoar.

I agerandet finns kroppsminnen. När jag första gången gjorde en yogaövning där man liggande på golvet ska vrida hela kroppen fick jag ett väldigt starkt minne från barndomen, som jag hade glömt bort. Jag mindes klockrent, hur det kändes när jag som liten dök i älven. Hur det kändes i musklerna, hur vattnet kändes mot huden och hur vattnet *låter* när man dyker. Mitt gamla kroppsminne av dykningen aktiverades av yogaövningen, därför att musklerna användes på samma sätt som vid dykningen.

M-faktorn:

Mental reflektion; bearbetning av minnen av tidigare relationer och tankar om kommande relationer. Kognitiva funktioner

Denna faktor i psyket avser både innehållet i tänkandet och beskrivningar av tankeapparatens *arbetssätt*. Låt oss säga att innehållet i tänkandet handlar om mat, kroppsvikt och självbild.

Man kan tänka på dessa ämnen på olika sätt. Oro kring utseende var rätt vanlig på ungdomsmottagningen. Några hade en avspänd attityd i frågan: "Jag vill vara smal, men jag vill inte jojo-banta. Jag vill ha en livsstil som håller mig smal och *det är OK med variationer* i min dagliga kroppsvikt".

Medan en annan person kan fastnar i någon detalj: "Min mage putar ut och jag hatar det. Nu kör jag ännu hårdare bantning tills jag är nöjd med magen". Eftersom hen inte såg kroppen som en helhet, att magen kan puta ut av den enkla anledningen att den övriga kroppen är utmärglad, hade hen fastnat i ett problem som är omöjligt att lösa. Ju mer utmärglad hen blir, desto mer kan magen faktiskt puta ut från den utmärglade kroppen.

Olika neuropsykologiska test och diagnostiska formulär speglar både kvalitativa och kvantitativa aspekter på tänkande.

Vilken förmåga till abstraktion i tänkandet finns hos individen? Vilka begrepp och föreställningar har hen? Vilken inlärningsstil har hen? Hur mycket av visuell information, eller auditiv, eller kinestetisk information finns integrerad i tänkandet?

Hur fungerar minnet? Påverkar svårigheter i varseblivning (perceptuella svårigheter) tänkandet? Lär hen sig med en holistisk visuell mental strategi? Eller på ett mer sekventiellt sätt? Hur brett uppmärksamhetsspann har personen? Är tänkandet orealistiskt? Vilka sociala, emotionella och självreflekterande erfarenheter bygger tänkandet på?

Hur stresskänsligt är tänkandet? Vad fungerar bra och vad fungerar mindre bra i det kognitiva? Hur fungerar de exekutiva funktionerna? Hur är förmågan att agera genomtänkt och konsekvent?

Personer med ätstörningar kan med sitt sätt att tänka hamna i tankeförlopp som konserverar problemen. "Att hålla sig smal är så svårt för mig så det är bäst att se till att jag har ordentliga marginaler upp till normalvikt".

"Att hålla sig smal är så svårt för mig, så det är lika bra att acceptera att jag kommer att vara överviktig resten av livet".

"Om jag inte har lyckats bli smal fast jag har försökt i flera år nu, så är det ingen idé, jag kommer inte att lyckas i framtiden heller".

"Eftersom jag måste vara så hård mot mig själv för att hålla vikten blir ingenting kul. Det är väl ingen idé att hålla på så här, om livet ska vara värt att leva".

Neuropsykologiska svårigheter påverkar alla faktorer i FRAMES. Mentala funktionshinder stressar och påverkar helheten. Jag tror att forskning efterhand, med allt större säkerhet kommer att kunna påvisa samband mellan kognitiva funktionssätt under barn och ungdomsåren samt känslomässiga och kognitiva störningar i vuxen ålder.

En neuropsykologisk utredning av flertalet psykotiska patienter vid Kriscentret Soteria i Nacka gav 25 procent av patienterna en neuropsykiatrisk diagnos. "Vår bedömning är att patienterna som hade en medfödd kognitiv sårbarhet eller förvärvad hjärnskada, reagerade med förvirring och psykos på för dem ohanterbara krav och påfrestningar. Vi anser att flertalet av dessa patienter inte hade blivit psykotiska om de blivit utredda som barn och fått ett adekvat bemötande och behandling" (Kéri, Psykologtidningen nr 16, 2001).

Svårigheter i den mentala faktorn likaväl som svårigheter att modulera intensiteten i varseblivning kan drabba personer med Aspergers syndrom. Även de som fått höga poäng i intelligenstest kan ha problem med situationer där de behöver byta perspektiv och se saker från en annan persons synvinkel.

Problemen förefaller att börja i tidig ålder pga. svårigheter att reglera intensiteten i varseblivningen. Av det kan komma svårigheter att hålla fokus på sådant som inte utgår från det egna perspektivet. Om skapande av figur-mot-bakgrund i varseblivning inte blivit automatiserat kan det bli svårt att utveckla mentala begrepp, som ju bygger på varseblivning.

Svårigheter att växla mellan förgrund och bakgrund kan innebära att man överväldigas av sinnesintryck från de yttre och inre uppmärksamhetszonerna. Personer med autismspektrumsvårigheter kan uppleva att vattnet i duschen gör ont.

Några vill inte ha maten blandad på tallriken. De upplever matens konsistens som något mycket påtagligt, ja ibland helt överväldigande, och som små kan de vägra att äta mat med en viss konsistens.

De kan uppleva beröring obehagligt på grund av att de har svårt att avläsa avsikten med beröringen. De kan uppleva den som för hård eller obehagligt mjuk. Förmåga till perspektivbyte behövs när man ska fokusera på detaljer växelvis med att fokusera på helheter. Eller när man växelvis ska fokusera i olika sinnen. Eller när man ska "sätta sig in i" hur en annan person tänker och känner.

Många gånger förstår barn med autismspektrumsvårigheter inte att den person som de är tillsammans med tänker och känner annorlunda än de själva gör. De kan ha svårt att förstå, att andra inte vet allt som de själva vet. De kan bli mycket upprörda över att andra inte förstår vad de själva tänker och känner.

Om de har bestämt sig för att det är på ett visst sätt då kan de ha mycket svårt att försöka se saken ur ett annat perspektiv. De blir då lätt stressade, vilket ökar svårigheterna att tänka ur ett annat perspektiv.

De kan bli frustrerade och förvirrade över att någon bryter mot regler. Endera pratar de om det hur länge som helst, eller så vill barnet också bryta mot alla regler som det ser att andra bryter mot. Det är som om de har svårt att förstå det övergripande uppsåtet bakom reglerna. Likaså att förstå uppsåtet bakom en annan persons agerande, vilket kanske var orsaken till att denne bröt mot en regel av misstag.

Man upplever ofta att personer med Aspergers syndrom är annorlunda. Många med Aspergers besväras av tvångsbeteenden, social fobi och/eller depression.

E-faktorn:

Emotioner; känslorna här och nu, och minnen av känslor.

Gösta Alfvén har i boken "Barnpsykosomatik" översatt en definition av begreppet "emotion" som gjorts i The Emotional Brain. The Mysterious Underpinnings of Emotional Life av J.E. LeDoux.

Definitionen lyder: "Emotion är en i grunden omedveten process för värdering av yttre och inre information. Emotionens säte är i amygdala. Den påverkar/styr såväl högre hjärnfunktioner (tanke, minne och perception), som lägre hjärncentra med dess direkta styrning av kroppsfunktioner."

Med andra ord, amygdala samverkar både med vårt intellekt (som tankar och abstrakta föreställningar), och våra kroppsliga funktioner (som andning, hjärtrytm, kroppsspänning osv).

Samma källa definierar begreppet "känsla" på följande sätt: "Känsla är den medvetna upplevelsen av emotioner. Den består av flera olika komponenter: den direkt medvetna upplevelsen i prefrontala hjärnbarken; den omedvetna processen i amygdala; den medvetna registreringen av kroppens reaktioner på från amygdala utlösta kroppsreaktioner; och den medvetna registreringen av emotionellt betingad "arousal", perceptuell selektion och handlingstendens."

E-faktorn är integrerad med R-faktorn. Jag tänker mig E-faktorn som uttryck för kroppsliga reaktioner och känslomässiga upplevelser som vi namnger (oro, glädje, lugn, irritation, hunger osv.) och som har ett ömsesidigt förhållande till tänkande, selektiv uppmärksamhet och agerande.

R-faktorn är ett vidare begrepp, som innefattar alla fysiologiska tillstånd och reaktioner ända ned på cellnivå, vare sig de är tillfälliga som till exempel vid akut stress, eller mer diffusa och dolda, som till exempel sjukdomar, medicinpåverkan, åldrande osv.

"Ursprunget till vårt känsloliv finns i luktsinnet, eller mer exakt i luktcentrum, det vill säga den grupp av celler som uppfångar och analyserar lukter. Alla levande organismer, vare sig det är en sexualpartner, ett rovdjur eller ett bytesdjur, något nyttigt eller något giftigt, har en karaktäristisk molekylsignatur som ger en doft, som kan föras med vinden. I evolutionens tidigaste skede var luktsinnet därför det allra viktigaste sinnet för överlevnaden. I luktloben började de första känslocentra att utvecklas, och de växte sig så småningom så stora att de omslöt den övre delen av hjärnstammen." "Från början bestod luktcentret inte av mycket mer än några tunna skikt av nervceller. Det första skiktet tog emot luktsignalerna och sorterade dem i olika kategorier: ätligt eller giftigt, sexuellt tillgänglig, fiende eller föda. Ett andra cellskikt sände reflexmässiga signaler genom nervsystemet som talade om för kroppen vad den skulle göra: bita, spotta, närma sig, fly, förfölja."(Goleman 1998).

Alfvén (1999) beskriver hur hjärnan har byggt upp de centrala nervbanestrukturerna för känslolivet runt amygdala, där lukt- och smaksinnet har sitt centrum. Dessa delar av de limbiska strukturerna i hjärnan tillhör de fylogenetiskt ursprungligare och mer basala delar av det centrala nervsystemet.

Avsmak och doftattraktion (beträffande mat och andra individer) skulle alltså på så sätt kunna sägas utgöra basen för vårt känsloliv. Känslolivet har många nyanser och påverkar handlings-beredskapen inför olika situationer i vår vardag. Känslan av glädje kan innebära många olika upplevelser. Det kan vara en stillsam glad tillfredsställelse över något, eller det kan vara vild glädje inför att få göra något.

Glädjen får sina nyanser, beroende på uppkopplingen till de övriga FRAMES-faktorerna, situationen (F), fysiologiskt tillstånd i kroppen (R), vad man gör för tillfället och vilken handlings-beredskap som man har (A), vad man tänker på (M), och vilken självkänsla (S) man har i stunden.

De emotionella processerna fungerar i växelverkar med de mentala processerna. M påverkar E och E påverkar M.

Hjärnans nervbanor för känslor fungerar som "sökmotor" efter de minnen och föreställningar som är betingade till en viss sinnesstämning. Tankar beror, förutom på vilka sinnesintryck i en viss situation, också på vilken sinnesstämning vi befinner oss i.

Drömmar påverkas också av känsloläge när vi sover. Med mycket lugn-och-ro-homon (oxytocin) i kroppen drömmer vi sköna drömmar och med stresshormoner i kroppen drömmer vi lätt mardrömmar.

En klient som kom till mig kunde själv inte förstå varför hon nästan jämt var ledsen. Vi var inne på flera olika förklaringar som i och för sig var riktiga. Men hon tyckte själv inte att de bekymren egentligen var så stora att de kunde förklara hela hennes ledsenhet.

Efter hand blev det tydligt att hon mest var *ledsen över att hon var så ledsen*. Och hon kunde inte förstå hur allt hängde ihop inom henne. Med hjälp av FRAMES-begreppet började hon så småningom att förstå den cirkulära dynamiken i sitt känsloliv.

Hon uppskattade framför allt beskrivningen av de växelverkande, cirkulära sambanden mellan tankar (M) och känslor (E).

Tankar ger känslor och känslor ger tankar i en aldrig sinande dynamik. Detta påverkar också perceptionen (F). Det som man tänker på uppmärksammar man i sin omgivning.

Det som händer i miljön ger känslor, vilket leder till tankar osv. I brist på tydliga samband för att förstå sin depression som hon lidit av i flera år fann hon en begriplighet av dynamiken i sitt känsloliv med hjälp av analysen av de inre systemiska sambanden.

Det gjorde det möjligt att göra både enkla och komplexa beskrivningar och gav i sig en känsla av sammanhang. Vi kunde använda FRAMES som visuell gestalt under samtalet och jag kunde använda den som inspirationskälla i frågandet. Hon började må bättre och vi slutade att träffas.

Hon återkom sedan efter ett år. Hon var då bekymrad över att hon kunde drabbas av kortare depressionsdjupdykningar som kom och försvann. De kunde sitta i någon dag. Hon upplevde djupdykningarna som demoner som kom över henne.

Hon hade en bra situation i sitt liv, både i studier, fritid, motion, mat, sömn och socialt liv inklusive pojkvän. Hon kunde inte förstå hur hon kunde drabbas av de djupa dykningarna. Depressionen hade ju blivit lindrigare efterhand. Så småningom växte det i samtalet fram en hypotes om att återfallen i "djupdykningar" kunde vara överkänsliga reaktioner på milda motgångar som triggade igång *gamla minnesspår (FRAMES) och rädslan för depressionen.*

Hon kunde då till exempel strunta i sina vanliga motionspass (som hon trivdes med och hade två-tre gånger i veckan) och istället krypa ned i fosterställning under täcket i sin säng, så som hon gjort många gånger förut.

När hon blev medveten om att hennes överkänsliga reaktioner kunde vara att gamla minnesspår aktiverats, och när hon sedan "gick emot" upprepandet av gamla sätt att handskas med sina känslor slapp hon så djupa dykningar i sinnesstämning. "Ner-gångarna" blev efterhand allt kortare, och lindrigare.

S-faktorn:

Självupplevelser; självbild, självkänsla, självrespekt, själv-
förtroende.

Självupplevelser är alla de upplevelser som är förknippade med
mig själv (jaget). Självbild, självkänsla, "självprat", själv-
förtroende, självkritik, självförakt, självkärlek, självrespekt,
självmedvetenhet osv.

Att uppleva sig som ett beroende barn eller som självständig
vuxen är också tillstånd i sig själv. Grundantaganden om sig själv
i världen, sin föreställning om vem man är i förhållande till andra
är också självupplevelser. Antaganden om andra människors
föreställningar om sig själv är delar i självupplevelsen.

Självupplevelser har sin grund i alla faktorerna i FRAMES.
Självupplevelser och personligheter träder fram (gestaltas)
efterhand i många olika FRAMES i olika sociala sammanhang och
känns igen därför att de *i sina upprepningar* börjar bilda mönster.
Jag är övertygad om att de sammanhang som vi växer upp i är
viktiga faktorer i utvecklingen av vår självupplevelse.

Descartes formulerade en sats som han menade var filosofins
första princip: cogito ergo sum "jag tänker, alltså existerar jag".

Här kommer en variation på temat, som inte utgår från att själen
är något skilt från kroppen, så som Descartes gjorde.

*Jag existerar i mina yttre och inre sinnen, i mina fysiologiska reaktioner,
mitt agerande, mina tankar, känslor och hur jag upplever mig själv.*

Alla FRAME-processerna påverkar existensen och upplevelsen av självet och personligheten.

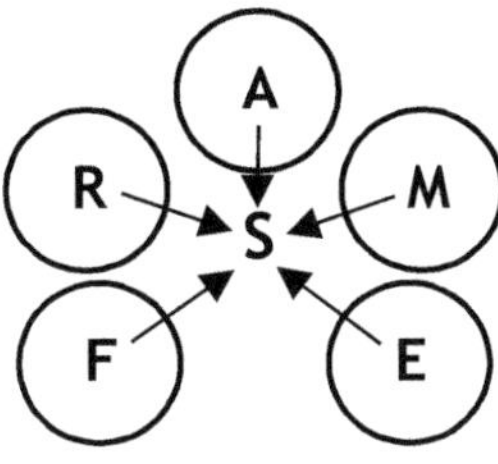

(Fig. 8)

Ordet själ, som betyder samma sak som ordet psyke, har sina rötter i religiöst tänkande. Men det har också kommit att användas i mer världsliga sammanhang.

Om jag ska definiera ordet själ, så vill jag innefatta alla FRAMES-upplevelser. Det betyder att upplevelsen av självet/själen har rötter i alla FRAMES-kategorierna. Det faktum att det finns så många olika religioner och olika gudsupplevelser runt om på vårt jordklot visar, som jag ser det, på det selektiva och projektiva i det mänskliga psyket, och även i gudsupplevelser och religions-utövande.

Skapelseberättelser har formerats olika i olika kulturer. Jaktgudar finns i kulturer där man jagar för uppehället. Regngudar finns (eller har funnits) i samhällen där tillgången till regn påverkar livet och det dagliga uppehället. Havsgudar finns i samhällen där havet spelar en viktig roll i det dagliga livet osv.

Den egna viljan är en viktig del av självupplevelsen. Den har kopplingar till alla FRAMES-kategorierna. Ofullbordad gestaltning av den egna viljan kan innebära fragmentering av självet. Därför är det viktigt att bli klar över den egna viljan. Det goda livet innefattar att ha ett analyserat liv tillsammans med andra.

I det ligger bl.a. att vara medveten om den egna viljan och om det finns motsättningar mellan olika delar av viljelivet.

Ett sätt att bli medveten om detta är med hjälp av aktiva-värderings-pedagogiken ("values clarification") som beskrivs i John Steinbergs bok "Aktiva värderingar".

"En aktiv värdering är: (1) ett medvetet val med hänsyn tagen till olika alternativ och konsekvenser, (2) ett val vi är nöjda med och stolta över och (3) ett val vi handlar efter och ofta upprepar" (Steinberg 1978).

För att vara äkta (autentiska) gentemot oss själva kan vi behöva upptäcka och bearbeta omedveten vilja och göra den medveten. När jag vill något så är det jag själv som vill. Ibland kan tanke och känsla "vilja olika saker" men allt finns i mig själv.

Om mitt eget agerande inte utgår från min egen vilja så tär det på självkänslan. Jag agerar ju då utifrån andras vilja och deras syn på vad som är rätt och riktigt, och de behov som de har.

Det är därför som ett auktoritärt despotiskt styrelsesätt tär på självkänslan, och det autentiska jaget hos de personer i under-ordnad ställning som ingår i en sådan grupp eller ett sådant system. Självkänslan påverkas då huvudsakligen av de tankar och känslor man har om sin rang eller plats i gruppen, med risk för självförnekande, dvs. att jag inte respekterar mig själv med mina egna, unika tankar och behov.

I ett auktoritärt och despotiskt klimat blir man tyvärr oftast bara bekräftad i vissa begränsade sidor av allt som finns inombords. All den potential som man har av att vara en rik och allsidig, äkta personlighet med integritet blir inte bekräftat.

En ung kvinna som avbrutit sina studier på grund av depression hade kommit fram till att den utbildning som hon valt egentligen inte passade henne. "Jag har alltid varit bra på att kompromissa. Jag är diplomatisk. Åtminstone tycker jag det själv. Men det går inte att kompromissa om det här".

Hon syftade då på att hennes föräldrar, syskon och kamrater hade synpunkter på vilka studier som hon skulle kunna ägna sig åt. Att hon tagit så mycket hänsyn till andras åsikter och önskningar, och så lite till att känna efter vad hon själv ville, var en viktig faktor i utvecklingen av hennes depression. När hon nu tog hänsyn till sig själv och sitt eget "psykiska system" kunde hon gå ur sin depression.

Det första stegen i en om-inlärningsprocess är att upptäcka FRAMES-mönster som man inte mår bra av. I och med att det finns kroppsreaktionsminnen som en del av alla våra FRAMES, behöver man komma ihåg att förändring kan ta tid. Om livssituationen behöver förändras och man förstår att "så här ska jag inte behöva ha det" kan en förändring börja ske.

En mental bild av hur du skulle önska att du reagerar och agerar kan ge en ny viljeinriktning, nya mål, nya aspirationer inom dig. När du tänker igenom hur du önskar att allt skulle kunna vara, kan du "öppna en ny fil" för önskade nya reaktioner, nya sätt att agera och tänka.

Men eftersom alla FRAMES-kategorierna har betydelse för självupplevelserna, räcker det inte med att lyckas tänka och agera annorlunda. Förändringarna behöver manifesteras i nya känslor, nya reaktioner i kroppen och ny feedback och bekräftelse från omvärlden.

Lita på att ditt nya tänkande och agerande leder till en utvecklingsprocess, även om det tar tid. Bekräfta och beröm dig själv när du upptäcker hur du reagerar och agerar.

Om man i sitt förändringsarbete upptäcker att man inte längre passar in i sin livsmiljö, kan man vara tvungen att byta miljö. Det tydligaste exemplet på det är när en alkoholist, som strävar att leva ett nyktert liv, utsätts för påtryckningar från sina aktiva alkoholistkompisar att återuppta sin tidigare roll i gruppen. Den grupp som kanske blivit hans enda sociala nätverk.

Kapitel 3

Andningens roll i stress och ångest

Stress ökar aktiviteten i flera regleringssystem i kroppen.

Hjärtklappning, andning, muskelspänning, känslighet för sinnesintryck och fokusering på hot ökar.

Många som kommer till mig med ångestproblem är inte medvetna om andningens centrala roll i stress och ångest. De vet inte heller att man kan förebygga eller häva ångest med balanserad andning. Vägen till en bra andning måste med nödvändighet bli olika för olika personer. Skälen till obalanserad andning kan vara både psykologiska och fysiologiska.

Andningen påverkas av kroppens ämnesomsättning, och ämnesomsättning påverkas av andningen. Vi reagerar på olika sätt inför stress, men det finns ett par hållpunkter som är gemensamma på resan mot en balanserad andning.

För det första; att slappna av i maggropen och låta den stora andningsmuskeln (diafragman) få arbeta lugnt och avslappnat. Att den gör det kan man se genom att magen rör sig ut och in vid varje andetag, samtidigt som bröstkorgen knappt rör sig alls.

Djup och kraftig andning *med både* diafragman *och* bröstkorgen behövs *bara vid kraftig muskulär ansträngning*, inte annars. En suck kan hjälpa kroppen att slappnar av och underlätta diafragmaandning.

För det andra att inte andas för mycket. Likaväl som vi kan äta mer än vi mår bra av kan vi andas mer än vi mår bra av. Och det är det som sker vid långvarig hyperventilation som kan aktiveras av stress, irritation och ångest.

De flesta av oss vet att vi andas in luftens syre när vi tänker på den livsviktiga andningen. Och syre är naturligtvis viktigt för ämnesomsättningen i kroppen. Men koldioxidens roll vid reglering av andning och ämnesomsättning är också viktig.

Koldioxid är en gas som (enligt Henderson 1940) - "produceras av all vävnad och som troligen påverkar varje organ. I regleringen av kroppens funktioner har koldioxiden minst tre väldefinierade inflytanden: (1) Den är en av de viktigaste faktorerna i regleringen av syra-bas-balansen i blodet. (2) Den är den viktigaste faktorn i kontrollen av andningen. (3) Den utövar ett väsentligt inflytande på hjärtat och den perifera blodcirkulationen".

Koldioxiden som vi andas ut finns i blodet i form av kolsyra. Koldioxid är en lättflyktig gas som i förening med kroppsvätskan bildar kolsyra. Kroppens pH-värde ("syrlighet") påverkas av utandning (ventilering) av koldioxid. Om man andas mer än vad som behövs för ämnesomsättningen, till exempel vid upprördhet och irritation, blir kroppens pH-värde obalanserat.

Obalansen består i att kolsyranivån minskar därför att alltför mycket koldioxid lämnar kroppen, vilket innebär att pH-värdet höjs.

Kroppen försöker då försvara sig mot det obalanserade (för höga) pH-värdet, dels genom förändringar i ämnesomsättningen, och dels genom att dra ihop blodkärlen, för att minska förlusten av koldioxid.

Men också genom att dra ihop smala luftrör och lungblåsor. Hopdragningen av blodkärl gör att försörjningen av syrsatt blod till kroppens vävnader försämras. Hopdragningen av luftrör gör att man kan få en känsla av andnöd, trots att man andas mer än man egentligen behöver (luftrören har blivit trängre).

Att andas kraftfullt är naturligt och riktigt när man anstränger sig, t ex vid löpning eller hårt kroppsarbete. Det beror på kroppens behov av att göra sig av med slaggprodukter (som koldioxid) som bildas vid muskelarbete och på kroppens behov av mer syre. Om man andas mer än kroppen behöver för detta andas man alltså för mycket.

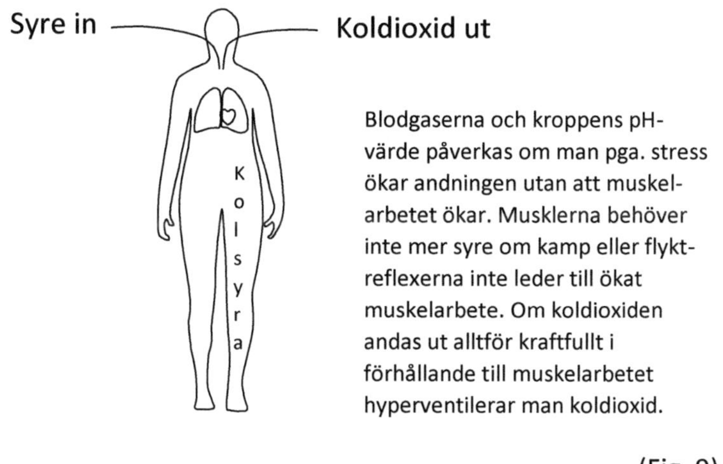

(Fig. 9)

Om man i ett stressläge andas mer än vad som behövs för muskelarbetet, eller andra metaboliska skäl, så ökas inte den mängd syre som hemoglobinet i blodet bär med sig, jämfört med vad den skulle vara vid balanserad andning, men däremot minskar mängden koldioxid.

Det resulterar i att tillgången till syre ute i kroppsvävnaderna minskar, dels som beskrivits ovan, genom att blodkärlen drar ihop sig, men också på grund av den så kallade Bohr-effekten. Denna effekt innebär att *när koldioxidhalten minskar i blodet,* så *minskar också de röda blodkropparnas syreavgivning* till vävnaderna.

Vid en normal fysiologisk process skulle det vara så att en låg halt koldioxid i blodet skulle minska andningen. Men om man fortsätter att vara stressad/irriterad minskar inte andningen, trots låg koldioxidhalt.

Återhållen, hämmad irritation, kombinerad med ökad andning skapar därför problem. Ett kraftfullt agerande med ökat muskelarbete skulle öka koldioxidnivån i kroppen och därmed göra andningen balanserad igen, men om man inte agerar muskulärt består den låga kolsyranivån.

Vid långvarig stress med för högt pH-värde sätter kroppen in kompenserande metaboliska mekanismer för att sänka pH-värdet vilket kan leda till nya, "fysiologiskt stressade", osunda metaboliska jämviktstillstånd i kroppen.

Nixon (1994) fann hyperventilation (mätt i sänkta koldioxidnivåer i utandningsluften), och sänkt mjölksyratolerans, hos patienter med "kroniskt trötthetssyndrom".

Andningsfrekvensen ökar, liksom hjärtats slag, om man är stressad, nervös eller irriterad. Till exempel när man står och väntar på någon/något, samtidigt som man är trött och har bråttom eller om man blir irriterad när man sitter och väntar på att datorn ska göra sitt jobb utan att veta hur lång tid det kommer att ta.

Andningsfrekvensen kan höjas om man nervöst väntar på att få gå in i en skrivsal för ett stort prov i skolan eller när man känner sig jagad av plikter och krav. Helt enkelt när man är stressad (vare sig det är i positiv eller negativ stress). Den ökade andningen och hjärtats ökade arbetstakt är då onödig. Den är till och med negativ eftersom den kan minska prestationsförmågan.

Hyperventilation, onödigt snabb andning, kan variera, från kraftigt flämtande andning som i en akut ångestattack, till nästan omärkbar hyperventilation.

Läkaren Clas Malmström skriver i en artikel på internetsajten Medical Link att "Kronisk hyperventilation är mycket svårupptäckt i en vanlig fysisk undersökning. Även ett tränat öga som aktivt letar efter hyperventilationstecken kan ha svårigheter att upptäcka en kronisk, låggradig hyperventilation om man inte har tillgång till adekvata fysiologiska och kemiska mätmetoder". Han skriver också; "Blanda inte ihop akut hyperventilation med kronisk! Vid akut hyperventilation uppkommer symptomen ur en intensiv respiratorisk alkalos, medan vid kronisk är det en komplex kompensatorisk acidos som ger upphov till huvuddelen av symptomatologin". Och han fortsätter; "I synnerhet tycks vi här ha att göra med vissa typer av långvarig negativ stress som bäst beskrivs som diffus oro (mental anspänning, bristande förmåga att skapa inre frid och trygghet, brist på lugn och ro, låsning i negativa tankar, hjälplöshetskänslor, aggressions-hämning och bristande självförtroende etc.).

Detta tillstånd med otillräcklig ro skapar en obalans i andnings-centrum som medför dysfunktionell andning i form av en mild torakal hyperventilation. Om den pågår länge kan den lätt kronifieras genom att det uppkommer en psykofysiologisk circulus vitiosus: hyperventilationen leder till respiratorisk alkalos som kompenseras med en metabol acidos och andra sekundära fysiologiska rubbningar, vilka leder till dyspnoe (känsla av att inte riktigt få luft) så fort personen i fråga försöker slappna av.

Dessutom sänks stresströskeln och tankarna tenderar att bli ängsliga och oroliga för den drabbade upplever ju något obehagligt, och därmed är fastlåsningen i den onda cirkeln ett faktum. Även om den är låggradig leder hyperventilation till en sänkning av koldioxidtrycket i blodet (hypocapni). Kroppen får då brist på kolsyra, som även om den är måttlig, ger upphov till en alkalisk reaktion (förskjutning av syra-bas-balansen åt det basiska hållet) vilken i sin tur ger upphov till en kompensatorisk metabol acidos (bildande av extra mycket syror i ämnesomsättningen, samt aktivering av buffertarna som övergår till sin syraform)".

Andningen är balanserad när den inte överskrider kroppens behov i ämnesomsättningen. Balanserad andning betyder att produktionen av koldioxid och utvädringen av koldioxid är i balans och att syra-bas-regleringen i kroppen är i balans, att pH-värdet ligger inom intervallet 7,36 - 7,44.

Clas Malmström skriver i sin artikel; "Låga halter koldioxid i blodet orsakar en sammandragning av små pulsådror (vasokonstriktion), särskilt i händer, fötter, runt magen och tarmarna samt i huvudet (både utsidan och inne i hjärnan). Kombinationen vasokonstriktion och hemoglobinets försämrade förmåga att leverera syrgas åstadkommer en partiell men ändå märkbar och symptomgivande brist på syrgas (hypoxi) ute i dessa kroppsdelar. Hjärnan är det känsligaste organet för syrebrist, och symptom på cerebral påverkan uppkommer snabbt i form av trötthet, kognitiva dysfunktioner och sänkt stresstålighet".

Min fru som lider av fibromyalgi märker att när hon är stressad eller har ont i kroppen kan hon vakna av att hon är torr i munnen på grund av att hon har andats med öppen mun. Om hon då håller andan så länge som det går, och sedan går över till en lugn och avslappnad andning, håller andan igen några gånger, så släpper nästäppan, och hon kan somna om. Hon har också märkt att smärtan minskar av detta.

”En naturlig, men mycket hindrande missuppfattning är att syre och koldioxid är så antagonistiska mot varandra, att en ökning av den ena i blodet med nödvändighet innebär en motsvarande minskning av den andra.

Det är i stället tvärt om. Båda tenderar att öka trycket och därigenom öka spridningen av den andra. De två gaserna transporteras dock på olika sätt i blodet. Syre transporteras av hemoglobinet i blodkropparna, men koldioxiden transporteras av blodplasman. Nivåerna av de båda gaserna i blodet kan ligga högt för båda, eller lågt i båda.

Dessutom brukar låg syrenivå och låg koldioxidnivå uppträda samtidigt vid kliniska prov. Båda dessa tillstånd tenderar att sätta igång och öka varandra. Att andas in luft som berikats med koldioxid är ofta ett effektivt sätt att öka syresättningen av blodet och kroppsvävnaderna” (Henderson 1940).

Varför kan man behöva göra medveten andningsträning? Det har att göra med vårt moderna levnadssätt med ökad psykisk stress och ökad andning kombinerat med minskat muskelarbete. Det muskelarbete som vi utför består ofta, i vårt högteknologiska samhälle med datorer och löpande band, av ensidiga rörelser som bara innefattar en begränsad del av vår rörelseapparat.

Det leder lätt till statisk muskelspänning och minskad blod-genomströmning. Smärtan leder till hyperventilation som minskar syretillförseln till kroppsvävnaderna. Såväl till muskler som till alla andra kroppsvävnader, inklusive hjärnan.

Scheifer, Ley och Spalding beskriver i en artikel i American Journal of Industrial Medicine (2002) en hyperventilationsteori om arbetsstress och muskel-skelett-problem. Man ska alltså sträva efter balans mellan å ena sidan andningsvolymen per minut, och å andra sidan graden av muskulärt arbete.

När man har ångest är balansen satt ur spel, och i princip ska man då antingen öka det muskulära arbetet eller minska andningsvolymen per minut, och helst både och. Ett sätt att uppnå detta är att göra till en vana att alltid andas genom näsan när man inte utför mycket tungt muskelarbete.

Det finns en annan sida av andningen och det psykiska välbefinnandet som också är viktig. Gay Hendricks beskriver den i sin "Andningsövningar för ett bättre liv" (1995). Den handlar om låsning av andningen för att försöka *hålla starka känslor i schack*. Den kroppsorienterade psykoterapi som han företräder, går ut på att andas med, känna sig igenom, svåra känslor, och uppleva att smärtan vid minnet av psykiska trauman kan avta vid lugnare, mindre låst andning. Hendricks bok ger många exempel på andningsövningar som hjälper till att få en avslappnad andning. Bland annat en övning som hjälper för att släppa låsningar i diafragman så att den kan arbeta fritt.

Många har upplevt att man "slutar andas" när man t ex sitter i en tandläkarstol, eller när man ska få en spruta. Man kan då få uppmaningar som: "Andas!" eller "andas djupt!" Inför svåra uppgifter eller när man är nervös kan man få rådet att ta djupa andetag så går det bra.

Men uttrycket att andas djupt är problematiskt därför att djupandning ger en positiv effekt om man andas stillsamt och sakta men en annan (negativ) effekt om man andas djupt och snabbt. Det blir alltså helt avgörande vad vi menar med "djupandning" när vi säger att det är bra att andas med djupa andetag. Det är bra att "andas djupt ner i magen", förutsatt att du *inte* samtidigt andas kraftfullt med snabba andetag.

Sammanfattningsvis; om du har problem med hyperventilation, eller om du vill finna ett sätt att balansera andningen när du är orolig kan du pröva att:

(1) Börja med en avspännande suck. Upprepa gärna sucken om det känns avslappnande. Men gör den inte alltför djup och snabbt eller alltför ofta, eftersom du då ventilerar bort mycket koldioxid.

(2) Andas med stillsamma avslappnade andetag, med avslappnad mage, så att diafragmamuskeln kan arbeta så ostört och avslappnat som möjligt. Om man sitter som en hopsjunken hösäck framför datorn kan diafragman inte arbeta riktigt fritt och avspänt, även om bålmusklerna är avslappnade i den sittställningen.

Därför är t.ex. lotusställningen som används vid yoga bättre. Rak rygg är bra i alla varianter för att kunna andas med maggropen.

(3) Sträva efter att vila en stund (göra uppehåll en stund) när utandningsrörelsen är klar, innan du påbörjar inandningen. Ju längre du kan göra denna vilopaus, desto bättre "andningskondition" har du.

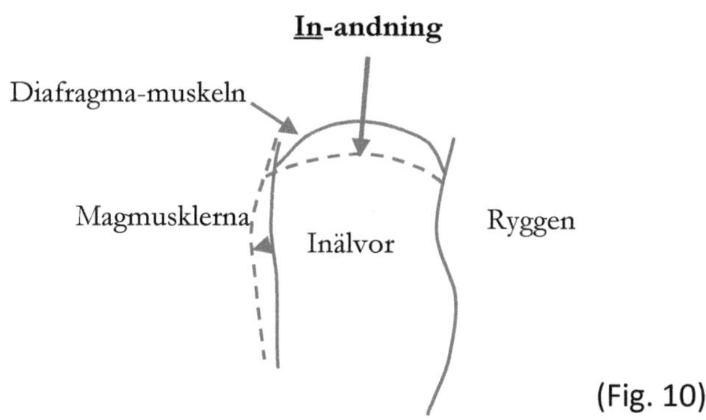

(Fig. 10)

Om du vill kan du då och då överdriva utandningsrörelsen till sin ytterlighet, att fortsätta *trycka ut* luft med magmusklerna, så långt du bara kan, ända tills du inte har en gnutta luft kvar att andas ut. Som när du ska blåsa ut alla ljusen på en födelsedagstårta. Den rörelsen innebär att diafragmamuskeln stretchas till en extra förlängning. Diafragman blir extra toppig. Det kan kännas skönt och avslappnande inne i magen där diafragman sitter.

(4) Sträva efter att andas med få andetag per minut.

(5) Andas med stängd mun, även när du promenerar. Din näsa kanske är täppt på grund av förkylning, och då måste du förstås vänta tills förkylningen är över med att enbart andas genom näsan.

Men om din näsa ständigt är täppt kan det vara en effekt av just överandning, om det inte finns någon annan förklaring som t ex förkylning eller allergisk reaktion. Näsan är med sin funktion som värmeväxlare, och med sina flimmerhår som skyddar mot luftföroreningar, den naturliga andningsvägen.

6) Acceptera tanken att när du på grund av irritation eller stress känner det som om du inte får luft, då är problemet sannolikt att du andas för mycket.

(7) Om ditt problem handlar om ångesthyperventilation kan du lösa problemet genom att göra något fysiskt ansträngande och därmed höja kolsyrahalten i blodet. Du kan också prova att hålla andan en stund för att balansera koldioxidhalten i lungor och i blodet. Eller så kan du sucka, och sträva efter stillsam andning och känna att upprördhetskänslan i kroppen minskar.

Framför allt, om du lider av överandning, minska din andning på ett sätt som passar just dig! Gör det så bekvämt som möjligt för dig själv. Annars finns risken att du gör andningen till något som i sig är stressande, och det är ju motsatsen till en god stress-hantering.

Den mentala, psykologiska sidan av ångest handlar om tankar som oroar, och inte minst automatiska negativa tankar om sig själv.

Man kan få ökad andning som en betingad reflex när man möter en person som man har någon oavslutad affär med. Till exempel en misslyckad förälskelse, en mobbare, en idol, en kritisk chef osv. (s.k. respondent betingning).

Man kan också få en ökad andning på grund av att man lärt sig att *ilska lönar sig* i något visst sammanhang. Till exempel vid gräl i familjen eller bland kompisar (s.k. operant betingning).

Tänkandet kan upprätthålla och förlänga ångest och över-andning, genom att hela tiden vara fokuserade på tänkta yttre eller kroppsliga faror. Vid ångest förhöjs kroppens pH-värde (respiratorisk alkalos). Vid vanlig, tillfällig rädsla hinner inte de negativa effekterna av hyperventilation komma, om man agerar ut rädslan och tar sig ur situationen.

Tänk på en katt som blir rädd för en hund. Vad händer? Den springer "som ett streck" in under något skydd. Där ligger den och trycker med bultande hjärta. Efter en stund vågar den sig fram, och det hela är över. Den är försiktig till att börja med, men i stort sett är rädslan över.

Det är så vår kropp egentligen är skapad att fungera. Men vi människor har så stor förmåga att föreställa oss saker mentalt, att vi kan *hålla igång* vår rädsla nästan hur länge som helst. Efter en stark upplevelse av rädsla, och kanske i samband med att man redan ligger på en hög stressnivå kan en fobi utvecklas.

Vårt problem med överandning kommer av att vi är biologiskt programmerade att mobilisera kroppens förmåga att fly eller slåss. Om det upplevda hotet nu mest är ett "socialt hot" kan vi inte reagera på samma sätt som när vi är i kraftig fysisk aktivitet. När någon kränker mig kan jag inte i ett humant samhälle gå till fysiska handgripligheter.

Om alarmreaktionerna finns i kroppen under lång tid kan det rubba jämviktsmekanismer som reglerar och regleras av pH-värdet i blodet. Vila, sömn-, motions- matvanor och socialt liv kommer då lätt ur balans.

Alkalos är ett av kännetecknen vid kraftig ångest (respiratorisk alkalos). Om man lider av en ätstörning som innefattar att kräkas upp mat som man nyss ätit förlorar man klorider. Det leder också till alkalos (metabolisk alkalos).

Man åstadkommer en "mental ångestlättnad" över att ha gjort sig av med den förhatliga födan, som man också hungrar efter – samtidigt som man åstadkommer en metabolisk ångest av att spy. När man hetsäter får man rejäl påfyllning av koldioxid vilket i sig är skönt, eftersom ångestandning kan ha orsakat *respiratorisk* alkalos.

Men hetsätningen kan sedan ge ångest (och hyperventilation) vid tanken på att man har ätit mer än man tillåter sig att göra. Man åstadkommer en "metabolisk ångestlättnad" av att hetsäta samtidigt som man åstadkommer en "mental och respiratorisk ångest" pga. hetsätningen.

En ung dam med mångårig panikångest kom för att få hjälp. Hennes ångest hade lett till att hon avbrutit gymnasiestudierna. Hon var omtyckt av båda sina föräldrar. Hon var omtyckt bland sina kamrater. Hon blev uppvaktad av unga män på grund av sitt utseende. Det var svårt att finna några omgivningsorsaker till att hennes ångest skulle vara så stor och så förlamande.

Samtalen kom att i första hand handla om ångesten som ett kroppsligt fenomen. För att hon skulle klara av att komma fick vi ha fönstret öppet. Hon ville ha frisk luft.

Vi pratade mycket om ångestens fysiologi, bland annat om hyperventilation. En av de första gångerna hon kom fick hon ångest när hon satt i mitt mottagningsrum. Ångesten var så kraftig att hon blev vit i ansiktet. Jag sa till henne att gå nedför trapporna till våningen under och dricka en mugg vatten, och därefter komma tillbaka upp igen.

När hon kom tillbaka hade färgen kommit tillbaka i ansiktet, och hon kände sig bättre. Man kan tolka detta på olika sätt. Ett är att hon avleddes från de tankar som var ångestframkallande medan hon utförde det som jag bett henne att göra. Man kan också tolka det hela så att det muskelarbete som hon utförde när hon gick ned och upp för trapporna ökade koldioxidnivån i kroppen, vilket gjorde att färgen i ansiktet kom tillbaka och att det blev lättare att andas. Eftersom de två förklaringarna inte säger emot varandra kan båda vara giltiga.

Hennes oförmåga att handskas med sina akuta ångestattacker var naturligtvis bara en sida av hennes problem, men de påverkade alla hennes FRAMES, hela hennes upplevelse av sig själv och världen.

Hon lärde sig efterhand att hantera sin ångest. Efter att jag träffat henne några gånger utan att hon haft några ångestattacker mellan besöken kom hon och var uppriven igen. Hon hade haft en ångestattack i köket hemma. Hon kunde inte förstå varför, och inte jag heller. Vi satt där som två frågetecken.

Till slut sa jag att jag kan tänka mig att du ändå tänkte på något som gjorde dig irriterad. Hon svarade direkt. "Ja, verkligen! Jag var så irriterad på min pojkvän som inte hade tagit hand om disken trots att han hade sagt att han skulle göra det. Han hade inte gjort nå´t i köket på flera veckor!" – Det blev för mig en påminnelse om att ångest också hör ihop med irritation, och inte bara med rädsla.

En annan ung kvinna kom till mig på grund av ångestattacker och social fobi. Hennes sociala situation var bra, men hon hade börjat få ångest ett par år tidigare i samband med en ätstörning. Hon hade börjat dra sig undan sociala kontakter och även att spela handboll, vilket tidigare hade gett henne så mycket. Hon tog stort ansvar i terapin och skrev på eget initiativ en ångestdagbok. I den första beskrivningen skrev hon så här.

Går och tänker på det flera timmar före. Cirka två timmar. Tänker att "jag ska gå på handbollen, jag klarar det". Ju närmare det blir ju mer tänker jag på det. Idag ska jag gå. Jag vill jättegärna gå och ju mer jag tänker att jag vill gå, desto ledsnare blir jag. Fem minuter innan jag ska klä på mig börjar jag gråta, och då får jag högre andning, men inte så mycket. Jag blir sur och stressad att jag inte kan gå, och ledsnare. Efteråt blir jag besviken på mig att jag inte gick".

Senare skrev hon: "Jag skulle ut med mina vänner på kvällen, men jag sköt upp tiden som jag sa till dem hela tiden. Jag sa när jag skulle åka men det blev senare. Jag började gråta. Jag ville stanna hemma. Allt kändes som ett måste. Sen åkte jag till kompisarna och allt kändes bra".

Ytterligare senare skrev hon: "Negativt - kan inte lova nått t ex om mina kompisar frågar om jag ska med ut i helgen så säger jag *kanske* (för att jag tänker att - tänk om jag får panik eller ångest)

- Om jag ska ut och göra nått, gå till en kompis t ex, så kan jag känna att jag får panik. Jag får en olustkänsla då.

Positivt: Jag får inte samma panik och ångestkänsla längre. Jag tänker inte mer - tänk om jag börjar gråta. Jag har lärt mig att "ta hand om" paniken om jag t ex sitter i klassrummet eller är med kompisar. Jag tuggar tuggummi, eller håller andan eller tar djupa andetag".

Och här ett litet utdrag ur ångestdagboken längre fram i terapi-processen: Det var två timmar tills jag skulle träffa dem på stan. Och under de här två timmarna så fick jag panikångest några gånger.

Jag får ångest, sen går det över, sen får jag det igen, sen går det över. Så höll det på tills jag åkte till stan. Och under de gångerna jag fick ångest så försökte jag sysselsätta mig med något så jag skulle glömma bort ångesten".

Efter en tid, när hon hade kunnat börja hantera ångest-reaktionerna bättre fick hon i hemläxa att registrera vilka tankar som utlöste den ångest som gjorde att hon inte klarade av att gå till handbollsträningen.

När hon kom nästa gång berättade hon att hon inte hade kunnat komma på något speciellt om handbollsträningen, som kunde förklara hennes ångestreaktion. Hon gillade handbollen, sina kompisar där och tränaren. Hon berättade att när tränaren ringde blev hon "varm och darrig".

Sedan gick hon till datorn och jobbade i den, och då försvann kroppsreaktionerna. Vi konstaterade att hennes fysiologiska reaktioner sannolikt låg på reflexnivå, på samma sätt som den betingade reflexen salivutsöndring, hos hundarna i Pavlovs berömda experiment.

Allt som berörde att hon skulle gå till handbollsträningen var betingade till de fysiologiska reaktioner som uppstår vid rädsla. Vi pratade om hur hon skulle kunna bli kvitt dessa reaktioner, att avbetingning förutsatte att hon exponerade sig för att gå till handbollsträningen. Det hade varit en gåta för henne, att hon reagerat som hon gjort inför handbollsträningen, eftersom hon gillade den.

Förklaringen att reaktionerna kunde ligga på reflexnivå verkade rimlig för henne, och därför var hon motiverad att träna sig att möta "hotet", dvs att stå ut med att få känna den rädsla som var en betingad reflex. Betingningen hade uppstått för ett par år sedan, i samband med att hon hade en period av ätstörning.

Då hade de systemiska, cirkulära FRAMES-effekter uppstått, som skapade den mentala kopplingen: det är dags för handbollsträning (M) som resulterade i ångest (R). Ätstörningen som innebar tankar om att minska kroppsvikten (M), minskat ätande (A), vilket gjort henne nöjd (E) när hon åt mindre, gav negativa fysiologiska reaktioner; hunger, sug, orkeslöshet, störd balans i kroppens pH m.m. (R).

När hon var så "slut" orkade hon inte med handbollsträningen utan kände en ambivalens. Hon ville egentligen gå, men på grund av ätstörningen övervägde obehaget/ångesten.

Och den fysiologiska reaktionen; ångest (R), kopplades till handbollsträningen (A). Här var ett exempel på att "projektion" av känslor till en viss situation.

Betingning kan förefalla obegriplig om man inte gör en psyko-analys av något slag, till exempel FRAMES-analys. Hon hade levt ett förhållandevis tryggt liv utan ångest. När hon i samband med ätstörningen fick uppleva riktig ångest började den "leva sitt eget liv". Hon hade börjat få ångest för att få ångest.

I och med att hon började uppleva framgång i att hantera ångesten (sucka, tugga tuggummi, tänka på annat, "tänka positivt", arbeta med datorn m.m.) var hon också motiverad att fortsätta sin avbetingningsträning med samma målmedvetenhet som hon hade när hon kom till mig. Genom att skriva lapparna om vad som hände henne i samband med ångesten fick hon en medvetenhet om hur hennes ångest fungerade, hur den uppstod och hur hon kunde minska den. Hon tränade sig att utsätta sig för de ångestskapande situationerna och på så sätt erfara att hon utvecklade sin förmåga att lugna sig och att inte låta ångesten styra hennes liv.

Det här kapitlet om andningens roll vid ångest har huvudsakligen handlat om ångestens fysiologiska mekanismer. Clas Malmström framhåller också att kronisk hyperventilation kan vara en viktig faktor i depression.

Han skriver i internetsajten Medical Link att: "Många förstämda patienter uppvisar en kraftig kronisk hyperventilation (abnormt ökad andningsverksamhet), och "stressandningens onda cirkel" som leder till psyko-fysiologisk utmattning (kronisk respiratorisk alkalos med en komplex metabol acidotisk kompensation) utgör inte så sällan en väsentlig del av de processer som låst fast patienten i ett långvarigt depressivt tillstånd".

Kapitel 4.

Här-och-nu-FRAMES, minnes-FRAMES och framtids-FRAMES

Att minnas – det är väl att tänka på något som har varit? Ja, det är sant, men det är inte bara det. Minnen väcker ofta känslor, ibland starka känslor.

Man kan få kraftiga reaktioner i kroppen, hjärtklappning, ökad andning, fjärilar i magen när man minns. Självkänslan kan åka hiss, upp eller ner, på grund av minnen. Beredskapspotential (attityd) och vilja kan växa fram ur minnen. Dofter kan aktivera minnesbilder som kan aktiver hörselminnen. Varseblivningen av världen påverkas av minnen.

Om jag passerar en skolgård, och tittar in på det som sker där, är det troligt att jag uppmärksammar sådant som påminner mig om min egen skoltid. Min kroppshållning och mitt kroppsspråk kommer kanske att påverkas. Att minnas engagerar alla FRAMES-kategorierna på ett eller annat sätt. Man kan alltså prata om minnes-FRAMES.

På samma sätt kan alla FRAMES-kategorierna engageras när man tänker på något som man vill eller tror ska hända i framtiden. Kroppen reagerar, känslor väcks, vad man uppmärksammar påverkas och beteendet kan påverkas.

Om jag sitter alldeles stilla medan jag minns eller planerar något, skulle man kunna mäta upp svag elektrisk aktivitet i de muskler som skulle utföra de rörelser som ingår i planerna eller de rörelser som jag gjorde i dåtid, då när det hände det som jag minns. Det uppstår beredskaps-potentialer i musklerna som inte syns utanpå. Man kommer in i en attityd, en handlingsberedskap. Vi kan alltså även prata om framtids-FRAMES.

När fokus i tillvaron är på det som sker här och nu kan vi också prata om här-och-nu-FRAMES. I terapeutiska möten bearbetas tankar och känslor om sammanhangen i tillvaron, som ju också innefattar kroppsliga reaktioner, perception av det som är här och nu, agerande, handlingsberedskap och självupplevelser.

Omtolkningar av gamla barndomsupplevelser utifrån nya vuxna erfarenheter gör att man kan se på det som varit ur nya andra perspektiv. I tanken kan man agera på ett nytt sätt, vilket ger andra känslor och förhoppningsvis positivare självupplevelse.

Det goda i berättandet kan vara att en mental och känslomässig förståelse uppstår i och med att minnet uttrycks i ord. Men det kan också bli så att känslomässig bearbetning störs om man bara resonerar sig in i alltför abstrakta sammanhang.

Då är det bättre att bli så känslomässigt engagerad. Att här-och-nu-FRAMES speglar minnes-FRAMES så nära som möjligt. Det kan ske när klienten ges möjlighet att agera i terapirummet, när terapin får inslag av psykodrama.

En klient söker terapi för att han har svårigheter i kontakter med andra. Han missförstår ofta eller blir missförstådd. Han har en dålig självbild. Han har också en känsla av att vara offer, med stor ilska och aggressivitet "lagrad" i kroppen.

I relation till andra blir anknytningen svår därför att han visar en sida av underlägsenhet (underdogbeteende). Han ger också signaler om att vara arg. Han blir lätt frustrerad, och de han möter blir förvirrade.

När han ger dessa dubbla signaler får han gensvar som för honom är svåra att förstå. Han sänder signaler om en önskan om närhet och signalerar samtidigt att han är i försvar, utan att vara medveten om det. Han söker terapi därför att han har svårt i kontakt med andra.

I terapin börjar vi med en intervju och kommer fram till att hans problem började med att han har varit mobbad. För att förändringen på djupet ska kunna ske och bli integrerad i honom behöver han pröva att agera utifrån den insikten. Dels behöver han bli medveten om hur han *vanligtvis* agerar i den stressade situationen. Dels behöver han experimentera med nya beteenden.

Det kunde vi göra med hjälp av gestaltterapi. Den tidigare mobbade mannen hade kvardröjande mobbnings-FRAMES.

För att öka energin är det *värdefullt om det är möjligt* att bearbeta mobbningsupplevelser i en grupp. Det är då viktigt med trygghet i terapigruppen.

Några gruppmedlemmar kan agera mobbare. Andra kan agera mobbningsoffer. Därmed kan den drabbade se olika sätt att reagera i mobbningssituationen. Hen kan också få hjälp att se hur hens eget agerande ser ut. Därefter kan hen pröva att agera på nya sätt som hen är mer nöjd med, och hen kan få förståelse, tröst och uppbackning av gruppen. Alla FRAMES-kategorierna blivit aktiverade på ett integrerande sätt. Hen har då i nutid befunnit sig i en situation som aktiverat hens minnes-FRAMES, och fått feedback från övriga i terapigruppen.

I *individuella terapisamtal* kan en vilja att inte längre vara offer växa fram, men tyvärr inte på samma konkreta nivå som i en *gruppterapi*. Genom att få en fördjupad medvetenhet och förslag till nya strategier som kan prövas i gruppsammanhang kan dock en vilja att bli fri från sina mobbnings-FRAMES bli verklig.

Jag kunde hjälpa klienten med "underdogbeteende" att återuppleva kritiska situationer i en vägledd fantasi. Klienten kunde komma in i ett tillstånd där kroppen och självet var i fokus. Därefter kunde jag måla upp en fantasi som knyter an till det som behövde bearbetas. Klienten och jag kunde kommunicera med varandra under tiden som han var i fantasin, vilket gjorde att bearbetningen kändes levande och verklig.

Alla som har drömt har känt att drömmen kan kännas verklig. Likadant kan det vara i en guidad fantasi. Skillnaden är att i drömmen är upplevelserna ofta kaotiska och man agerar inte medvetet och strukturerat i drömmen. I drömmen kan man inte medvetet påverka händelseförloppet. Det bara blir.

I en vägledd fantasi kan man få hjälp att leda drömmen i nya riktningar. I den vägledda fantasin kan terapeuten också vara i samspråk med klienten som kan berätta vad han upplever, tänker och känner och vad han skulle önska sig.

Bearbetning av minnes-FRAMES innebär att sambanden mellan FRAMES-faktorerna lyfts fram och bearbetas. Hur känns det när jag tänker på det eller det? Hur reagerar kroppen? Vad vill jag?

Jag har lekt lite med ringarna i FRAMES-figuren (se figur 11) för att illustrera att intensiteten i upplevelsen av de olika faktorerna kan variera.

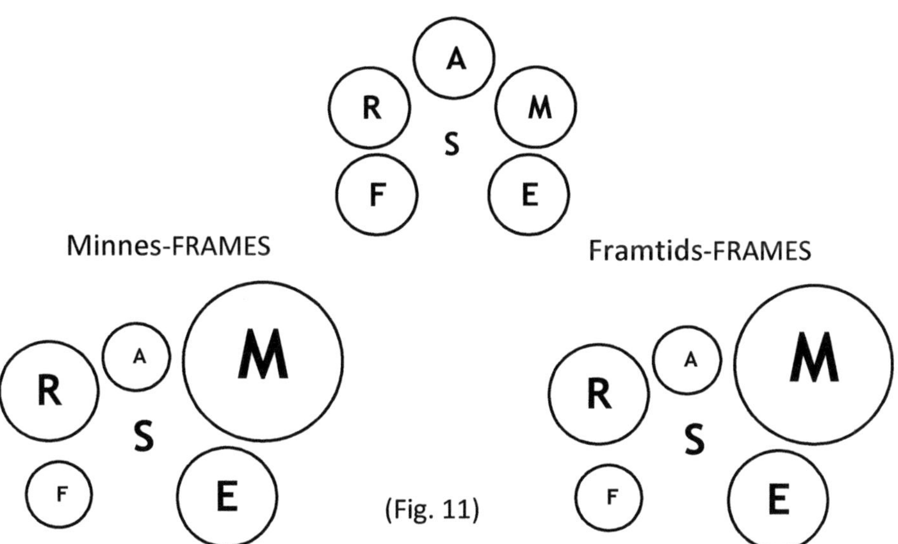

Skillnaderna i aktivitet i de olika processerna i FRAMES-strukturen kan illustreras med en ökning eller minskning av ringarnas storlek.

Här-och-nu-ringarna har jag gjort lika stora. De mentala ringarna i minnes-FRAMES och framtids-FRAMES har jag förstorat och F- och A-ringarna har jag förminskat.

Ökningarna och minskningarna av ringstorlekarna är naturligtvis bara på en höft. Det ligger inget vetenskapligt bakom de olika storlekarna. Jag vill bara visa att man kan leka med FRAMES på detta sätt för att stimulera till reflektion. Att stå, sitta eller ligga still, drömma och minnas är inte bara en mental aktivitet. Alla de övriga processerna är också aktiverade i större eller mindre utsträckning när man tänker, minns eller planerar.

I hjärnan gestaltas (uppstår) upplevelser, men kroppen är också involverad i dessa upplevelser. I ett nu-FRAMES finns större möjligheter att undersöka och experimentera med FRAMES-processerna än när man ska försöka minnas det som ska bearbetas.

I en verklig situation här och nu (ett här-och-nu-FRAMES) kan man fritt låta uppmärksamheten växla mellan de inre och yttre uppmärksamhetszonerna, växla mellan figur och bakgrund. Allt som fångar min uppmärksamhet här och nu finns där framför mina ögon och i min kropp.

Jag behöver inte vara beroende av att minnas alla detaljer i de situationer som ska analyseras. Det är antagligen därför som miljöterapi visat sig vara så verkningsfullt för personer med koncentrationssvårigheter, t ex personer med diagnosen ADHD. Ett terapeutiskt/pedagogiskt arbetssätt som ligger nära det verkliga livet har den fördelen att F-faktorn, R-faktorn och A-faktorn aktiveras i bearbetningen av det svåra.

Minnesupplevelser påverkas också av nuet. Sinnesstämningen i nuet och ens sätt att tänka och varsebli saker nu kan påverka minnesupplevelsen. En terapiberättelse kan gestaltas olika med olika känslomässig laddning beroende på hur jag mår när jag berättar den.

Jag befinner mig kanske i en tryggare situation, och jag har kanske ett mognare sätt att tänka när jag minns och återupplever. Då-FRAMES integreras sannolikt successivt med nu-FRAMES varje gång minnet kommer upp, och det är troligen det som ligger bakom den vanliga föreställningen om att tiden läker alla sår.

Men vissa grundläggande anknytnings-FRAMES kan stjäla så mycket energi, och färga efterkommande FRAMES så mycket, att alla sår inte kan läkas, åtminstone inte utan hjälp av andra.

Bearbetning och förståelse av skillnaden mellan det som sker här och nu, och sådant som skedde förut, och sådant som man tänker sig ska ske, är en del i personlig utveckling. Det är befriande att verkligen förstå och uppleva, att det som skedde då, det skedde när jag var mer hjälplös och beroende. Det kanske påverkar mig fortfarande, men behöver nu inte vara lika förlamande och inskränka på mina möjligheter att leva ett liv som jag önskar.

Kopplingar mellan här-och-nu, minnen och tankar om framtiden är också del i framkallande av psykiska besvär som depression, ångest och fobier.

Jag kanske under en tid upplever stress, rädsla och/eller irritation. De kroppsliga reaktionerna och känslorna sammankopplas med mitt hem och/eller mitt arbete. Oroliga irriterade tankar om framtiden dyker lättare upp när man redan är orolig eller irriterad.

Stressreflexer (sympatikusreflexer) som ger rädsla, irritation och stresskänslor tycks fungera som "sökmotorer" i mentala filer som handlar om tidigare upplevda traumatiska situationer. Minnes-FRAMES läggs till och smälter samman med både här-och-nu-FRAMES och framtids-FRAMES. Man hetsar upp sig själv inför tankar om framtiden därför att man i känslan inte håller isär minnes-FRAMES från här-och-nu-upplevelser och framtids-FRAMES.

Men många av oss har upplevt att det kan räcka med att prata om ett problem för att det ska bli löst. Jag kunde själv göra mig känslomässigt fri i förhållande till ett obehagligt FRAMES som fungerade så här. När jag gick i en solbelyst, snötäckt, helvit stadsmiljö, och såg den blåaktiga skuggan av ett hyreshus, kunde jag drabbas av en oförklarlig och mycket stark ångest. När jag upptäckte det återkommande mönstret började jag fundera.

Vad är det som händer? Jag pratade om mina funderingar med några arbetskamrater. Jag kom då på att det var det *blå ljuset* som väckte ångesten. Detta ljusfenomen kändes bekant på något sätt.

Då mindes jag att jag ofta sett det är blå ljuset i skuggan utanför det hus där jag hade hyrt ett rum medan jag gick gymnasiet. Under den tiden var jag både ångestfylld och deprimerad på grund av min livssituation. Efter att jag blev medveten detta samband och att jag inte längre var i samma livssituation, har jag kunnat börja hantera det blå ljusfenomenet i snö i stadsmiljö på ett helt annat sätt. Varje gång som det dyker upp kan jag säga till mig själv, javisst ja, här är det blå ljuset igen och jag har nu en helt annan livssituation – och det fungerar!

Ibland kan bearbetning av framtids-FRAMES vara angelägnare än bearbetning av minnes-FRAMES. Forskning har visat att upplevelsen av framtiden är viktig för människors psykiska hälsa. Gestaltning och bearbetning av framtids-FRAMES är alltså viktiga terapeutiska mål. Om man har förhoppningar och tro på framtiden ger man inte lika lätt efter för orostankar som tränger sig på. "Människor som är hoppfulla blir i själva verket inte lika ofta deprimerade när de arbetar för att uppnå sina mål, de är inte lika oroliga och ängsliga och de uppvisar färre psykiska störningar" (Goleman).

Kapitel 5.

Cirkulära systemiska samband i FRAMES

Är det farligt att ha negativa känslor som irritation, avundsjuka, svartsjuka, hämndkänslor osv? Eftersom de är naturliga känslor är de inte i sig farliga.

Rätt omhändertagna kan känslorna vara utgångspunkter till personlig utveckling. Däremot kan de bli destruktiva om de utageras på ett destruktivt sätt, blir onda cirklar och dominerar tillvaron. Irritation som leder till missförstånd, som leder till ännu mer irritation som leder till ännu mer missförstånd.

Analys och träning i att förstå, och söka nya beteenden är viktigt för att utvecklas positivt och kunna vara i positiva känslor. Analys innebär att upptäcka negativa och positiva orsakssamband. Om jag arbetar för mycket blir jag utarbetad. Om jag är snäll mot andra så är de snälla mot mig osv.

Men tillvaron kan vara rätt komplicerad. När man försöker förstå helheter blir det nödvändigt att tänka systemiskt/cirkulärt. Sociala biologiska och psykologiska system består av många orsakssamband som är inflätade i varandra och balanserar varandra. Varför arbetar jag så mycket? Vilka vinster får jag av det? Jag behöver ta in helheter för att förstå sammanhang och för att ta ställning. Psykologiska och sociala jämviktsmekanismer innebär ömsesidiga cirkulära samband. När något rubbas ur ömsesidiga sammanhang förändras jämvikten.

Karl Tomm beskriver i sin bok Systemisk intervjumetodik tre grundprinciper vid intervjuer med familjer i terapi. Han gör sig då till tolk för de familjeterapeuter som kallats Milanogruppen (Selvini-Palazzoli, Boscolo, Cecchin och Prata). De tre principerna som ska vägleda terapeuten i dennes intervju är:

1. "Cirkularitet", dvs. det sker en återkoppling mellan olika delfenomen i ett socialt eller psykologiskt flöde.
2. "Hypotesbildning", dvs. att vara nyfiken och upptäcka olika förklaringar till de problem som familjen presenterar.
3. "Neutralitet", dvs. att terapeuten accepterar, respekterar och fascineras av familjesystemet.

Familjeterapeuten ska alltså utgå från att alla påverkar alla i familjesystemet. Han eller hon ska tillsammans med familjen skapa fler och nya sätt att se på problemen och hur de har kunnat uppstå och bestå. Vilka tankar och vilka känslor ligger bakom ett visst agerande?

Alla som ingår i en familj påverkar alla andra i familjen. Vi utgör själva social miljö för dem vi umgås med. Mitt agerande påverkar hur de andra tänker och känner, och de andras agerande påverkar hur jag tänker och känner. Terapeuten ska inta en neutral undersökande hållning inför relationerna mellan familjemedlemmarna och deras förhållande till terapeuten.

Samma principer som Milanogruppen utvecklat i familjeterapi är också tillämpbara i intervjuer som utgår från FRAMES-begreppet. Känslor påverkar tankar och tankar påverkar känslor osv. Psykologiska och sociala samband är inflätade i varandra. När man vill undersöka orsak-och-verkan- mekanismer i psykologiska förlopp ska man vara öppen för flera olika hypoteser/uppslag om vad det kan handla om.

Det är oftast inte bara en faktor som orsakar psykiska och sociala problem, och att de utvecklas, fördjupas och blir mer eller mindre permanenta. Om familjen eller terapeuten fastnar för *en* förklaring till problemen har man oftast missat att många orsak- och- verkan-mekanismer är inflätade i varandra i de flesta sociala, psykologiska och biologiska sammanhang.

Karl Tomm menar att "mind is social". Tänkandet speglar individens sociala identitet. Jag har många gånger upplevt att barn, kvinnor och män haft svårt att sortera ut sin egen roll i sin sociala situation. Om man är kritisk i relationen till en närstående person är det inte säkert att man lyckas ändra sitt eget agerande om det behövs.

Ömsesidiga påverkansmekanismer mellan FRAMES-faktorerna blir ofta efterhand alltmer automatiserade. Känslor, tankar, agerande, kroppsliga stressmekanismer, självkänsla och selektiv perception går i samma automatiserade spår. Som terapeut vill jag hjälpa min klient att bli medveten om samvariationer i egna FRAMES och hur eget agerande kan samvariera med andras personers FRAMES. Ett alltför begränsat perspektiv kan bidra till att klienten ensidigt lägger skulden på sig själv eller på andra.

Efter ökad medvetenhet om helheter kan en känsla av valfrihet växa fram. Det är viktigt att vara medveten om att även automatiserade FRAMES kan vara komplext invecklade med ambivalenta känslor och tankar. I terapi kan man pröva nya sätt att agera. Framgångsrikt agerande kan behöva repeteras många gånger innan det blir lika automatiserat som ett gammalt dysfunktionellt agerande.

Ordet neutralitet kan ha olika innebörd för olika människor. För mig betyder det att jag mycket väl kan känna och uttrycka empati med mina klienter likaväl i individualsamtal som i familje- eller gruppsamtal. Terapeutens neutralitet avser istället hans/hennes förmåga att vara öppen för allas upplevelser och inte låsa sig själv i en kampposition i allians med den ene eller den andre, eller ännu värre, att bli låst i en kampposition gentemot klienten.

Det är ju just genom att fortsätta att ställa cirkulära frågor, som det psykosociala samspelets konsekvenser blottläggs. En nyfiken forskande attityd kan upprätthållas och hypotesbildningen fortsätta.

Den öppna, empatiska, nyfikna hållningen i familjeperspektivet passar också vid FRAMES-analys, för att förstå det som sker inombords. En kombination av dramatiseringstekniker, avslappning, resor i fantasin, och analys med hjälp av strukturerade modeller som t ex familjekartor, sociogram eller FRAMES-modellen blir till en bra helhet i terapiprocessen. Alltså kombinationer av utlevelsetekniker och analytiska tekniker. Det gör att det finns möjlighet att uppleva och gå från kaos till ordning i terapiprocessen.

För att på ett systematiskt sätt reflektera över cirkulära samband inom FRAMES-systemet har jag ställt upp matris 3 på nästa sida med två syften:

1) Att reflektera kring cirkulariteten i psykiska processer. Frågorna i rutorna kan naturligtvis besvaras mer utförligt än jag har gjort, och med utgångspunkt från mer forskning. Jag har valt att reflektera på fri hand med fria associationer, bara för att ge exempel på cirkularitet i psykologiska processer.

2) Att inspirera till hypotesbildning i intervjuer med klienter. Medvetenhet om att det finns så många inre systemiska, cirkulära samband kan hjälpa klienten att reflektera över sig själv även med detta, systemiska perspektiv.

Översiktstablån visar alla tänkbara kombinationer av FRAMES som innefattar *två* faktorer. Exempelvis; hur påverkar sinnesintrycken känslorna - och hur påverkar känslorna sinnesintrycken?

I verkligheten är det naturligtvis så att en faktor (exempelvis varseblivning) påverkar flera faktorer, och samma faktor *påverkas av* flera andra faktorer. På några ställen i detta kapitel, som ex. vid ruta tretton om (M) och (E), har det känts så konstlat att fokusera bara *två faktorer*, så att jag har tagit med fler FRAMES-faktorer. Mot slutet av detta kapitel beskriver jag några exempel på mer komplexa, cirkulära sam-band med *alla sex* FRAMES-kategorierna involverade.

Parvisa cirkulära samband inom FRAMES. Frågetecknen symboliserar samband. Hur fungerar sambanden?

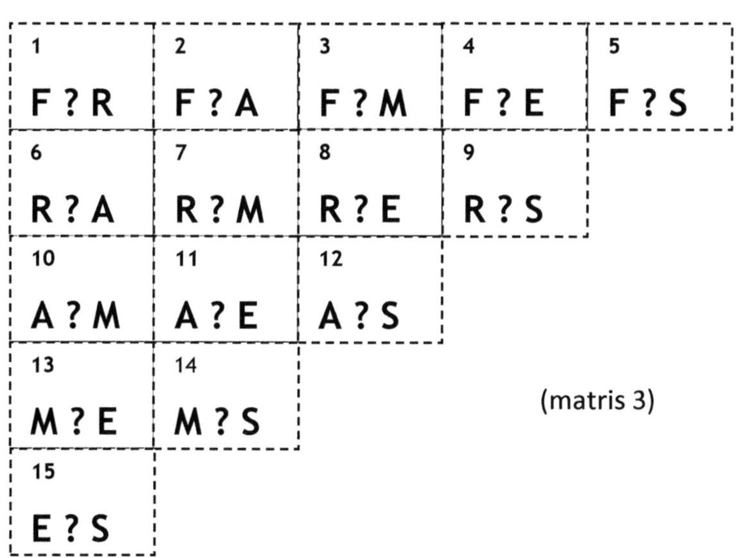

I ruta ett är frågan: Hur påverkas F (perception) och R (fysiologiska reaktioner) av varandra?

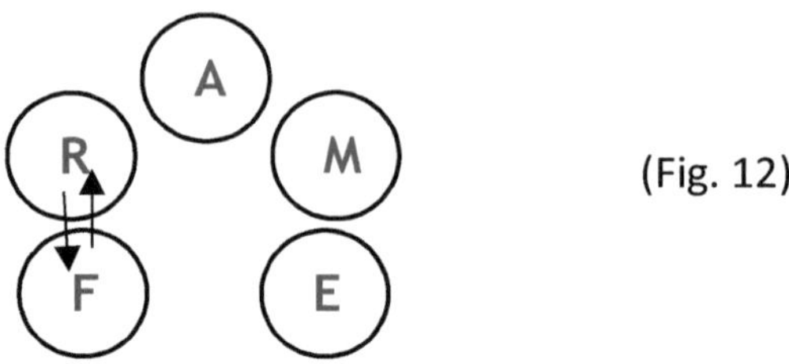

(Fig. 12)

När sinnesintryck är på väg till sina mottagande (sensoriska) områden i hjärnbarken aktiverar de RAS (retikulära aktiveringssystemet). Det innebär att den ökade vakenhet som RAS ger också skärper sinnena.

Detta är ett paradexempel på de cirkulära samband som FRAMES-modellen är tänkt att belysa: Sinnesintryck aktiverar retikulära aktiveringssystemet, som i sin tur (cirkulärt) aktiverar sinnesintrycken och deras bearbetning i hjärnan. Kroppen mobiliserar, andning, hjärtslag, muskelspänning ökar. Tunnelseendet mot det som upplevs som hot när man känner sig rädd, arg eller stressad visar på det retikulära aktiveringssystemets och det autonoma nervsystemets roll.

Gestaltbildningen/perceptionen moduleras på grund av fysiologiska reaktioner på det som stressar, irriterar eller skrämmer. Hela min perception, hela mitt väsen inriktas mot det som stressar mig, det som jag upplever som ett hot. Denna förmåga till fokusering är förprogrammerad i oss för att vi ska kunna hantera faror så bra som möjligt. På så sätt är de "sympatiska" fysiologiska reaktionerna (stressreflexerna) positiva för vår överlevnad.

Det retikulära aktiveringssystemet (RAS) är en – "anhopning av nervceller i centrala, basala delar av storhjärnan och i hjärnstammen, vilka med sina utskott bildar ett tätt nätverk.

Retikulära systemet tar emot nervimpulser från sinnesorgan och alla känselbanor, särskilt från smärtförande bansystem. Nervcellerna i retikulära systemet aktiverar ryggmärgen samt storhjärnan och dess bark för inkommande viktiga nervimpulser, medan banala känselintryck elimineras.

Härigenom blir storhjärnan medveten om vad som händer i kroppen och dess närmaste omgivning. Retikulära systemet medverkar till upprätthållandet av spänningen (tonus) i skelettmuskulaturen. Utbredda skador inom retikulära systemet leder till djup medvetslöshet" (Nationalencyklopedin).

RAS är alltså en viktig del av R-faktorn. Det är ett ospecifikt sensoriskt system som påverkar hjärnan genom att aktivera den.

I figur 13 på nästa sida har jag ritat en lampa (med tänkt dimmerfunktion) som en symbol för det retikulära aktiveringssystemet i hjärnstammen.

Lampan kan lysa svagt eller starkt och alla grader däremellan. Redan nyfödda barn har olika temperament. Dessa skillnader kan bero på skillnader i hur RAS fungerar och hur känsligt det är. Retikulära aktiveringssystemet är en del av Lurias block 1.

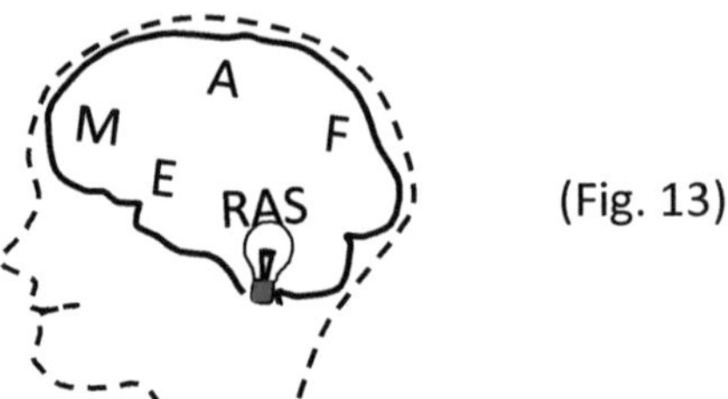

(Fig. 13)

"Block 1 reglerar energinivån i hjärnbarken, och ger den en stabil bas för att den ska kunna organisera olika processer" – "normalt sett reagerar hjärnbarken kraftfullt på starka eller viktiga stimuli, och nästan inte alls på svaga eller oväsentliga stimuli, som lätt kan undertryckas.

Men en försvagad hjärnbark svarar på ungefär samma sätt på oviktiga som på viktiga stimuli. Vi känner alla igen denna minskning av hjärnans selektivitet från vanliga mänskliga erfarenheter.

Tänk till exempel på hur diffusa och oordnade våra tankar blir när vi är sömniga, och vilka bisarra associationer vi kan få när vi är utmattade eller i våra drömmar.

Av den anledningen kan resultatet av skador i block 1, dvs. förlusten av selektiviteten i förloppen i hjärnbarken, och förlusten av normal urskiljning av stimuli, ge tydliga förändringar i agerandet. Beteendekontrollen blir rubbad" (Luria 1970).

Lampan i fig.13 ovan "lyser upp" nervbanenätverken i hjärnan så att associationernas intensitet ökar. Intensiteten varierar från stund till stund och från person till person. Temperamentet handlar till stor del om hur denna del av hjärnan samspelar med de andra delarna av hjärnan.

Hjärnan aktiveras så att man får tillgång till fler associationer. Men många studier visar, att om aktiveringen (arousal) blir för hög minskar den mentala flexibiliteten till förmån för kraftfullt fysiskt agerande. Reptilhjärnan tar över kommandot.

För att prestera maximalt intellektuellt ska aktiveringen varken vara för hög eller för låg. Detta är sannolikt en av förklaringarna till de koncentrationssvårigheter som personer med ADHD lider av. Om regleringen av vakenheten är dysfunktionell kan den vara alltför låg eller alltför hög för en viss situation eller en viss uppgift. – Om den är alltför låg försämras selektiviteten (förmågan att uppfatta vad som är viktigt), och om den är alltför hög försämras den mentala flexibiliteten (det är bara en sak som är i fokus och den upplevs som det enda viktiga).

Som skolpsykolog träffade jag en gång en pojke i tolvårsåldern som inte presterade särskilt bra i skolan. Det bekymrade både fröken och mamma eftersom båda uppfattade honom som en mycket begåvad pojke. Han var mycket energifattig i skolan men han kunde sitta länge framför datorn hemma, och då tycktes han inte sakna energi. I skolan arbetade man med ”veckobeting”. Dvs. eleverna planeradeindividuellt i början av veckan, tillsammans med fröken, vad de skulle göra under veckan. Sedan låg det på var och en att ansvara för att klara betinget till fredagen. Eleverna fick själva bestämma när de skulle arbeta med sina beting. Eftersom ”min elev” hade mycket stora koncentrationssvårigheter blev just inget gjort förrän framåt torsdag. Och då var det för sent att komma igång, om han verkligen skulle kunna hinna sitt veckobeting till på fredagen.

Det bestämdes att jag och pojken skulle genomföra en utredning för att få eventuella uppslag till hur pojken, fröken och mamma skulle kunna samarbeta så att han skulle kunna komma mer till sin rätt i skolarbetet.

I WISC-III testet (Wechsler Intelligence Scale for Children) ingår ett aritmetikprov. Detta prov hade en speciell betydelse i utredningen av pojken eftersom han låg sist i matematik i klassen. När vi kom till den punkt när han inte längre klarade uppgifterna bestämde jag mig för att göra det vi kallar "test of limits". Dvs. vi struntar i tidsbegränsningarna i uppgifterna för att se hur mycket den som testas klarar om han får obegränsad tid.

Jag sa till honom: Här i rummet finns bara du och jag. Om du vill ta en paus eller göra något så att du blir riktigt pigg så stör det ingen (som det kan göra i ditt klassrum). Kan du komma på något som du kan göra? Pojken reste sig då upp, fixerade en punkt i taket och började snurra runt – fort. Därefter satte han sig ned, och han löste alla uppgifterna, inom föreskriven tid. Han var då tolv år och uppgifterna i WISC är avsedda för barn och ungdomar upp till sexton år.

Det tyckte jag var fantastiskt för en pojke som låg sist i klassen i matematik! Jag tolkade det så att pojken i vardagen hade för låg aktivering av hjärnan när han satt i sin bänk i skolan. När vi träffades för att prata om saken bestämdes att pojken och fröken skulle börja varje matematiktimme med att planera vilka uppgifter som han skulle arbeta med. De som han inte hade gjort under den timmen fick han ta hem och göra klart hemma. Efter några veckor låg pojken bland de första i klassen i matematik.

Arousal (vakenhetshöjning) kan uppstå av flera olika skäl. Rädsla är ett. Ilska ett annat. Rädsla resulterar normalt i fokusering på hotet. Men rädsla som generaliseras till allmän ångest kan bero på att mängden upplevda hot blir för stor. Man förlorar fokuseringen. Reptilhjärnans funktionssätt (kamp eller flykt) kommer att bli mer dominerande, och det blir problematiskt om man inte riktigt vet vad man ska fokusera på. Man blir splittrad och vilsen i sin perception, sitt planerande och sitt agerande.

Ångesten i sig kommer i fokus, och man kan börja få ångest för att få ångest.

Beredskapen för hot och anklagelser sorterar fram sådant som skulle kunna vara ett hot eller en anklagelse, så att det kommer i förgrunden, även i ett samtal som kanske var tänkt som ett vänligt samtal från "motpartens" sida sett.

Selektiv perception beror till stor del på de behov som finns i kroppen. Man kan likna selektiv perception vid färgade glasögon eller lyssnarfilter. Positiva fysiologiska reaktioner kan också ge en fokusering av perceptionen. Ett tydligt exempel på detta är att förälskelsekänslan i kroppen ger en fokusering på föremålet för förälskelsen.

Så går vi till ruta två där frågan är: Hur påverkar F (perception) och A (agerande) varandra?

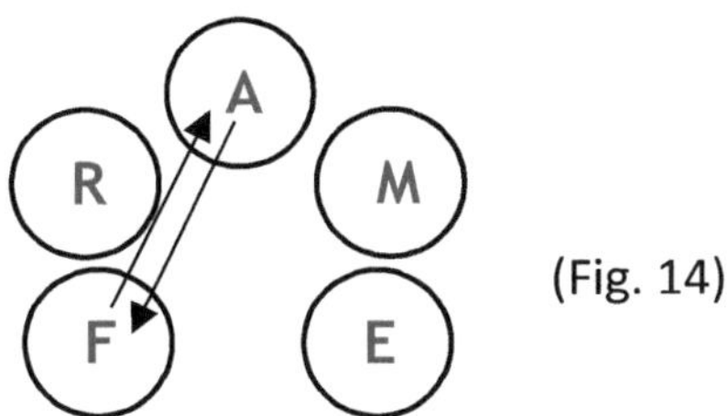

(Fig. 14)

Våra sinnen hjälper oss att modifiera motoriken och vårt agerande. T ex när man promenerar, dansar, skriver, kör bil, spelar fotboll osv. Allt agerande styrs eller regleras av perception (feedback) från kroppen och omgivningen. Information från de inre organen som signalerar hunger, törst, stress osv, liksom rörelseapparatens feedback och information från den yttre uppmärksamhetszonen integreras och styr vårt agerande.

Sambanden mellan perception och agerande var i fokus i de flesta av de grundläggande inlärningsexperiment som utgjorde grunden till den behavioristiska utvecklingslinjen inom psykologin. Man studerade hur yttre stimuli ledde till gensvar (respons) hos försöksdjur eller försökspersoner, och hur konsekvenserna av beteendena modifierade agerandet i situationen. Dvs. beteenden förstärktes eller försvagades beroende på konsekvenserna.

Här finns en massiv forskningstradition med viktig kunskap. Från början tog man medvetet ställning till att inte fördjupa sig i det som hände inom individen utan man koncentrerade sig på att studera de samband som gick att studera objektivt (beteende och yttre stimuli).

De subjektiva processer, tankar och känslor, som pågick inom individen betraktades som mycket svåra att forska på. Efterhand, i utvecklingen till *kognitiv* beteendeterapi ökade studiet av det mentala processernas betydelse för en framgångsrik psykoterapi. Som exempel på orsak-och-verkan-samband i andra riktningen (hur agerandet påverkar perceptionen) kan vi t ex tänka på att; i och med att jag agerar så aktiveras muskelsinnet, balanssinnet, synsinnet, sinnen för beröring och tryck och sannolikt också luktsinnet, hörselsinnet, receptorer för temperatur och receptorer i inre organ.

Jag får signaler från kroppen som rapporterar till hjärnan att och hur jag rör mig, och de kopplas ihop med "gamla" FRAMES som aktiveras p.g.a. likheter med den situation som jag befinner mig i här och nu. Andra personer reagerar på mitt agerande, vilket förändrar stimulussituationen - allt i ett dynamiskt cirkulärt förlopp.

Om rörelserna är automatiserade är den kinestetiska perceptionen (muskelsinnet) mer i bakgrunden. Men om jag gör något som är nytt för mig är den kinestetiska perceptionen tillsammans med balanssinne och synsinne i förgrunden. När man lär sig spela musikinstrument så kommer förstås också hörselsinnet i förgrunden.

Om jag är en mycket aktiv och rörlig person kommer jag att kunna se min värld från många fler olika perspektiv. Här skriver jag bara om samband mellan perception och agerande, men i verkligheten är hela FRAMES-systemet involverat.

Följande är ett exempel på mycket nära och automatiserat samspel mellan agerande (A) och våra sinnen (F). I detta fall syn-balans- och muskelsinnena Min fru och jag satte oss tillrätta på en liten färja för att åka över till en annan ö. Vinden var kraftig, och båten "rullade" åt alla håll. Jag såg då en kvinna sätta sig på andra sidan däcket. Hela hennes uppenbarelse signalerade rädsla för att bli sjösjuk. Hon höll sig krampaktigt med båda händerna i relingen och i stolen. Hela kroppen verkade spänd som en båge. Hon höll huvudet framåtlutat, och tittade i däcket. Det var som om hon med sin kroppshållning försökte hålla både sig själv och båten på rätt köl.

Jag har lärt mig från skidåkning, att jag håller balansen bättre om jag lutar mig framåt så som hon gjorde. Det beror på att de vestibulära bågarna i innerörat då hamnar i ett sådant läge, att de kan rapportera kroppens rörelser och lutning mest precist.

Genom att låsa fast kroppen så som hon gjorde stimulerade hon sitt balanssinne maximalt eftersom kroppen krängde lika kraftigt som båten. När hon stirrade på däcket kunde ögonen inte rapportera kroppens lutning gentemot jordens dragningskraft, och det reflexmässiga samspelet mellan synsinnet och balanssinnet blev satt ur spel.

Hon blev snabbast sjösjuk av alla som fanns med på den båtturen. Själv klarade jag mig från sjösjukan genom att sätta mig upprätt utan stöd, fästa blicken vid horisonten och parera båtens krängningar genom att luta mig åt motsatt håll varje gång den krängde. Det automatiserade samspelet mellan ögon, balanssinne och muskelsinne fungerade till hennes nackdel eftersom hon låste fast sig och sin kropp på grund av rädslan.

I ruta tre är frågan: Hur påverkar F (perception) och M (tänkande) varandra?

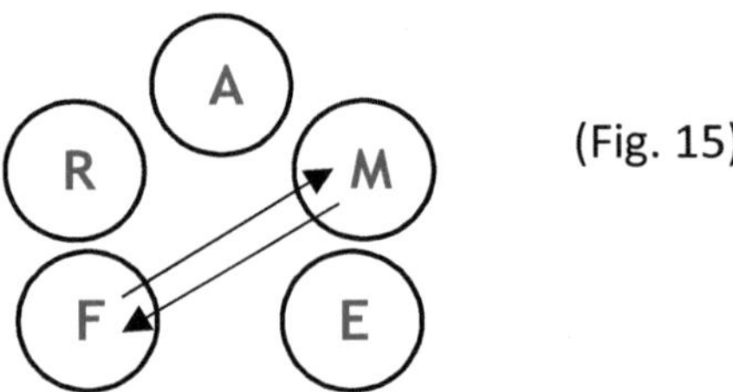

(Fig. 15)

Säg att en läkare tycker sig se tecken på att en patient har influensa. Ett objektivt tecken på influensa är feber. Ett annat tecken är ont i kroppens alla muskler. Ett tredje tecken är trötthet/orkeslöshet.

Men feber kan i sig vara tecken på annat än influensa. Det kan tyda på många olika sjukdomar. Ont i musklerna kan i sig vara tecken på annat än influensa. Det kan t ex tyda på stress och spända muskler, eller helt enkelt träningsvärk. Och trötthet/ orkeslöshet kan i sig vara tecken på t ex depression, eller att man är utarbetad. Men tillsammans (feber, ont i musklerna och orkeslöshet) ökar sannolikheten avsevärt för att det är influensa eller någon liknande sjukdom. När vi ska ta in informationen om världen så är den ofta osäker information. Vi gör sannolikhetsbedömningar utan att vara medvetna om att det är just sannolikhetsbedömningar.

Hur kunde så många vara så säkra på att Europeiska Unionen skulle minska byråkratin i Sverige när det var dags för oss att rösta om vi skulle vara med i unionen? Många anhängare av beslutet att gå med i unionen var helt övertygade om att så skulle ske. Den enda förklaring jag kan komma på är att den selektiva perceptionen är så integrerad med världsbilden och den roll man har i de sociala sammanhang som man befinner sig i.

Osäker information från den yttre uppmärksamhetszonen kan påverka tänkandet. En ung dam som jag träffade hade när jag träffade henne en bra livssituation. Men hon höll på att gå in i en depression. Tidigare, på låg- och mellanstadierna hade hon varit utsatt för passiv mobbning. Alla flickorna i klassen höll sig undan från henne. Hon kunde inte förstå varför. Hon märkte, att om någon av de andra flickorna vid något tillfälle valde att vara med henne så kunde de ändra sig utan att hon fick veta varför.

Hon valde en annan skola när hon skulle börja högstadiet. Där fick hon många kompisar. När hon sedan började gymnasiet, på en krävande linje, fick hon det ännu bättre. Hon var definitivt en i gänget. Men hon började successivt bli allt mer deprimerad. Det var i det läget som jag träffade henne.

Hon hade börjat bli rädd för att hon skulle bli mobbad igen. Eftersom hon egentligen aldrig hade förstått, mentalt eller känslomässigt, varför hon varit mobbad kunde hon heller inte nu; utifrån sitt agerande, förstå varför hon *inte* blev mobbad. Hon kände sig också osäker på vad hon skulle se upp för, och lyssna efter. Hon var på väg att bli vuxen, men hennes grupp-FRAMES var så präglade av tiden i låg- och mellanstadierna, att den lätt

113

aktiverades som då, trots att hennes livssituation hade förändrats radikalt.

Ett annat exempel: Långvariga missbrukare får lätt en förvrängd världsbild. Eftersom varseblivningen under påverkan av droger kan innehålla både minnesluckor och hallucinationer fyller missbrukaren i luckorna eller de ologiska sammanhangen med mer eller mindre fabulerande resonemang. Det innebär också att världsbilden som man utvecklar sedan påverkar varseblivningen. Förmåga att tolka det man ser och hör blir lidande.

Perceptionen från den *inre* uppmärksamhetszonen kan också vara osäker och/eller selektiv. Exempel på detta är s.k. ”refered pain”. D.v.s. När kroppen signalerar smärta kan individen förlägga smärtupplevelsen till en annan plats i kroppen än där den uppstått. Ont i magen, bröstet eller vänster arm kan visa sig vara hjärtinfarkt.

Under en vanlig arbetsdag kan intrycken från den *yttre* uppmärksamhetszonen vara så överväldigande att känslor i kroppen inte blir medvetna. Det är kanske först till kvällen, när allt lugnar ned sig, som man upptäcker att man t ex har ont i magen.

En musiker som vet vilka instrument som ingår i en orkester kan uppfatta de olika ljuden från dem bättre än en person som inte känner till instrumenten.

En meteorolog som tittar på sommarhimlen ser vilka molntyper som finns där och om det betyder att en kall- eller varmfront är på väg, medan en meteorologiskt mindre kunnig kanske bara kan konstatera om solen lyser eller inte.

En tandläkare som ser ett leende är närmare till att se lagningar och ojämnheter än vem som helst som bara charmas av leendet.

Listan över hur mentala flöden påverkar vad som man uppfattar saker kan göras hur lång som helst. Kroppsspråk i mänskliga relationer kan man tolka lättare om man reflekterat och pratat om det.

Antaganden om världen och selektiv perception hjälper oss att fungera i vardagen. Om man inte utgår från att bussen till jobbet går varje morgon skulle stressen vara stor varje morgon. Om jag inte utgår från att en beväpnad person med rånarhuva kan skada mig kan jag råka mycket illa ut. Antaganden om världen, förutfattade meningar och fördomar gör att vi får någon slags struktur på tillvaron.

Det är viktigt att man är medveten om att antaganden om världen är just – antaganden om världen, som kan uttryckas i sannolikheter. Det är sunt att vara beredd att öppet och ärligt kontrollera om den förutfattade meningen verkligen speglar hur världen fungerar. Annars är risken att man fastnar i rigida föreställningar som inte får ifrågasättas ens när det för andra är uppenbart att jag inte kan se världen precis som den är.

En person med dyslexi är uppmärksam på och tar till sig kunskap om hur man kan hantera dyslexi bäst när han känner till och accepterar att han har dyslexi. En person med diabetes tar in information, och hanterar sig själv bäst när han accepterar att han har diabetes. En psykotisk person som inte förstår att han hallucinerar kan inte sortera och hantera intrycken.

Älgjakten är en stor händelse i Sverige varje år. En man var ute i skogen för att plocka bär. Plötsligt hör han ett skott. Han känner en kraftig stöt i kroppen och han ser att det börjar blöda kraftigt i ena armen. Han vrålar: "ska du skjuta mig i armen!". Strax därpå kommer en förtvivlad man ut från snårskogen och fram till honom, lägger ifrån sig geväret och börjar linda om den skadade armen med sin skjorta. I detta fall blev utgången ändå förhållandevis turlig eftersom många sådana olyckor slutar med dödlig utgång. Hur kunde jägaren tro att det var en älg som han sköt på? Troligen av följande anledning: Han såg en rörelse och hörde något. Han vänder sig i den riktningen och lyssnar. Han hör mer ljud och han ser en rörelse bakom blad, kvistar och grenar.

Rörelsen är "biologisk", dvs. mjuk och flexibel så som både människor och älgar rör sig. Bladen och kvistarna gör att kroppens helhetskonturer kamoufleras. Detaljer i mannens kläder kan också överensstämma med färgen hos en älg.

Och här kommer det kritiska momentet in. När sinnena inte rapporterar allt, alltså inte hela den visuella gestalten, så fyller synbarken i hjärnan på med "resten" för att skapa en helhet.

Eftersom jägaren förväntar sig att se en älg, så är också den inre bilden av en älg ständigt närvarande i hans mentala flöden. Och så skapade hjärnan en visuell och auditiv upplevelse av en älg. Eftersom han dessutom med största sannolikhet blev upphetsad av sinnesintrycken ökade också hjärnans selektivitet i den sensoriska barken som styr agerandet. Den starka beredskapen att handla snabbt och målinriktat tog överhanden över det kritiska tänkandet.

Små barn som utsätts för alltför många intryck, t ex från TV, klarar bara av att ta in vissa intryck. Men eftersom hjärnan strävar efter helhet och förståelse, fylls luckorna i och de skapar begriplighet på så sätt. Det kan leda till att barnen blandar ihop sitt eget liv med Tv-tittande och vad andra har berättat om. Därför kan man ibland uppfatta det som om barnet ljuger eller fantiserar ihop något som inte är sant.

Ett annat exempel på hur det mentala (föreställningar och tänkande) påverkar perceptionen hörde jag vid en radioutfrågning av politiker inför valet i Sverige om vi skulle gå med i Europeiska Unionen eller inte. En lyssnare ringde in till radiostudion och ställde en fråga till en EU-positiv politiker: Kan du säga någon negativ effekt om vi går med i EU? Det blev tyst i radion – länge!

Sedan svarade politikern: Nej. – Det kan förstås vara så att han medvetet svarade så förenklat, därför att han trodde att det skulle gynna hans sak, eller därför att han var nervös. Men om han verkligen tänkte på detta polariserade selektiva sätt, så är det inte den sortens politiker jag vill se som beslutsfattare i så stora sammanhang. Den tyder på omognad och dålig integritet, vare sig den förekommer i politiska debatter eller i andra sammanhang eftersom det för det mesta finns både negativa och positiva sidor på de flesta politiska fenomen.

I ruta fyra är frågan: Hur påverkar F (perception) och E (känslor) varandra?

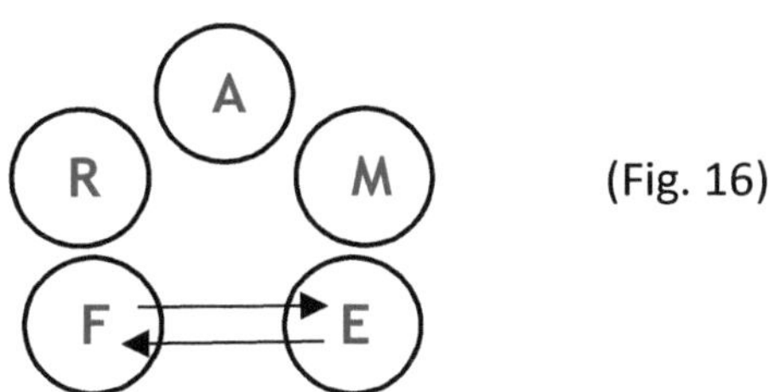

(Fig. 16)

Om jag står framför en björn blir jag rädd. Om jag får en kram blir jag glad och trygg. När jag hör någon skratta kan jag själv bli glad. Känslor kan betingas till situationer.

117

Känslor kan "liksom sitta i tapeterna". Fast denna koppling mellan det visuella och känslor egentligen är ett exempel på kopplingen mellan sensoriska barken (synbarken) och djupare delar av hjärnan.

Om en viss känsla betingats till en viss situation eller en viss plats kan känslan komma tillbaka när man konfronteras med alla de intryck som den platsen eller situationen ger.

Antroposoferna menar också att vissa färger ger vissa känslor. Musik kan verka lugnande eller upphetsande utan att man har hört den förut. Värme kan vara rogivande. Beröring likaså. Listan på exempel kan göras lång.

Perceptionen ger fysiologiska reaktioner som känns. Skillnaden mellan "fysiologiska reaktioner" och "känslor" är att känslorna är mer uppkopplade gentemot det mentala. Sorg efter att ha fått besked om en anhörigs bortgång innehåller mycket mer av mentala komponenter än att känna sig törstig.

Om jag känner avsky för en person så upptäcker jag snabbt om den personen dyker upp i min närhet. Om jag känner hunger har jag behov av att få mat i mig. Om jag har behov av mat när jag går i en främmande stad så ser jag snabbt möjligheterna till att köpa mat. Om jag känner mig hotad så ser jag snabbare tecken på om någon är fientligt inställd mot mig osv.

I ruta fem är frågan: Hur påverkar F (perception) och S (självupplevelser) varandra?

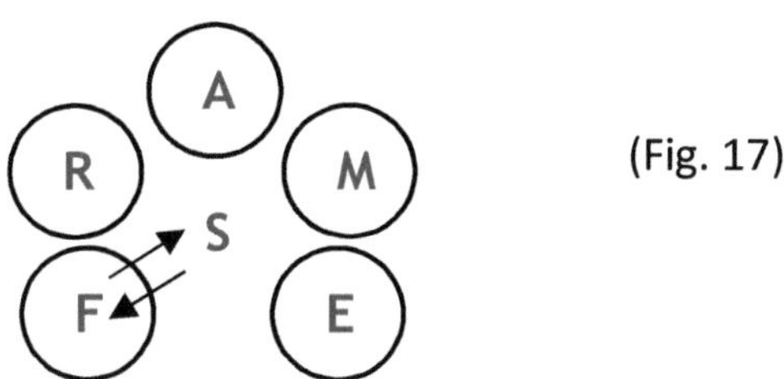

(Fig. 17)

Att självupplevelser är starkt beroende av andra personer kan illustreras med följande exempel ur Wolfs bok Treating the Self – "Kanske jag går längs gatan och ser en vän som passerar som om jag inte existerade. Det spelar ingen roll att min vän inte såg mig för att han gick i andra tankar. För en liten stund är jag mindre mig själv än jag var innan".

Denna koppling av självet till yttre objekt börjar med spädbarnets anknytningsbeteende till föräldrarna. Om man har en god självkänsla tänker man istället, i samma situation: Han verkar upptagen av något i sina tankar.

Om jag blir kramad så är det lättare att känna sig som en värdefull person. När jag får erkännanden och bekräftelser utifrån så stärks min självkänsla.

För barn som håller på att bygga upp en självbild är föräldrarnas spegling av det de ser i barnet oerhört viktig för den blivande självbilden. Självupplevelser består av tänkande och känslor. På så sätt kommer både tänkandet om mig själv och känslorna som finns i mig att påverka perceptionen som är relaterad till självet.

119

Om jag tänker att jag är obetydlig ("underdog") i förhållande till en annan person kommer jag att uppmärksamma signaler och samspel som stämmer med dessa tankar. Om den personen beter sig som om vi vore jämställda kommer jag, åtminstone tillfälligt "ur balans". Jag kommer att känna mig osäker och inte riktigt veta hur jag ska bete mig till att börja med. Jag börjar troligen av gammal vana, trots den andres jämställda attityd att tillämpa mina invanda mindrevärdes-FRAMES i relationen och känna mig mer van och därmed "säkrare" när jag får sociala signaler som visar att personen uppfattar mig som lägre i status.

Men självupplevelsen består ju också av varseblivningen av min kropp, här och nu. Att tycka illa om sig själv – eller att må fysiskt dåligt i sig själv kan bli en salig röra.

Jag tänker att många människor inte alltid kan göra åtskillnad på dessa två fenomen - varseblivningen av sitt "fysiska" själv, här och nu, och en generaliserad självbild. I alla fall så är jag själv ett exempel på det. När jag är hungrig eller har ont i magen blandar jag ofta ihop detta med en negativ självbild. Att tycka illa om sig själv grundar sig alltså ibland på fysiologiska reaktioner inombords, men det kan också grunda sig på tankar om sig själv.

Om man under lång tid mår dåligt i kroppen, t.ex på grund av stress, otillfredsställda behov, smärta eller sjukdom, finns risken att man börjar tänka illa om sig själv.

I ruta sex är frågan:

Hur påverkas R (fysiologiska reaktioner) och A (agerande) av varandra?

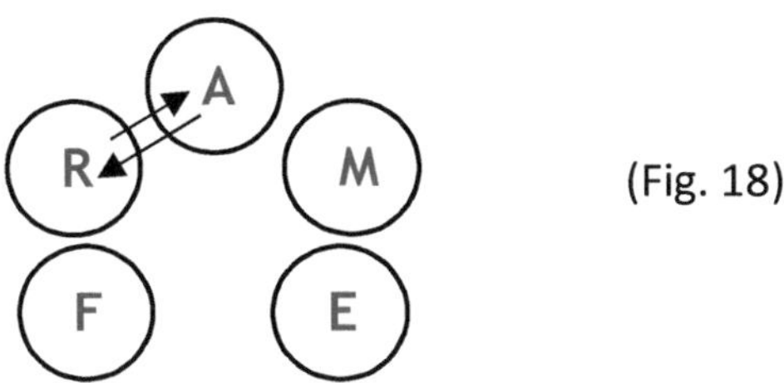

(Fig. 18)

Fysiologiska reaktioner eller med andra ord "mobilisering av energi" föregår ofta agerande. Vid rädsla och/eller ilska börjar hjärtat att pumpa mer blod, andningen ökas, blodkärlens diameter i olika delar av kroppen regleras så att blodförsörjningen till muskler och hjärna ökar medan blodförsörjningen till eventuellt pågående matsmältning minskar.

Om jag känner mig full av energi så är det bästa som jag kan åstadkomma mycket bättre än när jag känner mig nere och trött. Ett reaktionssätt som finns hos många personer är att försöka kompensera trötthet genom att bli "hyperaktiv" för att på så sätt skapa energi i kroppen. Hyperaktiviteten kan aktivera det retikulära aktiveringssystemet (RAS) som i sin tur aktiverar hela hjärnan så att associationer flyter lättare, man kan tänka bättre, koncentrera sig bättre och agera mer energiskt.

Problemet är att denna mekanism också har en baksida. Risken är stor att man också stör sin koncentration genom att agerar impulsivt, och gå från det ena till det andra i alltför högt tempo. Man riskerar att bli så överdrivet uppstressad att agerandet blir okoncentrerat och splittrat.

Personer med koncentrationsproblem som har sitt ursprung i svårigheter att reglera vakenhetsnivån i vaket tillstånd, behöver utveckla en balans mellan å ena sidan aktivitet för att hålla vakenheten på en bra nivå i koncentrationskrävande sammanhang, och å andra sidan vila och avspänd andning, för att inte bränna ut sina energidepåer.

Den ömsesidiga påverkan mellan agerande och kroppens fysiologiska reaktioner är förutsättningen för användningen av biofeedbackbaserade träningsprogram. T.ex. träningsprogram för att påverkan hjärnvågor och koncentrationsförmåga, ångestupplevelser, depression, tvångssyndrom m.m.

I ruta sju är frågan: Hur påverkas R (fysiologiska reaktioner) och M (tänkande) av varandra?

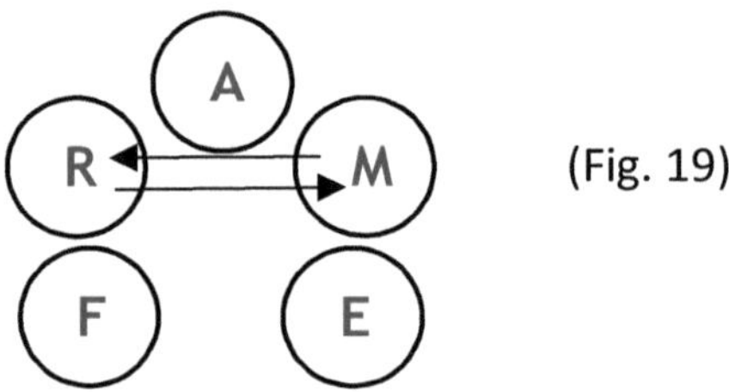

(Fig. 19)

Man kan säga att hjärnan badar i fysiologiska reaktioner. Vi har väl alla upplevt hur svårt det kan vara att koncentrera oss och att minnas när vi är trötta, vare sig det är på kvällen eller på morgonen. Eller hur stress eller rädsla får oss att glömma sådant som vi bestämt oss att göra. Man tänker bättre när man är utvilad och lugn.

Ett annat exempel är hur alkohol eller andra droger förändrar medvetenheten eller våra associationer.

En ung man som jag haft i terapi berättade att det som han lärt sig i läxläsning under haschpåverkan var som bortblåst när han var opåverkad, men delvis kom tillbaka i minnet när han åter hade rökt hasch. Det handlade alltså om tillståndsberoende inlärning och är ett exempel på hur mentala energiflöden påverkas på ett eller annat sätt av fysiologiska reaktionerna.

Extrema fall av långvarig stress kan skada hippocampus och leda till depression, närminnesstörning och koncentrationsstörning.

När man är stressad är det svårt att koncentrera sig, att tänka flexibelt och att minnas komplicerade läxor i skolan. När man tänker på något som gör en upprörd så är det just de fysiologiska reaktionerna som gör att man känner sig upprörd. Man känner stress, ilska eller rädsla.

I detta orsakssamband finns de "onda cirklar" som ligger bakom utvecklandet av fobier och panikångest. Omvänt kan förhållandet mellan R och M också ge upphov till "goda cirklar" som i en kärleksrelation.

I ruta åtta är frågan: Hur påverkas R (fysiologiska reaktioner) och E (känslor) av varandra?

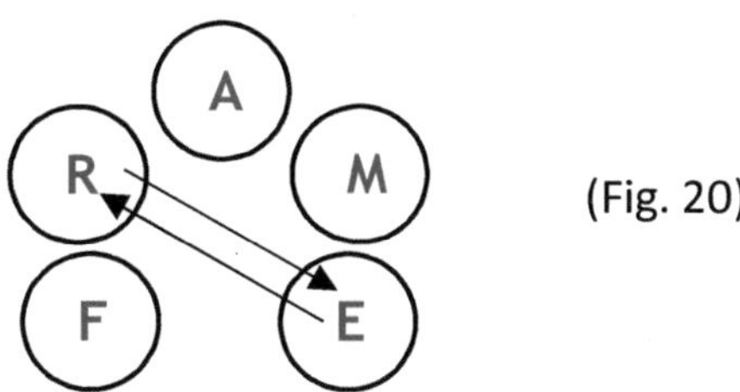

(Fig. 20)

Det mest självklara uttrycket för kopplingen mellan R och E är uttrycket: "glad och mätt". Sambandet verkar också åt andra

123

hållet. Matsmältningen blir bättre om man njuter och slappnar av.

Känslor består av "uppkopplingar" mellan limbiska strukturer, framför allt amygdala, och minnesspår till andra delar av hjärnan. Vid stress och smärta är det svårare att känna glädje och djup sexuell lust. Och omvänt; glädje och sex minskar stress och smärta. Sexuell upphetsning och erektion styrs av det parasympatiska (avslappnande) nervsystemet. Därför får man bättre sex ju mer avslappnad man är. Känslomässig avslappning som paras med fysisk och mental aktivitet blir till en skön blandning.

Känslor och fysiologiska reaktioner (inklusive kroppsliga behov) är intimt sammanlänkade. Vid underfunktion i sköldkörteln (hypotyreos) känner man sig nedstämd och deprimerad. Känslor är upplevelser och fysiologiska reaktioner och behov är biologiska processer.

När man känner sig irriterad finns påslag av stresshormoner i kroppen. Känslor kan vara mer eller mindre medvetna, dvs. ha mer eller mindre av mentala uppkopplingar. Jag tänker mig att medvetenheten om en känsla kan förlänga och förstärka fysiologiska reaktioner (hormonella processer, kroppslig alarmberedskap eller avslappning), om man ger sig hän i känslan. Man tänker på och koncentrerar sig på det som är föremålet för känslan.

I ruta nio är frågan: Hur påverkas R (fysiologiska reaktioner) och S (självupplevelser) av varandra?

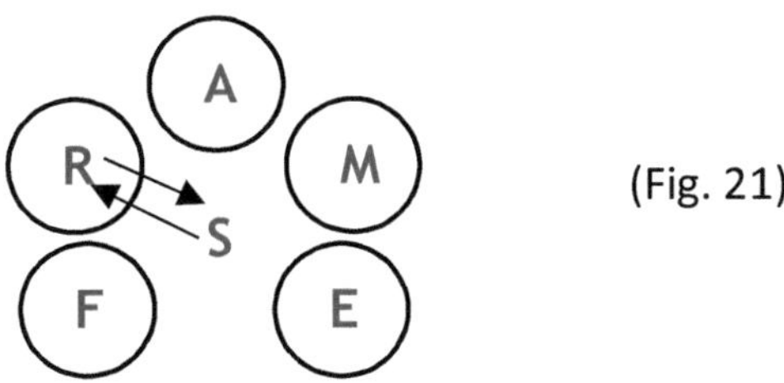

(Fig. 21)

Vid påslag av stresshormoner kan man lätt känna sig som en dålig människa, eller som ett offer. När man är mätt, utvilad och glad är det lättare att känna sig som en bra människa.

När jag har mycket energi eller påslag av "lugn-och-ro-hormoner" (oxytocin) i kroppen, upplever jag mig själv mer positivt. Det obalanserade fysiologiska tillståndet kan vara "både hönan och ägget" i förhållande till den stränga inre domaren/ självupplevelsen vid depression.

Obalans i kroppen kan ge negativa tankar om självet, och negativa tankar om självet kan stressa och så småningom ge depression. När man ofta mår kroppsligt dåligt, t ex som vid hypoglykemi, utbrett eksem, fibromyalgi m.m. så är det närmare till irritation. Allt kan ge en dålig självupplevelse som i sig är stressande, och på så sätt påverkar självupplevelsen de fysiologiska reaktionerna ömsesidigt varandra.

I ruta tio är frågan: Hur påverkar A (agerande) och M (tänkande) varandra?

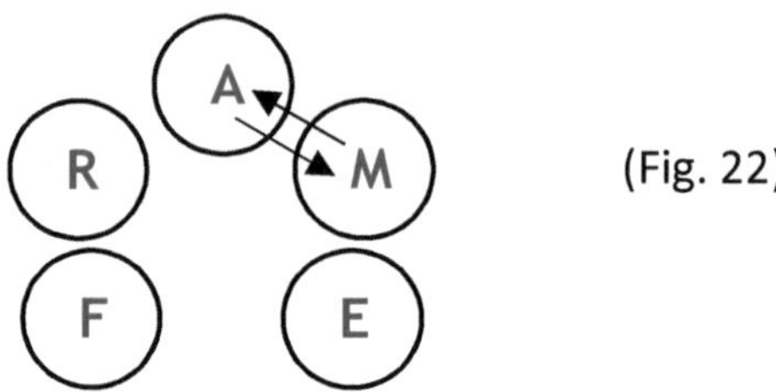

(Fig. 22)

Piaget menar att barnets erfarenhet av sitt eget agerande bildar den konkreta grunden till de abstrakta tankeoperationer (det abstrakta "tankeagerande) som sedan utgör tänkandet senare i livet. Efterhand som hjärnan mognar blir det möjligt med allt abstraktare tänkande.

Barnet lär sig först att räkna konkret på sina fingrar. Så småningom lär det sig vad de abstrakta symbolerna "siffrorna" står för, och hur man kan utföra tankeoperationer med dem. Till slut kan den unge vuxne utföra tankeoperationer som har mycket lite av praktiskt agerande som grund. Man kan t.ex. tänka på demokratiska principer, utan att ha praktisk erfarenhet av de demokratiska institutionerna.

Det är t ex lättare att förstå och räkna geometri i matematiken om man har mycket erfarenhet av att ha rört sig över och blivit bra på att hantera olika ytor som golvytor, möbler osv. (se t ex Baldwin, 1967).

Efterhand som agerande automatiseras engageras mindre och mindre av de delar av hjärnan som är onödiga för att utföra de automatiserade beteendena. Uppmärksamheten kan riktas mot annat, och man kan tänka på helt andra saker än att utföra de rörelser som nu har blivit automatiserade. Och erfarenheterna blir till minnen som sedan kan vara utgångspunkter för abstrakta mentala föreställningar och tankeoperationer.

Från att agerandet till en början kännetecknas av förhållandevis enkelt sensomotoriskt agerande utvecklas efterhand målmedvetenheten (meningsfullheten), de mentala begreppen och föreställningarna på en allt högre abstraktionsnivå. Upprinnelser till agerande kommer att innefatta mer och mer av bredare uppkopplingar till mer och mer av hjärnans samlade nätverk av minnen och föreställningar. Och agerandet blir allt mer påverkat av eftertänksamhet och klokskap.

Det är mest funktionellt att inte bara ha tillgång till snabba här-och-nu-betonade problemlösningsstrategier, utan också eftertänksamma problemlösningsstrategier som tar hänsyn till agerandets konsekvenser.

Hur är det med den "fria viljan" om en stor del av våra handlingar börjar omedvetet, och reflexmässigt, så som Libets experiment (sid.41) ger exempel på?

Ja, det är ju en sak med ett beslut som föregås av eftertanke och beslutsvånda, som t ex att välja vilken utbildning man ska välja, eller vilken bil man ska köpa. I sådana fall föregås handlingen av komplicerade mentala överväganden. Men det mesta av vårt vardagsagerande föregås inte av medvetna tankar för eller emot. Det blir istället nästan så att tanke och handling flyter ihop. Då är det lätt att förstå varför automatiserade tankar (inklusive tankar om sig själv -"självprat") kan få ett sådant starkt inflytande på våra handlingar. "Jag klarar inte detta." Eller "det är ingen som lyssnar på mig" (så varför ska jag då bry mig om att tala om vad jag tycker?).

Sådana mentala "visor inspelade på band" som upprepas vare sig de är sanna eller inte står i vägen för äkta, öppen kontakt med såväl andra som det inre autentiska självet. På så sätt kan självpratet också påverka mer långsiktiga, övergripande beslut som t ex vilken yrkesutbildning som man ska välja.

Positivt "självprat" som exempelvis "jag klarar detta", och ett kroppsspråk som avspeglar ett sådant tänkande kan (till stor del beroende på omgivningens gensvar på sådant tänkande och ett sådant kroppsspråk) vara viktigt för att komma in i "uppåtgående spiraler".

I ruta elva är frågan: Hur påverkas A (agerande) och E (känslor) av varandra?

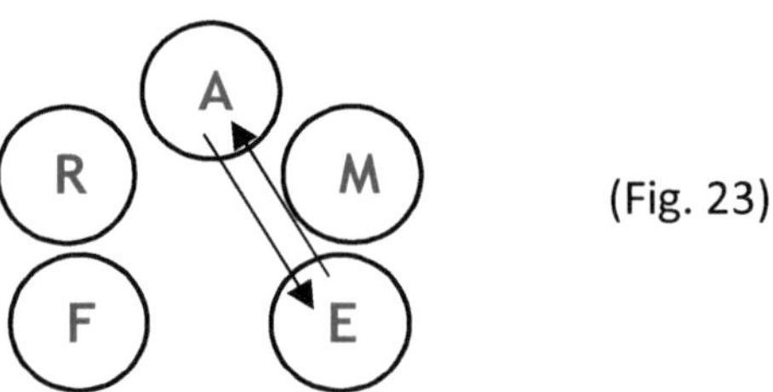

(Fig. 23)

Känslor är kopplade till kroppsspråk. Vid rädsla och ilska spänns musklerna och kroppen blir spänd och hård. Det kanske inte syns tydligt utanpå, men man kan vara ganska säker på att det sker (om man inte är Yogamästare eller på annat sätt lyckats komma till en sådan känslomässig harmoni att känslor får komma och gå utan att man direkt är i startgroparna för att agera).

Den nära kopplingen mellan känslor och handlingsberedskap sker i båda riktningarna. Om jag intar en kampställning så är det lättare att känna ilska eller rädsla. Om jag agerar snabbt och "rushigt" kan jag börja känna mig jagad.

När jag är ilsken syns det i kroppsspråket. Jag pratar och agerar aggressivt, såvida jag inte håller tillbaka min ilska. Men att hålla tillbaka min ilska lurar inte de som känner mig bra.

Det är nästan omöjligt att agera exakt lika när man är ilsken som när man är glad. Glädje och sorg blir också uppenbart för närstående på grund av kroppsspråket. Om barn på grund av föräldrarnas bristande uppmärksamhet på barnets kroppsspråk missar att bekräfta känslorna finns risken att barnet utvecklar ett falskt jag.

I vissa kulturer anses det skadligt att inte låta känslor uttryckas i agerande. I andra anses det funktionellt och moget att inte låta känslorna uttryckas i agerande. Vissa känslor kan vara mer tillåtna än andra. Aggressivt agerande och spontant sexuell agerande är mindre tillåtet i de flesta kulturer.

I dagens massmediala utbud finns ett ambivalent förhållande till aggressivt och sexuellt utagerande. Förvirringen kan förklaras av att sexualiteten och aggressiviteten inte sätts in i sitt rätta sammanhang. Sexuell spontanitet kan vara oerhört hälsobefrämjande i rätt sammanhang och mycket destruktivt i andra.

Aggressivitet för att försvara sin integritet kan vara mycket positiv, och invaderande aggressivitet mycket destruktiv. För att citera Aristoteles: "Att bli arg är lätt. Det kan vem som helst bli. Men att bli arg på rätt person och lagom mycket, vid rätt tillfälle, av rätt anledning och på rätt sätt – det är inte lätt" (Känslans Intelligens).

I ruta tolv är frågan: Hur påverkar A (agerande) och S (självupplevelser) varandra?

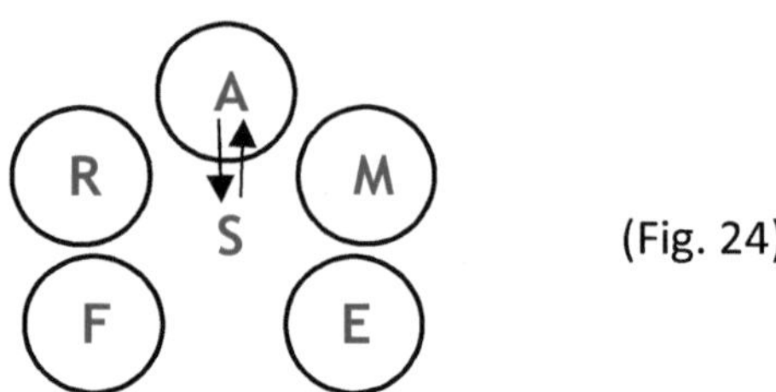

(Fig. 24)

Att vara aktiv, genom att göra saker, vara en upptagen person, både på jobbet och hemma, kan för många innebära att man känner sig värdefull, och passivitet är förknippat med mindrevärdeskänsla. Kompetens kommer ofta i förgrunden i vår svenska "görakultur".

Följande problematik är ett exempel på hur självupplevelser påverkar agerande i samband med inlärning. När jag arbetade som skolpsykolog var begäran om utredning av inlärnings- och koncentrationssvårigheter den vanligaste orsaken till att elever kom till mig. Ibland kunde jag konstatera att han eller hon hade specifika läs- och skrivsvårigheter. Läshastighet, läsförståelse och stavningsförmåga låg avsevärt lägre än elevens allmänbegåvning. Eftersom skolan är en miljö där man i stor utsträckning ägnar sig åt läsning och skrivning är det lätt att föreställa sig vilken frustration som det kan innebära för en begåvad elev att ha svårigheter i just läsning och stavning. Självkänslan utmanas kraftigt.

Om en utredning resulterar i slutsatsen att eleven kämpade med "dyslexi" blir uppföljningen och efterarbetet ofta mycket olika beroende på vilken självkänsla eleven har. Om han kan ta till sig, att svårigheterna var specifika (att han inte är "dum i huvudet") och att han är "OK" både i föräldrarnas, lärarnas, klasskamraternas och i sina egna ögon, kan han få stor nytta av den nytillkomna kunskapen om sig själv. Han kan tillsammans med föräldrar och lärare komma fram till förbättrade inlärningsstrategier både i faktainlärning och läs- och stavningsinlärning.

Om han eller hon däremot inte kan ta till sig utredningens resultat, kanske p.g.a. tankar om mindrevärde, kan han inte dra nytta av den kunskap som nu finns om dyslexi och om framgångsrika träningsstrategier för dyslektiker. Han kanske inte kan integrera "dyslektiker" i sin självbild med bibehållen självkänsla. Viljan att lägga upp sina studier, så att dyslexins negativa inverkan på inlärningen minskar, utvecklas inte.

Om barnet har ett tryggt anknytningsbeteende (A) ökar sannolikheten att han/hon ska kunna utveckla ett positivt och sunt handikappmedvetande (S) och därmed också utveckla både sina starka och sina svaga sidor på ett bättre sätt. Med anknytning menar jag inte bara anknytningsbeteende i förhållande till föräldrarna utan också i förhållande till vuxna och kamrater i förskolan/skolan. Möjligheten att utveckla trygga anknytningsmönster i förskolan och skolan har betydelse för studieresultaten. Anknytning, självkänsla och viljeliv är intimt förknippade med varandra.

I ruta tretton är frågan: Hur påverkar M (tänkande) och E (känslor) varandra?

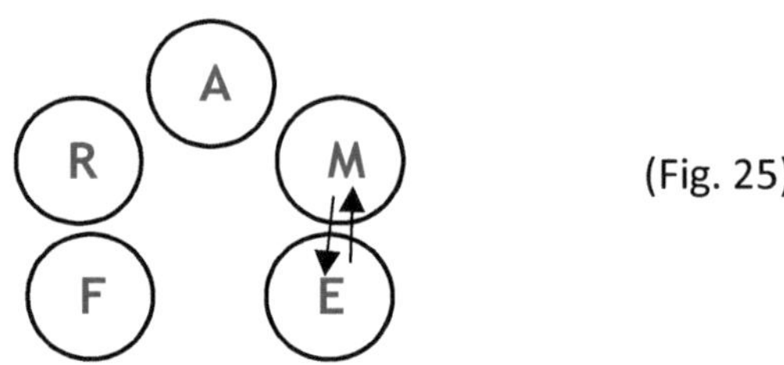

(Fig. 25)

Tänk dig att du är ensam hemma. Plötsligt bultar det på dörren. Du tänker att det är din kompis som kommer, och han verkar vara på bra humör. – Vad känner du? Tänk dig nu samma situation. Du är ensam hemma. Plötsligt bultar det på dörren. Du tänker att det är någon som har akuta problem och behöver hjälp. – Vad känner du? Situationen i de båda exemplen är exakt lika. Det enda som skiljer är vad du tänker – och jag antar att de olika tankarna resulterade i rätt olika känslor.

Pröva gärna följande experiment också vid tillfälle: Lägg dig ned och slappna av rejält. Fokusera din uppmärksamhet på kroppen, och känn successivt hur det känns i benen, stjärten, magen, bröstet, axlar, armar, händerna, fingrarna, ansiktet. Om du lyckas bra så kommer du säkert att känna dig riktigt skön. När du har nått dit; byt uppmärksamhet och tänk på någon situation där du tycker att du gjorde bort dig själv, någon situation då du skämdes eller kände dig dålig. (Alternativt kan du pröva att tänka på någon som du känner dig arg på.) Återvänd sedan med din uppmärksamhet till hur det känns i din kropp. Lägg märke till skillnaden. I detta experiment kan du bli mer medveten om hur det mentala (M) påverkar reaktionerna i kroppen (R), och känslorna (E).

Katastrofföreställningar är ett viktigt inslag i ångest- och fobi-problematiken. Tankarna i sig kan ge så starka alarmreaktioner i kroppen att man inte kan göra realistiska bedömningar av risken för att katastrofen verkligen ska inträffa.

Tankar påverkar känslor, men det är också sant att känslor påverkar tankar. En ung man beskrev hur svårt det var för honom att tänka om och bli glad igen om någon försökte muntra upp honom, när han hade blivit riktigt ledsen och arg.

Ett annat exempel på hur känslor påverkar tankar är att det negativa tänkande som är så karaktäristiskt hos deprimerade personer minskar när de inte längre är i depression.

Känslor och tankar samspelar i kontakt med varandra. Tankar minnen och planer "färgas" av känslor. Djupare delar av hjärnan (limbiska systemet – R och E) "kopplas upp" mot hjärnbarken (F, A, M och S).

Om man går och lägger sig på kvällen och är orolig/olycklig så kommer bilderna i drömmarna att bestå av oroande minnen eller farhågor inför framtiden. Bilderna i drömsekvenserna kan vara helt ologiska. Men det finns en känslologik i drömmen. Alla bilderna svarar mot ungefär samma känsla. Känslan är den röda tråden.

Om man går och lägger sig förälskad, glad eller lycklig så kommer drömmarna att innehålla scener och bilder som är sköna.

Även i vaket tillstånd finns samma tendens. När man "är låg" kommer man ihåg mer elände och har mer oroande bilder om framtiden. När man är glad är bilderna om framtiden positivare, och det är lättare att minnas glada stunder.

Detta fenomen ligger med största sannolikhet bakom de överdrifter som ofta dyker upp t ex i gräl. "Du kritiserar mig alltid när jag städar!" Du märker aldrig när jag går ut med soporna!" Ofta, när man är riktigt arg blir man "helt enkelt korkad" genom att bli osaklig. Man generaliserar och överdriver.

Det förefaller som om kroppsreaktionerna och känslan (R och E) endast kopplar upp sig mot de minnesbilder och målbilder som svarar mot just den känsla som finns i kroppen här och nu.

Det är inte bara i dialog med andra som detta fenomen uppstår. Också i den inre dialogen med mig själv finns samma tendens. När jag är nedstämd tänker jag mörka tankar om mig själv och världen, och när jag är glad är jag förhoppningsfull. Känslorna tycks fungera som "sökmotorer" i våra "mentala filer".

Om tankarna går runt, runt så kan de hålla kvar en känsla under lång tid. Tankar kan "bli besatta" av känslor, både positiva (maniska) och negativa känslor (tvångsmässiga). "Chokladmani" beror på att kroppen mår tillfälligt bra av choklad, och vid "förföljelsemani" mår kroppen dåligt på grund av att man har ångest. Det vore kanske bättre att kalla fenomenet "förföljelseångest" istället.

Det är inte bara tankarna (M) som påverkas av känslorna (och de underliggande fysiologiska processer som upplevs som känslor). Man skulle kunna säga att hela FRAMES-gruppen blir besatt. Perceptionen (F) påverkas av besattheten. Det selektiva seendet förstärks vare sig det handlar om något eftertraktat (attraktivt) som t ex föremålet för en förälskelse, eller något som man vill fly ifrån, som till exempel förföljelse. De fysiologiska reaktionerna (R) påverkas av besattheten. Sug till choklad sätter igång kroppens matsmältningsprocess som en förberedelse att ta emot chokladen.

Agerandet (A) påverkas av besattheten. Handlingsberedskapen aktiveras på grund av de maniska tankarna, och ett upplevt beslut att agera kommer en halv sekund efter det att hjärnans motoriska centrum har påbörjat agerandet. Det är inte underligt att man upplever sig inte ha kontroll över sina handlingar, om hjärnan har påbörjat handlingen, redan innan man upplever sig ha beslutat sig för att utföra handlingen.

Emotionerna (E) påverkas av besattheten. Känslorna påverkar varandra. Längtan efter choklad kan stimulera festkänslor. Rädslan att bli bedömd, kritiserad eller förföljd kan stimulera irritation.

Självupplevelserna (S) påverkas av besattheten. Förföljelseångest sänker självkänslan vilket nästan kan legitimera att "man är värd att bli kritiserad".

Vid manisk besatthet kan man tänka att man är oövervinnlig/ omnipotent. Ett annat uttryck för det nära samspelet mellan tanke och känsla är att en fördom som är starkt känslomässig kan vara svårare att ta sig ur än en mer neutral fördom.

Känslornas makt över förnuftet är ett tema som ofta gestaltats i litteratur, konst och teater. Daniel Goleman beskriver i känslans intelligens LeDoux´ forskning kring amygdalas roll i detta sammanhang.

I de flesta fall sänds sinnessignaler från öga, öra osv. till thalamus och därifrån till respektive sinnescentrum i hjärnbarken där signalerna bearbetas och tolkas. Vi känner igen dem och förstår. Förnuftet kommer i förgrunden. Sedan går signalerna från hjärnbarken till det limbiska systemet som förmedlar vidare till andra delar av hjärnan och kroppen, och vi agerar.

LeDoux upptäckte en kortare och smalare sträng nervtrådar, en genväg ("snubbeltråd till känslorna") som gick direkt från thalamus till det limbiska systemets "mandelkärnor" (amygdala). Mandelkärnorna kan på så sätt forma känsloreaktioner utan att de först "tänkts igenom" av hjärnbarken. Denna förmåga att reagera blixtsnabbt känslomässigt, och agera därefter, har varit viktig för överlevnaden för alla djurarter. Det är lätt att förstå dess betydelse vid överraskande attacker.

Men den kan också förklara hur vi kan känna vag antipati eller sympati, eller att vi har olika tycke och smak om konst, musik osv. "Denna genväg tycks göra att amygdala kan fungera som en minnesbank för emotionella intryck som vi aldrig har varit fullt medvetna om" (Goleman).

I ruta fjorton är frågan: Hur påverkar M (tänkande) och S (självupplevelser) varandra?

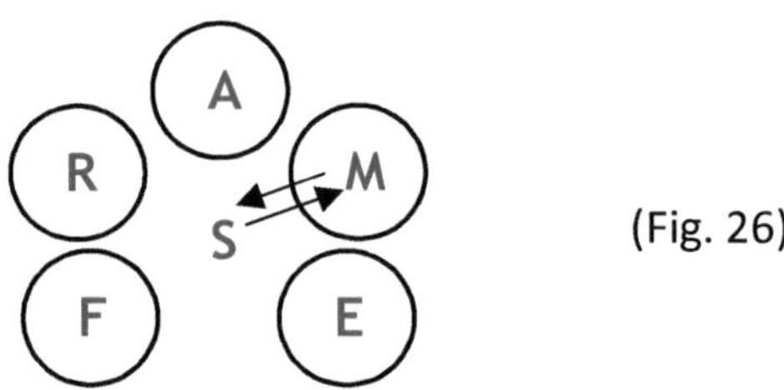

(Fig. 26)

Jag har redan vid ruta tio om sambanden mellan tänkande och agerande skrivit en del om positivt och negativt "självprat". Eftersom "självet" är en övergripande kategori i FRAMES-modellen (självet är en konsekvens av de andra fem kategorierna; F, R, A, M och E) tyckte jag att det var rimligt att beröra självprat redan i ruta tio. Självupplevelsen är dessutom den centralaste faktorn i FRAMES-begreppet.

Om jag har en sträng "inre domare" och tänker nedsättande tankar om mig själv så sjunker mitt självförtroende, min självbild, min självkänsla.

Jag har sett ett tydligt mönster hos de deprimerade ungdomar som jag träffat. De flesta har mycket negativa tankar om sig själva. De negativa tankarna kan bidra till depressionen, samtidigt som den negativa känslan inombords kan leda till negativa tankar om sig själv. En ond cirkel i depression beskrevs av en klient som sa: "jag blir deprimerad över att jag är så deprimerad". Det är lätt att komma in i ett negativt "självprat" när man mår fysiskt dåligt.

Självupplevelser utgörs av både mentala och känslomässiga flöden. Det innebär att om jag tänker negativt om mig själv kan jag stressa upp mig, bli irriterad, arg eller ledsen. Känslorna är kopplade till fysiologiska reaktioner som innerveras av amygdala.

En ung kvinna berättade att hon oftast inte berättade för sina vänner hur hon kände sig. Vännerna trodde att hon mådde bättre än hon i själva verket gjorde. Jag frågade varför hon inte berättade. "Vilka tankar om dig själv gör att du väljer att göra så?"

Hon svarade "vet inte, det är liksom att jag tänker – bekymra er inte för mig". "Vilka tankar om dig själv har du som får dig att tänka så?" "Jag vill inte vara i vägen". Jag sa: "Det du beskriver nu är ett sätt att förhålla dig mot dig själv, och det du säger förklarar egentligen inte varför du tänker så. Kan du finna någon förklaring till din hållning? Hur har du tänkt när du har kommit fram till den här attityden?" Hon svarade: "Jag är inte värd att bry sig om". Jag sa´: "Hur tänker du i stort om det? – Jag menar; man kan ju säga att alla människor är värda att bry sig om. Eller så kan man säga att ingen människa är värd att bry sig om. Det spelar väl ingen roll om jag lever. Jag är som en droppe i havet. Det spelar ingen roll om jag finns eller inte. – Eller så kan man tänka att jag är unik. Ingen är som jag i min värld, i mitt sociala sammanhang. Jag är oersättlig, för utan mig vore min familj och mitt nätverk inte samma.

Vi pratade om hennes historia i hennes familj. Vi kom så småningom fram till att nu, när hon höll på att bli vuxen, så var det allra viktigaste hur hon själv förhöll sig till sitt eget värde. Så jag spetsade till frågan: "Hur väljer du nu att tänka om dig själv?" Hon satt tyst en stund och svarade sedan: "Det är klart att jag är värd att bry sig om".

Självupplevelser har både mentala och emotionella sidor. Självupplevelser kan bestå av självbilder, föreställningar om vad jag kan göra och åstadkomma, minnen av hur andra pratat om och beskrivit mig, och dessa mentala föreställningar är också kopplade till känslor. Jag värderar mig själv utifrån dessa. Men jag kan förstås också ha egna värderingar av mig själv, som avviker från andras värderingar om mig. Allt detta påverkar mitt liv, och vad jag vill för stunden och på lång sikt.

Viljelivet är, liksom självupplevelser nära knutet till alla FRAMES-flöden. Med viljeliv menar jag alla uttryck för min egen vilja, både i stort (min mening med mitt liv) och i smått, vilken slags godis jag väljer. Min vilja påverkas av min perception av världen. Den påverkas av mitt sätt att tänka, inte minst om mig själv. Viljelivet påverkas av mitt fysiska jag - min kropp. Viljelivet påverkas av mina känslor. Det påverkas av vad jag ägnar mig år för stunden, och av mitt tidigare agerande, med de konsekvenser som det fått. Jag tänker mig att viljelivet är så nära kopplat till självupplevelser av olika slag att jag har placerat begreppet "viljeliv" i samma kategori som självupplevelser.

I ruta femton är frågan: Hur påverkas E (känslor) och S (självupplevelser) av varandra?

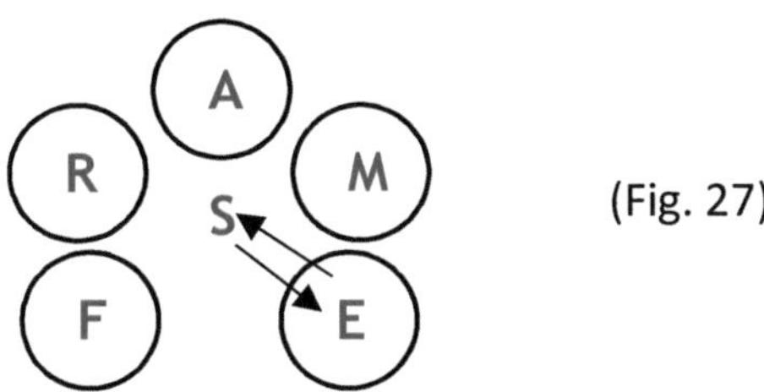

(Fig. 27)

När man är glad är det lätt att ha god självkänsla. När jag känner mig nedstämd är det svårare att uppleva mig själv som värd att tycka om eller som en kompetent person. När jag känner att jag duger är det lätt att vara glad. Men om jag känner att jag inte duger (kanske trots en lyckad prestation eller trots uppskattning från andra) har jag svårt att vara glad och nöjd.

En person som i stort upplever sig själv som en som är omtyckt och värd att bli älskad kan lättare ha kvar känslan av att duga, även om han/hon misslyckas med olika prestationer, än en person som inte har en sådan självupplevelse av att duga.

En person som upplever sig själv som kompetent men inte som en person som är värd att bli omtyckt kan känna sig oälskad och missnöjd även när han eller hon gjort stordåd, och trots att det finns personer i hans eller hennes närhet som tydligt visar att de älskar honom/henne.

Man kan nog vara ganska övertygad om, att när en person ser bedrövad ut så är också självkänslan låg just i den stunden, och när en person ser lycklig ut, så är självkänslan god.

139

Mångfaktoriella systemiska samband: De ömsesidiga samband som jag hittills har beskrivit är godtyckligt valda bara för att exemplifiera systemiskt tänkande med hjälp av FRAMES-modellen. Det mångsidiga samspelet är naturligtvis mycket mer sammansatt. De femton rutorna i matris 3 säger oss att mellan sex faktorer finns femton relationer. Man skulle rent teoretiskt kunna säga, att det skulle krävas att vi kunde tänka femtondimensionellt för att i ett givet ögonblick ha koll på hur alla de sex kategorierna samspelar ömsesidigt med varandra. Ja egentligen trettiodimensionellt om vi dessutom skulle ha koll på hur sambanden går i båda riktningarna.

Det är naturligtvis omöjligt. Men med intuition och erfarenhet, och om man utvecklat sin empatiska förmåga kan man bli duktig på att uppfatta hur en annan människa har det, kroppsligt, med sin självuppfattning, sina känslor, sitt tänkande och sin varseblivning, allt mot bakgrund av den personens agerande.

Ett annat sätt att förhålla sig till det psykologiskt systemiska är att undersöka systemen systematiskt, i tur och ordning. I tur och ordning får de olika systemiska relationerna vara i förgrunden, att reflektera över. Vi kan t ex fråga oss hur alla de övriga FRAMES-faktorerna påverkar en utvald faktor. Till exempel som i figur 28.

Hur påverkar de övriga FRAMES-faktorerna perceptionen (F)?

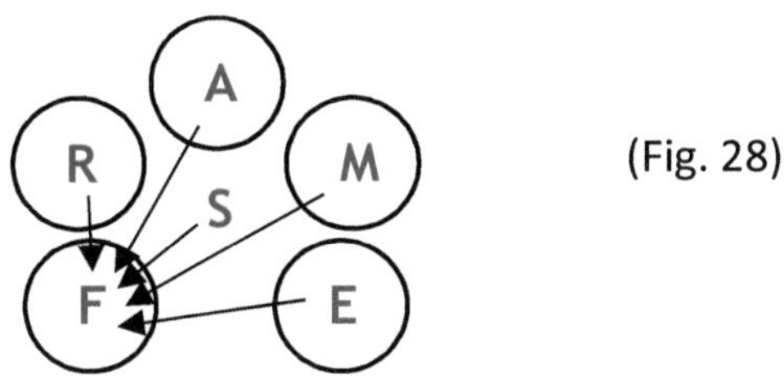

(Fig. 28)

En kvinna som var gravid berättade att hon såg "magar i vädret överallt på stan". Rent objektivt, statistiskt, torde förekomsten av "magar i vädret på stan" inte ha ökat under den tid som hon varit gravid. Åtminstone inte dramatiskt, så som hon upplevde det.

Fenomenet (selektiv perception) innebär att vad vi ser och hör påverkas av våra tankar, känslor, vad vi gör, vår självkänsla och hur det är ställt med oss rent kroppsligt/fysiologiskt. Man kan tänka sig, att hennes tankar (M) var på barnafödande och skötsel av barn, vilket gjorde att åsynen av en annan blivande mamma direkt "drog igång" det som ändå fanns överst i hennes prioriteter. I hennes tankar var sådant som hade med barnafödande att göra i förgrunden, och det mesta annat i bakgrunden av hennes tänkande. Hon kanske (A) besökte affärer som sålde barnkläder oftare än hon normalt brukade göra, vilket ökade sannolikheten att stöta på någon annan blivande mamma.

Glädjen (E) över att se andra blivande mammor kanske gjorde att hon aktivt sökte efter andra blivande mödrar i gatubilden. Hennes självupplevelse (S) kanske gjorde att hon upplevde blivande mödrar som det viktigaste av allt här i världen. För vad skulle världen vara utan kvinnor som föder barn. Det skulle vara en värld utan människor. Många kvinnor känner sig sköna i kroppen medan de är gravida. I fjärde månaden känner den blivande mamman dessutom ofta barnets rörelser inne i magen. Detta kan vara en anledning till att kroppsliga reaktioner (R) under graviditeten också bidrog till att den visuella perceptionen (F) hos den gravida kvinnan sållade fram andra gravida ur den stora mängd intryck som man normalt utsätts för när man är ute på stan.

Hur påverkar de övriga FRAMES- faktorerna tänkandet (M)?

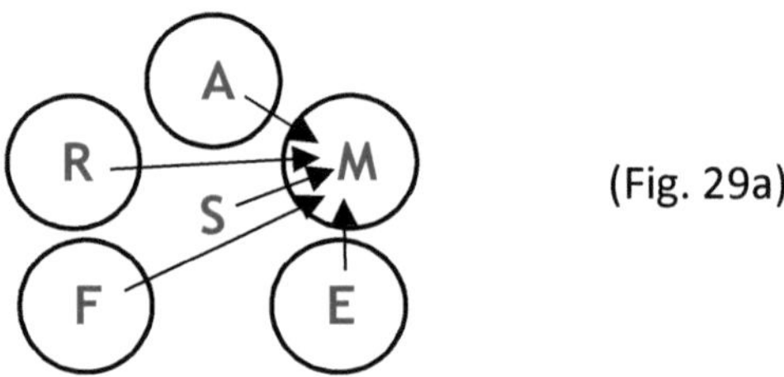

En ung kvinna kom till mig med depression. Hon hade själv inga förslag på förklaringar till sin depression. Vi kartlade hennes sociala situation. Vi pratade om hennes reaktioner på olika situationer i vardagen. Det fanns flera saker som hon var missnöjd med. Hon brukade bli ledsen när hennes bröder grälade. Hon kände sig förbisedd av sina föräldrar. Men hennes stress över detta och andra saker som hon berättade om från sitt liv tyckte hon inte räckte som förklaring till sin depression. Hon hade en ämnesomsättningssjukdom, som hon nu hade börjat få behandling för. Hon hade också fått veta, att behandlingen skulle göra henne besvärsfri.

Hennes fysiska sjukdom (R) påverkade hennes tänkande (M) på två sätt. Dels tänkte hon ofta på sin sjukdom, vilket gjorde henne ledsen (E), och dels blev hon trött och stressad av sin sjukdom, vilket gjorde det svårare att koncentrera sig (M) när hon skulle göra sina läxor och gå på lektionerna. På grund av behandlingen hade hon ändrat sina vanor (A). Hon hade slutat med idrott och dans. Det innebar att hon tänkte mycket (M) på sin saknad över detta, och på vad hon skulle göra istället.

Eftersom hon ofta var ledsen (E) blev det så att hon mest kom att tänka (M) på tråkiga saker. Hennes syn (F) på världen omkring henne var "färgat av ett grått filter", vilket påverkade hennes tänkande (M). Hon brukade också ofta tänka (M) på att hon upplevde sig själv (S) som deprimerad, vilket förstärkte hennes nedstämdhet (E).

Vi pratade om dessa samband, och hon tyckte att hon kunde förstå sig själv bättre av detta. Efterhand som hon kunde förstå sig själv, och mekanismerna inom sig själv kunde hon agera allt mer fritt, även när depressionskänslan kom tillbaka.

Andra exempel på hur de andra FRAMES-faktorerna påverkar tänkande (M) är att när man är förälskad, och förälskelse-hormonerna "rusar omkring i kroppen" (R), så tänker man (M) på sin förälskelse nästan jämt.

Beståndsdelarna i drömmar (M) består av minnesspår och nya associationer som matchar känslorna (E) i kroppen. Barn som sett hemska filmer på kvällen och blivit rädda (E) drömmer lätt mardrömmar (M). Det är som om den kvardröjande känslan efter filmen aktiverar minnesspår som tidigare varit kopplade till denna känsla. Och dessa minnesspår kan under natten bli ingredienser i "drömsoppan". Tänkande och kognitiv stil påverkar också alla de övriga FRAMES-faktorerna (fig 29b).

Ett exempel: Personer med Aspergers syndrom kan ha svårt att växla uppmärksamhet (M och F) mellan helheter och detaljer, och från ett fokus till ett annan. De har också ibland över- eller underkänslighet i varseblivningen. Kan t ex vara överkänsliga för ljud. Detta kan bli till ett handikapp i kommunikation och i socialt samspel (A).

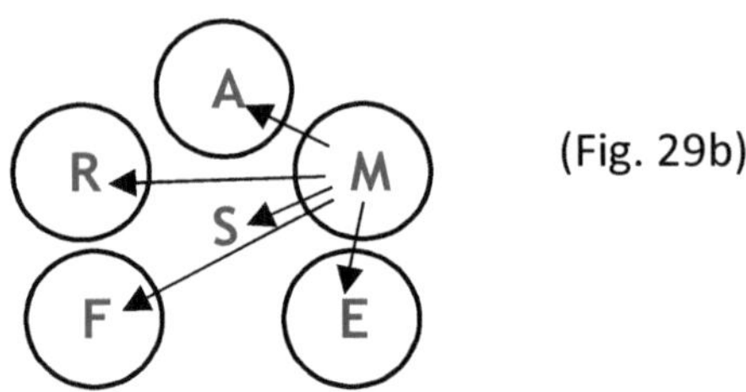

(Fig. 29b)

Eftersom andra, som inte har denna kognitiva stil, på ett mer lättsamt, otvunget sätt byter perspektiv (M och F), är det vanligt att en person med Aspergers syndrom får svårt att flyta in i samvaron med personer som inte har ett sådant mentalt funktionssätt. Själv-upplevelserna (S) riskerar också att bli mer fragmenterade. De får svårare att sätta in sig själva i ett sammanhang och hantera samspelet med andra. Intressen är ofta väl avgränsade, men kan svälla ut och bli nästan maniska (R och E) inom det avgränsade området (till exempel något gammalt språk som inte längre talas, hieroglyfer m.m.).

Hur påverkar kroppens fysiologi (R) de övriga FRAMES-faktorerna?

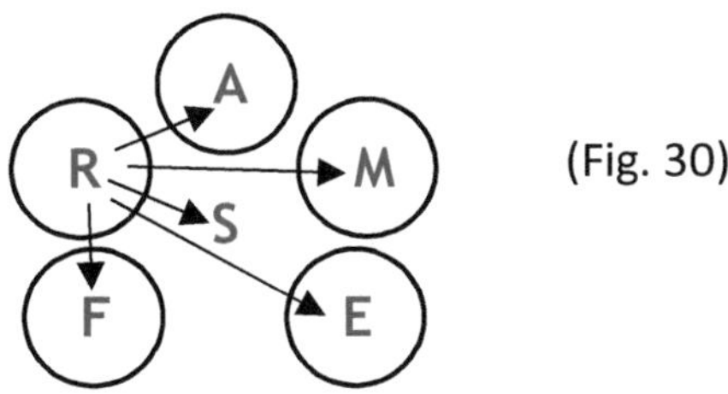

(Fig. 30)

Låt oss fundera över hur det kroppsliga tillståndet (R) påverkar alla de andra FRAMES-faktorerna hos den unga kvinna som beskrevs i förra frågeställningen (hur påverkar de övriga FRAMES-faktorerna tänkandet?). Sjukdomen påverkade perceptionen på två sätt. Dels blir perceptionen (F) mindre distinkt när hon blir trött på grund av sjukdomen.

Hon får svårare att "svepa fritt" med sin uppmärksamhet över hela upplevelsepanoramat. Dels påverkas själva innehållet i perceptionen vad som är i förgrunden, och vad som är i bakgrunden i hennes uppmärksamhet? Sådant som har med sjukdomen att göra kommer mer i fokus av hennes uppmärksamhet (F). På ungefär samma sätt som perceptionen påverkas av hennes sjukdom (R) påverkas hennes tänkande (M) av det faktum att hon har sin sjukdom och sin behandling att tänka på.

Hon får svårare med koncentration, planering och minne. Självupplevelsen (S) påverkas. Hon är "en sjuk person". Hon blir också deprimerad (S) över att hon är deprimerad (R). Hon har ingen lust till att odla de intressen som hon förut tyckte mycket om, idrott och dans, vilket varit en viktig del i hennes identitet. Stämningsläget är sänkt. Hon känner sig oftast ledsen. Hon agerar återhållet och utan energi. Det mesta som skulle ha blivit gjort om hon inte varit sjuk förblir ogjort.

G Bower (1981) har visat att sinnesstämning påverkar kodning och framplockning av minnen och att det man minns eller kan återkalla i minnet är beroende av ens känslotillstånd. Material som lärts in i maniskt tillstånd plockas också lättare fram i minnet i maniskt tillstånd jämfört med hur lätt det plockas fram i deprimerat tillstånd. Det som lärts in i deprimerat tillstånd plockas lättare fram i minnet i deprimerat tillstånd jämfört med i maniskt tillstånd.

Hur påverkas upplevda känslor (E) av de övriga FRAMES-kategorierna.

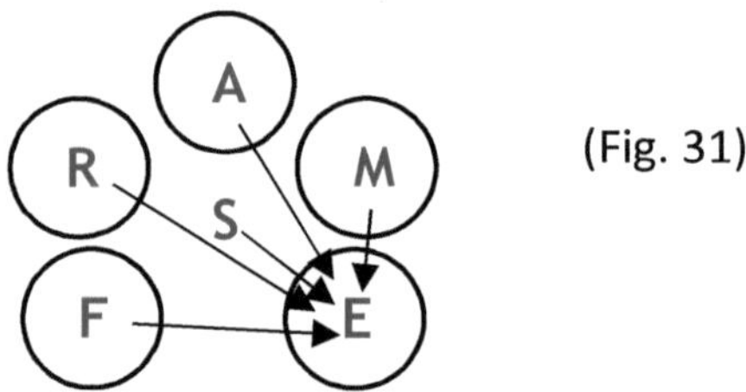

Känslor, till exempel glädje, får olika nyanser beroende på de övriga faktorerna. Om jag (A) agerar ut min glädje kan den förstärkas och bekräftas av andra. Dagsformen, rent fysiologiskt, påverkar glädjens nyanser. Om jag är förkyld (R) blir inte glädjen (E) lika intensiv. Självupplevelser (S) påverkar glädjen (E). När jag är nöjd med mig själv är det lättare att känna glädje. Formeringen av sinnesintrycken (F) påverkar glädjen. Om jag har en förmåga att "se det komiska" i vardagssituationer har jag lättare till glädje.

Tankar (M) är en mycket viktig källa till glädje. Och beroende på vilka tankar man har blir glädjeupplevelsen olika. Att planera (M) en semesterresa ger en annan sorts glädje jämfört med att tänka på beröm som jag fått på jobbet samma dag.

Hur påverkas agerandet (A) av de övriga FRAMES-kategorierna

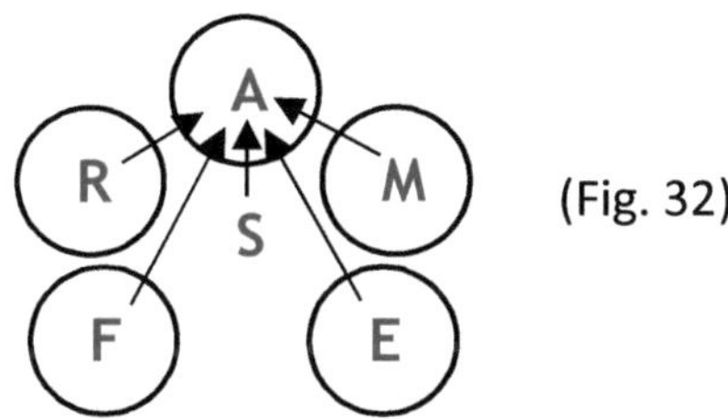

(Fig. 32)

Det fysiologiska tillståndet (R) i kroppen påverkar agerandet (A) bland annat genom att det påverkar energin i agerandet (A). Upplevelsen av sig själv (S) när man agerar påverkas av och påverkar agerandet. När jag gör något som jag vet att jag är bra på blir agerandet avspänt.

Rörelser som blivit automatiserade upplevs nästan inte alls. När jag är ute och cyklar en skön sommardag, så upplever jag (S) själva cyklandet (A) relativt svagt, - som en skön njutning. Upplevandet domineras istället av (F) syn- och luktintrycken och förändringar i graden av ansträngning och successiva nya beslut (M) om målet för cykelturen. Jämför detta med hur intensivt jag upplevde kroppens rörelser under tiden jag lärde mig att cykla.

Men om jag blivit skadad och upplever muskelsinnet och balanssinnet, och samspelet mellan dem annorlunda, så blir jag mer medveten om hela mitt "cyklings-rörelsemönster" igen. Känslorna (E) och behoven (R) styr vårt kroppsspråk, hur vi agerar och pratar (A). När jag är arg (E) rör jag mig snabbt, ryckigt och spänt. Rösten blir spänd och kraftfull. När jag är deprimerad är rösten svag. Jag rör jag mig sakta och kraftlöst, med hängande huvud.

Det deprimerade agerandet kan vid irritation växla till ryckigt, snabbt agerande. När jag är upprymd och glad så rör jag mig lätt och avspänt. När jag är förälskad likaså.

Men sambandet verkar också i andra riktningen. Vårt kroppsspråk (A) påverkar vårt humör (E). När jag är deprimerad och rätar på kroppen, ser mig omkring, skakar loss eller dansar så minskar nedstämdhetskänslan.

Det är kanske erfarenheten av detta fenomen som ligger bakom det gamla uttrycken ”rycka upp sig” och ”lyfta sig i kragen”. Dessa uppmaningar ger oftast en motsatt effekt. Och det är lätt att förstå, eftersom de oftast sägs med irriterad, befallande ton. Det betyder att den deprimerade också uppfattar negativ kritik i uppmaningen. Då får ju uppmaningen motsatt effekt.

Men om man själv, på egen känsla och eget initiativ kan dra nytta av detta cirkulära (ömsesidiga) samband (att alla andra faktorer påverkar agerandet och att agerandet påverkar alla andra FRAMES-faktorer) blir det en annan sak.

I samband med att jag gick i gestaltterapi blev jag medveten om att jag gick med hängande huvud när jag var ledsen och kände skuld trots att jag inte egentligen ”var skyldig”. Jag tränade mig att räta på ryggen, och det gav resultat. Jag kände mig bättre och mer säker i mig själv.

Hur påverkas självupplevelserna (S) av de övriga FRAMES-faktorerna?

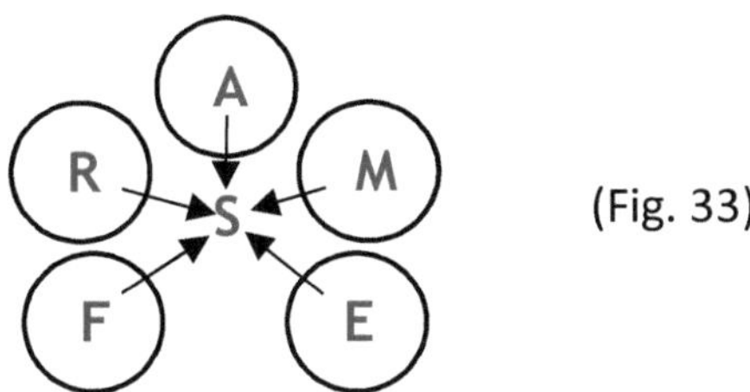

(Fig. 33)

Självupplevelser har beskrivits utifrån en mängd olika infallsvinklar. Man pratar om självet, självkänsla, självförtroende, självbild, egoism, självmedvetenhet, egocentricitet, fragmenterat själv m.m.

Man skulle kunna fylla på med ytterligare beskrivningar av upplevelser av sig själv. Alla upplevelserna har sin centrala sambandscentral i hjärnan. Mentala, emotionella, perceptuella, motoriska och autonoma nervbanestrukturer är aktiverade på ett sådant sätt att de bildar en helhet av självupplevelser. Vi upplever vår existens i en integrering av alla FRAMES. Ordet självbild är rimligen kopplade till visuell perception och mentala visuella strukturer (F och M). Ordet självkänsla till limbiska strukturer (R och E).

Egoism till tänkande om sin plats i världen (M), vilket påverkar varseblivningen om det som sker (F), och agerande (A). Egocentricitet till perceptuella (F) och mentala (M) strukturer. Känsla av att vara kapabel till agerandet (A) och känslan av att vara värd att bli älskad till yttre uppmärksamhetszonen (F) och den inre uppmärksamhetszonen (E).

Hur påverkar självupplevelserna (S) de övriga FRAMES-faktorerna?

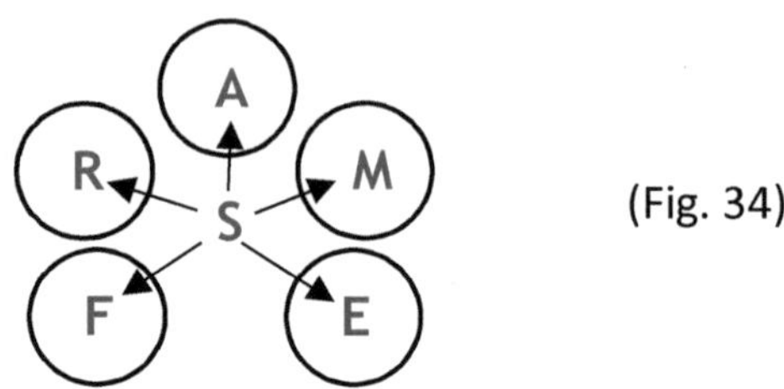

(Fig. 34)

Om man mår väldigt dåligt i sig själv så kommer det att påverka varseblivningen av världen. Även soliga dagar känns grå. Miljöer som man annars skulle kunna trivas i blir otrivsamma.

En ung man som hade levt med mycket ångest hade prövat på det mesta som ungdomar brukar intressera sig för. Han hade prövat fotboll, ishockey, boxning, att spela saxofon, bowling, bågskytte m.m. Han hade energi att engagera sig till en början, men efter relativt kort tid tyckte han inte längre om sitt nya engagemang. Hans dåliga mående (R) och hans negativa självupplevelser (S) betingades efter relativt kort tid till den nya miljön (F) och till den nya aktiviteten (A).

Sammanfattningsvis om cirkulariteten inom FRAMES;

Förhållandet mellan det objektiva och det subjektiva kännetecknas av selektiva flöden. Jag "ser" inte allt som träffar näthinnan. Det som jag verkligen ser bestäms av vad jag förväntar mig, dvs. tidigare erfarenheter och av vilka känslor, behov och drömmar som jag har. Selektiviteten beror på alla FRAMES-kategorierna. Uppkopplingen mellan djupare delar av hjärnan (Lurias block 1) och ytligare delar (hjärnbarken) beror på både erfarenhet/inlärning och förprogrammerade nervbanor. Det som jag uppfattar via hörseln bestäms också av tidigare erfarenheter, det som jag har lärt mig att höra och förstå, och av vad jag är inställd på att höra på grund av de behov och känslor jag har.

Alla FRAMES-faktorerna påverkar också hur helt nya erfarenheter uppfattas, sådana som jag inte i min vildaste fantasi kunnat föreställa mig, beroende på hur jag har det i kroppen, mina känslor i stunden, mina erfarenheter av att agera i nyinlärningssituationer osv.

Tio psykosomatiska komplex, analyserade med FRAMES-modellen:

Fobi.

En hissfobi kan utvecklas på följande sätt: – Jag upplever av någon anledning när jag åker hiss en stark stress och en instängdhet. Anledningen till denna stress kan vara vad som helst i mitt liv, och kanske något som hänt tidigare under dagen som har höjt min alarmberedskap i kroppen. Vid detta tillfälle börjar jag hyperventilera i hissen och upplever ångest. När jag efteråt minns denna hissåkning blir jag orolig, rädd och stressad. Rädslan och stressen fungerar nu som "sökmotor" i de mentala minnesfilerna. Mina minnes-FRAMES (se kapitel 3) får mig att kopplar upp mig mot hot- och katastrofbilder med associerad rädsla. Detta påverkar mina tankar och jag upplever genom visualisering framtids-FRAMES om hissåkning samtidigt som kroppen är i alarmberedskap. Och A-faktorn i dessa FRAMES innebär också att den motoriska barken i samarbete med frontalloberna planerar flyktbeteende.

Hissåknings-FRAMES kommer alltså att innehålla en handlingsberedskap, en attityd, som innebär att fly från hissar. Och att visualisera är också en form av inlärning. Ju oftare jag visualiserar, desto snabbare uppmärksammar och känner jag i verkligheten igen den situation som jag har visualiserat. Och ju fler hissar som jag har "flytt" ifrån desto mer generaliseras mitt hissåknings-FRAMES som alltså också innefattar förstärkning av kroppsminnen som är programmerade för flykt. "Övning ger färdighet" även i detta handikappande avseende.

När jag kommer i närheten av hissåkning aktiveras mina katastrof-fantasi-FRAMES. Rädslan och ångesten integreras med minnes-FRAMES och påverkar det så att minnet av hissåkning successivt blir mer och mer ångestladdat varje gång som jag tänker på hissåkning.

Jag har skrämt upp mig själv därför att jag inte kunnat hålla isär (analysera) framtids-FRAMES (fantasier med associerad skräck och flyktberedskap) från här-och-nu-FRAMES. Eftersom fobi-FRAMES innefattar en attityd, en handlingsberedskap för flykt-beteende är inövning av en ny handlingsberedskap en viktig del i terapin. En sådan handlings-beredskap (beredskap för flykt) ingår som en viktig del i fobi-FRAMES, särskilt om den förut "tränats in" många gånger genom negativ förstärkning.

Negativ förstärkning innebär att agerandestrukturen i hjärnan blivit förstärkt på grund av den lättnad som den som har hissfobi upplever när han eller hon flyr från hissen. En annan faktor som också finns med i bilden i utvecklingen av en hissfobi är att det med stor sannolikhet finns en genetisk förprogrammering i oss att undvika trånga och instängda rum om vi är jagade. Flyktbeteende i sig är också till stor del genetiskt förprogram-merat i oss. Människans överlevnad har under evolutionen gynnats av både snabbhet och precision i agerandet.

Hjärnan har olika vägar att hantera snabb respektive precis perception med sammankopplat agerande som ett gensvar på hot (exempelvis från rovdjur) respektive attraktion (exempelvis för mat eller parningsobjekt). Om en vän överraskar mig när jag är ensam i mörker kan jag reagera blixtsnabbt till försvar. Men jag kan också ta in mer information så att jag efter en liten stund förstår att det är en vän.

Skrämseln premierar snabbhet men inte precisionen. För att jag ska kunna förstå att hissåkning inte är farligt måste skrämselnivån sänkas så att jag kan ta in information som visar att hissåkningen är så pass ofarlig att jag står ut med den minimala risken att något riktigt farligt ska hända. Eftersom undvikandet av hissåkning är en så viktig del i fobi-FRAMES är praktisk övning i att konfronteras med hissar, och så småningom att åka hiss, helt avgörande för att "komma i mål" i terapin.

Men fobiträningen måste föregås av förståelse för hur fobin fungerar och övning i förmågan att lugna sig vid alarmreaktioner/ångest i kroppen. Målet är att kunna lugna sig medan man åker hiss.

Aggressionshämning.

Ilska/aggression är en problematisk känsla för många. Det är ju lätt att förstå, eftersom en fritt utlevd aggression ofta bemöts med aggression och i värsta fall kan leda till skada. Om konsekvensen av ilska, när man är liten, är att man möts med avståndstagande eller bestraffning (F), så förvandlas ilskan rätt snabbt till skam- och ensamhetskänslor (E). Nästa gång som man blir ilsken minns man (M) vad som förut blev konsekvensen av att uppleva och agera ut ilska, och så förvandlas ilskan snabbare till skam- och ensamhetskänslor. De känslorna blir ofta bemötta på ett positivare sätt av omgivningen. Konsekvensen av att uttrycka skam- eller ensamhetskänslor kan då istället bli tröst och gemenskap.

Den aggressionsutlösande händelsen betingas till skam- och ensamhetskänslor. Och man börjar uppleva sig själv som en person som har mycket att skämmas för och som en ensam person.

Om däremot ilskan bemöts med förståelse och bekräftelse av känslan, och hjälp till att sätta ord på det som händer, och i bästa fall vägledning till hur man kan hantera ilskan, leder det till att man kan känna sig värdefull och trygg i sig själv.

Aggression orsakar en hel del alarmberedskapsreaktioner i kroppen. Dessa reaktioner; hjärtat som slår fortare, andningen som blir hastigare osv.) kopplas nervbanemässigt till skamkänslor. Kroppsförnimmelserna (F i den inre uppmärksamhetszonen), och situationen (F i den yttre uppmärksamhetszonen) utgör "stimuli" vilket leder till "responsen" skamkänslor (E) och tillbakadragande (A), och "konsekvensen" (F) blir att man slipper mötas av avståndstagande.

Återhållandet av den ursprungliga aggressiva responsen, vilket istället leder till ett tillbakadraget beteende (A) leder till fortsatt, tillbakahållet alarmtillstånd (R) i kroppen i den fortsatta sociala samvaron, vilket leder till förvirrande kroppsspråk (A) p.g.a. ambivalent självupplevelse (S).

Förvirrande kroppsspråk leder till missförstånd. Missförstånd leder till konflikter. Konflikter leder till aggressionskänsla som leder till att hjärtat slår fortare, andningen blir påverkad (snabbare eller återhållen) vilket leder till återhållet beteende (timid attityd) osv. osv. runt — runt.

När sedan en situation inträffar, då det inte går att hålla aggressionen under kontroll längre så kan det ursinniga raseriet ta överhanden. Personen med den beskrivna aggressions-problematiken har utvecklat ett polariserat förhållande till aggression. Antingen är han/hon timid, eller i vissa undantagsfall överväldigande ilsken.

En ung atletisk fotbollsspelare kom till mig i djup förstämning efter att han avbrutit sina studier. Han kände att han nog hade valt fel utbildning. Vi kom vid första besöket snabbt in på att han kände starka inre konflikter kring sin ilska (E). Han hade svårt att värja sig (M) när hans ilska (E) vällde upp i honom (R).

Ilskan kunde komma lite när som helst, men han var inte inblandad i fysiska våldsamheter (A). Han sov dåligt, och var mycket återhållen i sin attityd. Vi pratade första gången en del om aggressionens fysiologi. Jag frågade om han ville vara med på ett litet experiment. Han svarade ja.

Först bad jag honom känna efter hur det kändes (E) i kroppen (R) här och nu. Därefter bad jag honom tänka (M) på något som gjorde honom ilsken. Det lyckades inte. Nästa gång började han med att berätta att han mådde lite bättre. Jag frågade med systematiska följdfrågor vad som gjorde honom arg. Hans svar var hela tiden undvikande. "Det är så fånigt, det är bara bagateller".

Efter mycket sonderande fick jag veta att han varit i ett triangeldrama för cirka två år sedan. Det var tankar (M) på detta triangeldrama som gjorde honom så vansinnigt arg (E). Han hade blivit beskylld för att "spela kung" (A) och vara en riktigt taskig typ (S). Han upplevde att han verkligen hade ansträngt sig (M) att inte agera ohövligt eller ilsket (A) under tiden som triangeldramat utspelade sig.

De inblandade var, förutom han själv, hans flickvän och flickvännens kompisar, både kvinnliga och manliga. Dels upplevde han att han blivit svartmålad i flickvännens kompisars ögon (F), och dels undrade han (M) om det hade legat något i kritiken som han hade fått bakom ryggen, och bara fått reda på av en slump.

Han tyckte dock (M) att det hela nu egentligen var överspelat, eftersom han inte längre hade kontakt (F) med någon i triangeldramat. Han ville inte längre tänka på det, eftersom det gjorde honom ursinnig.

Men det kunde dyka upp i tankarna och känslorna ändå. Jag sa att jag trodde att hans kroppsliga reaktion på tankarna låg "på reflexnivå". I hans mentala analys (M) hade han bestämt sig, att det hela inte längre var "en stor grej", men i hans inre uppmärksamhetszon var det hela ingen "fånig bagatell", utan en jätteviktig sak. Problemet var att hans mentala bearbetning inte hade varit integrerad (i kontakt) med hans inre uppmärksamhetszon.

Jag frågade åter om han ville pröva experimentet. Svar; ja. Han fick pröva om han kunde tänka på det som gjorde honom arg, för att återfå kontakt med känslan, men han misslyckades igen. Han sa att han skulle kunna göra det om han fick se dem som baktalat honom.

Så jag bad honom tänka sig att han såg dom. Nu lyckades han börja få fatt på känslan. Jag väntade. Han började hyperventilera allt mer. Efter en stund bad jag honom att hålla andan. Han gjorde det, och efter ytterligare en stund började han känna att trycket lättade. Känslan att ha fått ett verktyg, att hantera sitt "ursinne" gjorde honom hoppfull. Han hade ofta uppmuntrats i en roll som "bad guy" i sitt fotbollslag, så hans aggressivitet hade ofta lett till positiv feedback.

När jag vid ett tillfälle hade frågat honom om han kunde komma i kontakt med sin ilska kring baktaleriet hade han svarat att han "kände sig lugnare när han skulle tänka på dem som baktalat honom" (vilket jag då uppfattade som ett försvar mot ilskan).

Jag tror att det var detta som gjorde att han inte nappade, när jag första gången sonderade om han var intresserad av en övning, som annars är rätt vanlig i gestaltsammanhang (en övning som innebär att man lever ut sin ilska med hjälp av någon "ilskepinne", kudde eller något annat).

Själv tänker jag att det är lika viktigt, för någon som lider av aggressions-hämning, att få hjälp att utveckla förmågan att lugna sig när man känner sig kränkt och arg, som att få hjälp att kunna leva ut ilska. Att leva ut ilskan, t.ex. genom att slå på en tänkt representation av det som man är arg på, är värdefullt för att kunna formera aggressionsupplevelsen, så att man är arg på rätt person och av rätt anledning. Men för att också lära sig att uttrycka sin ilska vid rätt tillfälle, på rätt sätt, och lagom mycket, kan man också behöva träna sig att hantera sin ilska på ett nyanserat sätt. När man går in i sin ilska "med hull och hår" finns risken att tunnelseendet begränsar bearbetningen.

När jag ser ungar till olika däggdjur "kämpa" med varandra tänker jag att de får en perfekt aggressionsträning. Alla grader av aggression undersöks.

Svartsjuka.

Jag träffade en ung man med attraktivt utseende. Han ville ha hjälp med sin svartsjuka. Två relationer hade tagit slut p.g.a. den, och en tredje var i riskzonen. I hans ursprungs-familj fanns inte någon otrohet eller svartsjuka som han kände till. Hans föräldrar hade haft problem med svartsjuka till en början i sin relation, hade han fått veta, men inte nu.

Han uppfattade att hans föräldrar tyckte bättre om hans storebror p.g.a. att brodern varit bättre i skolan. Min klient hade haft en del problem med läsning och stavning i skolan men var samtidigt vaken och begåvad.

Jag frågade honom: "Vad tänker du på när du blir svartsjuk?" "Jag tror att hon träffar någon kille på stan". "Ser du det för din inre syn att hon träffar en annan kille?" "Ja". Vad känner du då?" "Jag tänker att jag ska hämta hagelbössan". Han svarade alltså inte på min fråga om hur han kände utan svarade istället vid han ville göra. Det speglade en hjälplöshet när han skulle prata om känslor.

I FRAMES-analysen började vi med att prata om tankens kraft. Vi pratade om hur rädsla påverkar hjärtat, andningen, blodet som samlas till musklerna, bort från matsmältningen i magen, den mentala fokuseringen kring det upplevda hotet, faran.

Därefter fortsatte vi med FRAMES-analysen av svartsjukan. Han jobbade vidare med att ta kontroll över känslorna. Eftersom han kunde se FRAMES-sammanhangen kunde han hantera känslorna på ett sätt som han blev mer nöjd med.

Logiken i analysen nedan utgår från hans berättelse, men tolkningen är med mina ord: M-faktorn: du ser en inre bild där din flickvän träffar en annan kille på stan. De ler mot varandra. Du tänker att hon är intresserad av honom och han är intresserad av henne. R-faktorn: eftersom din hjärna tolkar den inre bild som den har skapat som ett hot så sätts alarmreaktionerna i kroppen igång. Stresshormon mobiliserar hela kroppen till kamp eller flykt. F-faktorn: när du och din flickvän är ute på stan och om hon pratar med någon kille så är din hjärna van att tänka på det som ett hot, och alarmreaktionerna sätts igång. Din tolkning av det som kommer till dig via synsinnet är selektivt.

Sådant som skulle kunna tolkas som vanligt samtal, utan intresse att odla en parrelation hos vare sig din flickvän eller killen, kommer du inte att uppfatta.

A-faktorn: även om du inte agerar när du känner hotet så finns en handlingsberedskap, en attityd i kroppen om att strida eller fly från rivalitet. Det kan också bli så att du börjar undvika alla situationer där hotkänslan kan uppstå. Därmed får du ingen chans att upptäcka att din flickvän är trogen emot dig.

E-faktorn: när alarmreaktionerna kommer igång i kroppen känner du dig så upprörd att svartsjukan dominerar hela situationen.

S-faktorn: när du ofta tänker på att din flicka är otrogen (även om det är helt osanning) så börjar du så småningom tänka på dig själv som en person som man är otrogen emot. Du är inte värd mer än att din flickvän är otrogen mot dig.

Din självkänsla börjar alltså så småningom att påverkas. Den blir sämre, och då blir det ännu närmare till hands att få inre bilder där din flickvän är ute på stan och träffar andra och att du inte kan göra något åt det.

Ångest

En ung kvinna kom till mig därför att hon led av ångest och rädsla för olika kroppsliga sjukdomar. Hon hade blivit utredd för magvärk, ryggvärk, högt blodtryck. Hon hade börjat tänka att hennes kroppsliga symtom var psykiskt betingade eftersom man inte funnit något fel på magen eller ryggen.

I hennes historia fanns mycket stress i tidig ålder. Hennes pappa var alkoholist och hade slagit mamma flera gånger. När hon var sex år skiljde sig föräldrarna. Kvinnans största problem, när hon kom, var värk i nacken, och hon oroade sig ofta över om värken berodde på cancer i nacken. Vi jobbade mycket med andningen och avslappning och med genomgång på whiteboardtavlan om rädslans och ångestens FRAMES.

En sådan genomgång kan gå till som följer: Jag börjar med att rita upp konturerna på en människogestalt på tavlan. Därefter frågar jag "hur och var brukar det kännas i kroppen när du blir nervös"? Och så ritar jag in i människogestaltens konturer den beskrivning jag får. "Fjärilar i magen" är det vanligaste svaret.

Sedan brukar det bli tyst. "Märker du något med andningen?" Här brukar det bli tyst igen eller så kommer ett svar som exempelvis "Ja" och sedan tystnad igen. Och då skriver jag in i brösthöjd i konturen "andningen påverkas".

Sedan kan jag fråga "märker du något med hjärtat?" "Ja det slår fortare" Och så skriver jag in i gestalten "hjärtat slår fortare". Sedan frågar jag "märker du något mer i kroppen?" – "Jag blir spänd" och jag skriver in "musklerna blir spända". "Det du beskriver nu är exempel på hur kroppen förbereder sig inför en stor kraftinsats."

Sedan brukar jag göra en beskrivning av vad som händer i kroppen vid alarmberedskap, både med hjälp av att skriva och rita på whiteboardtavlan och genom att demonstrera med min egen kropp.

Den kan låta ungefär så här: rädsla, ångest och fobi är alla alarmreaktioner. De bygger i grunden på kroppens förmåga att mobilisera styrka, snabbhet och koncentration i farliga situationer. Den vanligaste faran som dykt upp genom människans historia har varit vilda djur (inklusive vilda människor).

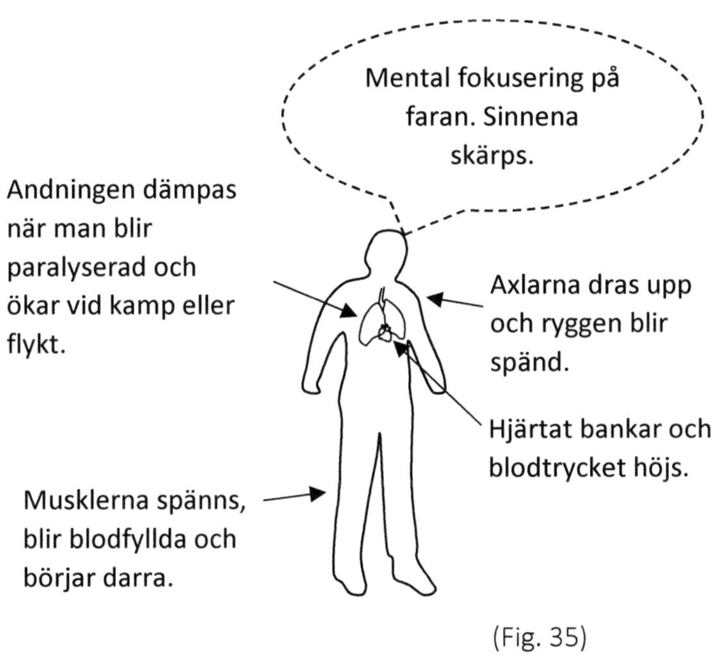

(Fig. 35)

Tänk dig att jag står inför en björn i skogen. Vad händer nu? Mitt hjärta börjar slå fortare. Musklerna spänns. Eftersom även mag-musklerna spänns så börjar jag andas med bröstkorgen. Och bröstkorgen häver sig i snabba andetag. Jag får fjärilar i magen. Hela min uppmärksamhet koncentreras på björnen. Jag kanske tittar mig omkring efter flyktvägar men är hela tiden fokuserad på björnen.

Om jag skulle springa fort så skulle hjärtat slå fort, andningen vara snabb och kraftig, och hela kroppen skulle vara spänd. Att kroppen sätter igång med allt det där redan innan jag börjar springa är i sig något positivt. De av våra förfäder som snabbast kunnat komma igång med en sådan reaktion hade största chansen att överleva och få barn som ärvde samma reaktionssätt.

Att bli varm är bra som "uppvärmning" inför kraftig fysisk ansträngning. Att börja svettas som man sedan kan göra när man är spänd beror på att kroppen på så sätt kan göra sig av med den överskottsvärme som bildas när musklerna arbetar.

Att kissa och bajsa på sig när man blir riktigt rädd hade också en positiv funktion på den tiden vi ännu levde utan kläder, eftersom kroppen på så sätt blir lättare och smidigare i en kamp på liv och död. Fjärilarna i magen beror på att matsmältningen stannar av och det blod som strömmade runt tarmarna för att ta upp föda nu i första hand ska försörja musklerna med syre och näring, och transportera bort slaggprodukter efter musklernas arbete. Koncentrationen på faran ökar möjligheten att kunna fly eller kämpa på ett bra sätt.

Det finns också ett annat reaktionssätt, som liknar det beskrivna. Det innebär att man "fryser fast" sig själv i blickstilla spänning och man håller andan. Att agera så är funktionellt på så sätt att man inte upptäcks så lätt av den som är farlig.

Efter en kraftig överraskande anspänning är det inte ovanligt att man känner sig "knäsvag" eftersom kroppen varit i alarmreaktion med mycket spända muskler. När man sedan ska slappna av finns spänningen kvar i musklerna, och det tar en tid innan spänningen försvinner.

Alla dessa reaktioner är i grunden värdefulla och friska överlevnadsreaktioner. Om våra förfäder inte reagerat på detta sätt hade vi inte funnits till idag.

Men rädslan och aggressionen kan gå vilse. Om man är stressad under lång tid inför många tänkta eller verkliga hot, så att man inte kan fokusera och hantera en avgränsad fara så kan den mentala fokuseringen och rädslans fysiologiska mekanism haverera.

Då kanske man skapar en ny gestalt om vad faran består i. Man kan istället bli rädd för att bli rädd (uppleva rädslans kroppsliga uttryck). Det kan innebära att man har en orolig beredskap inför eventuella obehagliga kroppsliga sensationer och därigenom hålls alarmberedskapen på en ständigt hög nivå.

Uttryckt i FRAMES-termer; när våra sinnen (F) rapporterar till hjärnan något som hjärnan tolkar som farligt reagerar kroppen fysiologiskt (R) genom att producera stresshormoner. Kroppen mobiliserar nu för kamp eller flykt. Andningen ökar. Musklerna spänns för ett kraftfullt agerande (A). Hela vår mentala kapacitet fokuseras på faran (M) och vi känner oss rädda eller ilskna (E). Vid utdragen rädsla ökar andningen med risk för utdragen omedveten överandning med alla dess konsekvenser.

Om vi går i detta tillstånd under lång tid kommer kroppen i ett utmattningstillstånd, med risk för psykosomatiska sjukdomar (högt blodtryck, hjärt- och kärlsjukdomar m.m.), och oron blir en del av självkänslan. Hela vårt viljeliv (S) blir inriktat på att hantera ångesten som vi kanske inte känner igen som just ångest utan tolkar som fysisk sjukdom.

Den unga kvinnan med cancerskräck blev allt mer medveten om att hennes smärta i nacken kom av att hon var ångestfylld och spänd i hela kroppen, och mest i nacken. En gång när hon kom till mig hade hon haft influensa och kraftig feber. Och hon berättade att hon hade varit helt fri från sin ångest och sin nacksmärta.

Vi pratade om att hon under influensan inte orkat bekymra sig för cancer och inte orkat spänna sig i kroppen. Vi tolkade det så, att musklerna varit så avslappnade, och de mentala flödena så "dämpade" att den onda cirkeln mellan ångesttankar ("tänk om det är cancer") och alarmspänningssmärtor i kroppen inte kunde snurra på som vanligt.

Hon var medveten om att alkohol har samma effekt, men eftersom hon hade en alkoholiserad pappa så använde hon sig inte av den "medicinen".

För att förebygga och bota stress-relaterade psykosomatiska sjukdomar behövs:

F-faktorn: att man befinner sig i en social situation som inte överbelastar sinnena. Att den selektiva perceptionen kretsar kring möjligheter och inte bara kring svårigheter.

R-faktorn: att man lär sig om hur kroppen fysiologiskt mobiliserar vid hot och fara, och att man tar med i beräkning, att konstant mobilisering av kroppens energier under lång tid ger psykosomatiska symtom. Tidsbegränsade mobiliseringar av "kamp och flyktenergier" är kroppen konstruerad för, men de måste varvas med avslappning, vila och allsidigt näringsintag.

A-faktorn: att man ser till att "ta igen sig" efter arbete och vid behov tränar medveten avslappning och avslappnad andning. Att man jobbar lagom mycket. Att man skaffar sig goda sömn-, mat- och motionsvanor.

M-faktorn: att man lär sig att tänka rätt om ångesten och ångestens mekanismer. Inte minst att man lätt får "fixa idéer" och tvångsagerande när man är stressad, och att man kan bli helt fokuserad på det som man upplever som fara vare sig det är realistiskt eller inte. Att fylla sina tankar med positivt innehåll. Att man bearbetar minnen som ger ångest. Den nuvarande situationen kanske är så förändrad att det inte alls finns skäl att fortsätta att vara rädd för samma saker som förut.

E-faktorn: att man blir medveten om sina känslor och hur man reagerar i olika situationer. Att man lär sig att känslor inte alltid leder en på rätt spår i livet.

S-faktorn: att man inriktar sitt liv på sådant som man mår bra av. Roar sig och väljer sällskap och sysselsättning som man mår bra av. Att man accepterar sig själv och sina behov, och står upp för sig själv. Att man bearbetar eller byter bort relationer och situationer som man inte mår bra av, som är "tärande" och istället väljer sådant som är "närande" för den psykiska hälsan.

Tvångstankar och tvångshandlingar

Tvångstankar är till sin karaktär motsatsen till tänkandet i en lyckad meditation, när tankar får komma och gå utan att "fastna", varken vid "favoritstället i tillvaron" eller vid stället där de "inre demonerna" finns.

På grund av kopplingen mellan vissa oroande tankar (M) och kroppsliga stressreaktioner (R) använder sig många av ritualer (A) för att hantera den jobbiga känslan. De flesta som gör tvångs-handlingar säger att de gör tvångshandlingarna ända tills "det känns rätt". Facit, eller målet, är alltså att det ska kännas rätt.

De är ofta medvetna om att de tvångsmässiga mentala ritualerna eller de tvångs-mässiga beteendena inte är rimliga ur ett mer "objektivt" perspektiv. Det är inte rimligt att varje gång man skriver fel i sin skrivbok, att sudda felet fyra gånger. Och dessutom tar det så irriterande lång tid. Det är inte rimligt att varje dag, varje gång, tvätta sig så många gånger att huden tar skada. Men man gör det tills det känns rätt (egentligen tills ångesten är under kontroll). De ångestskapande tankar, som gör agerandet ologiskt kan hos en tvångsneurotiker vara "magiska".

T ex; "om jag inte gör så här kommer det att hända mamma något ont". Det första steget i terapi är att bli medveten om hur de cirkulära sambanden fungerar. Kroppen reagerar med stress (R) på en oroande tanke (M), eller ett oroande intryck (F). "Tänk om jag inte har blivit av med alla bakterier som jag fick på mig när jag rörde golvet!"

Den oro (ångest i varierande styrka) som följer, består av såväl fysiologiskt stresspåslag (R), som orostankar (M), och olustkänslor (E), och nedvärdering av den egna förmågan att hantera situationen; "jag känner mig dålig" (S), och ångesten hanteras med olika lugnande tankar (ofta magiska tankar) eller lugnande beteende. Rituellt agerande eller tänkande som skapar en känsla av kontroll. Men när de rituella handlingarna eller tankarna (t ex upprepning av samma beteende sju gånger varje gång som oros-tanken dyker upp) känns som ett tvång så upplever man inte längre att man har kontroll. Det blir en "moment 22".

Om jag inte gör tvångshandlingen (A) eller tänker tvångstanken (M) kommer det att kännas dåligt (E) för då har jag inte kontroll över min oro (R), men om jag gör tvångshandlingen, eller den rituella tanken irriterar det mig att jag (S) måste göra tvångshandlingen. Dessutom kanske personer i min omgivning blir drabbade av att jag inte går att samarbeta med på grund av mitt tvång. En tanke kan fungera både som ångestskapare och som ångestlindrare. En handling kan också fungera både som ångestskapare och som ångestlindrare.

I terapin kan man ta reda på hur de olika tankarna och handlingarna fungerar i detta avseende. De tankar eller handlingar som fungerar ångestökande kan man bearbeta ungefär som man bearbetar fobiska reaktioner inför vissa situationer. Det vill säga genom systematisk desensibilisering.

De tankar eller handlingar som fungerar som *ångestminskande* bearbetas genom att man tränar sig att avstå från att genomföra dem och upptäcka att inget farligt händer utanför den egna kroppen – och att det handlar om att kunna slappna av i sin egen kropp.

Allt förutsätter att personen som lider av tvånget är motiverad för träningen. Var går gränsen mellan handikappande tvångshandlingar och lite överdriven noggrannhet? De flesta av oss har väl varit med om att tänka (M) "är spisen avslagen nu?", känna oro (E) och gå tillbaka för att kolla spisplattan (A) innan man lämnar bostaden. Det kan knappast betraktas som tvångsmässigt.

Men om det börjar bli så att jag nästan inte kan lämna hemmet på grund av att jag inte känner mig lugn utan kollar spisen, dörrar m.m. flera gånger, och ändå svävar mellan att "det känns rätt" och en känsla av oro/ångest, då börjar det handla om tvångssyndrom.

Depression.

En teori om depressionens positiva funktion är att våra förfäder, när de drabbades av någon katastrof, blev mycket passiva, och höll sig nära hemma i grottan, eller i trädet. Därmed skulle risken minska för att katastrofen åter skulle drabba någon i familjegruppen. Chansen för överlevnad ökade därmed.

Jag tänker mig att det i så fall snarare handlar om sorgens funktion. Sorg och depression liknar varandra i den subjektiva upplevelsen. Men depressionen kan ha sitt ursprung i ett bredare spektrum av orsaksfaktorer. Till exempel dålig självkänsla, eller rent fysiologiska mekanismer, som t ex effekter i kroppen efter långvarig stress.

Det finns en rad faktorer som påverkar depressionsutvecklingen hos moderna människor i vårt västerländska samhälle. I fig. 36 nedan har jag gjort en systemisk bild av faktorer som drabbas vid depression. Bland de ungdomar som kommer till mig med depression är det inte ovanligt att alla de beskrivna faktorerna är ur balans. Sambanden går i båda riktningarna.

Om jag har bra kontakt med andra och får tröst och bekräftelse när jag behöver det så ger det livsenergi och motverkar depression. Men om jag är deprimerad så drar jag mig undan från kontakt med andra.

Om jag roar mig och njuter av livet så ger det livsenergi och motverkar depression, men om jag är deprimerad så undviker jag glada tillställningar och klarar helt enkelt inte av att njuta.

Om jag tänker positivt om mig själv och upplever sammanhang i mitt liv, så ger det livsenergi och motverkar depression, men om jag är deprimerad så kan jag inte tänka positivt om mig själv, och livet känns meningslöst.

Om jag motionerar regelbundet så ger det livsenergi och motverkar depression, men om jag är deprimerad så blir det inget av med motionerandet.

Om jag sover och vilar mig på ett bra och regelbundet sätt så ger det livsenergi och motverkar depression, men om jag är deprimerad får jag oftast störd sömn.

Om jag har omväxlande och regelbundna matvanor så ger det livsenergi och motverkar depression, men om jag är deprimerad får jag oftast störda matvanor.

Om jag vistas ute mycket i utomhusljuset så ger det livsenergi och motverkar depression, men om jag är deprimerad så håller jag mig mest inne.

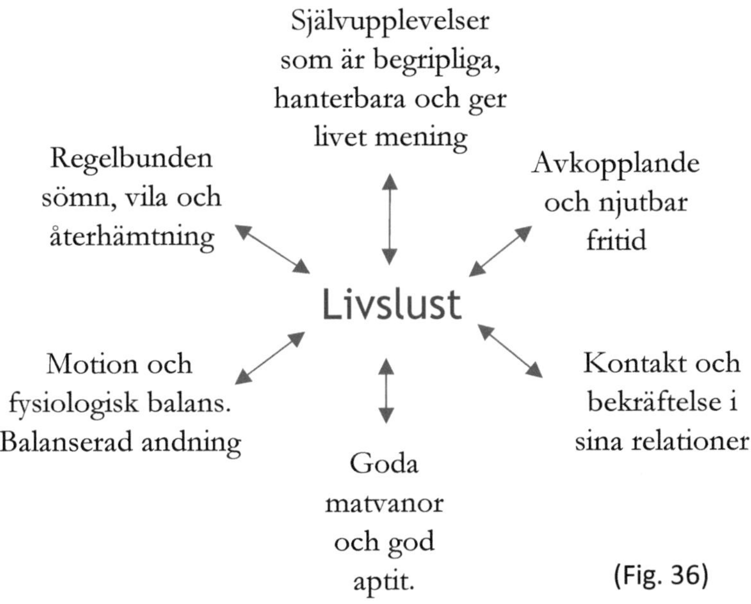

Depression, uttryckt i FRAMES-termer kan bland annat beskrivas så här:

F-faktorn: För lite solljus. För lite påverkan från "glada vänners lag". Färger upplevs mindre skarpa. Världen ser grå ut.

R-faktorn: Fysiologisk utmattning (obalans), vilket påverkar hela FRAMES-systemet.

A-faktorn: Man agerar lång-samt och allt känns tungt.

M-faktorn: Minne, planeringsförmåga, koncentration, tänkande försvåras. Särskilt de exekutiva funktionerna i främre delen av hjärnan "släcks ned" avsevärt.

E-faktorn: Man känner sig nedstämd och ledsen.

S-faktorn: Självkänslan och självförtroendet "får sig en knäck". Självbilden kan bli förvrängd. "Man vill ingenting".

Förändringar i de fysiologiska reaktionerna vid depression är omfattande. Inom sjukvården ställs frågan om en depression är endogen (härrörande från kroppen) som t ex vid underfunktion i sköldkörteln, eller exogen (som reaktion på något i miljön). Orsaken till depressionen kan vara kroppslig, mental eller social eller en blandning, men i alla fall är depression både ett fysiologiskt och ett psykologiskt tillstånd som påverkar tänkande och perception, agerande och känslor om världen och självet/ personligheten.

Aktiviteten i pannloben minskar. De exekutiva funktionerna påverkas; planering, social färdighet och initiativkraft. Tänkandet blir långsammare. Förmågan att se helheter minskar, varseblivningen blir mer inskränkt. I kroppen minskar aktiviteten, man rör sig långsammare, pratar långsammare och får svårare att finna ord.

Några av mina klienter har ätit antidepressiv medicin samtidigt som de gått i samtal hos mig. Man kan känna sig misslyckad över att behöva ta medicin till hjälp, men mediciner kan ha en pedagogisk effekt för dem som kommer ur den djupa depressionen med medicinens hjälp. Depression är ett kroppsligt tillstånd, inte bara ett psykologiskt. Men om man äter medicin, utan att också få ordning på de faktorer som beskrivs i fig. 36, är en bestående förändring ut ur depressionen inte stabil.

Efter att en av mina klienter hade tagit sig ur en depression gjorde vi följande tillbakablick på vilka konsekvenser en depression kan ge. Vi började med att konstatera att depression orsakar dålig självkänsla och negativa tankar om sig själv.

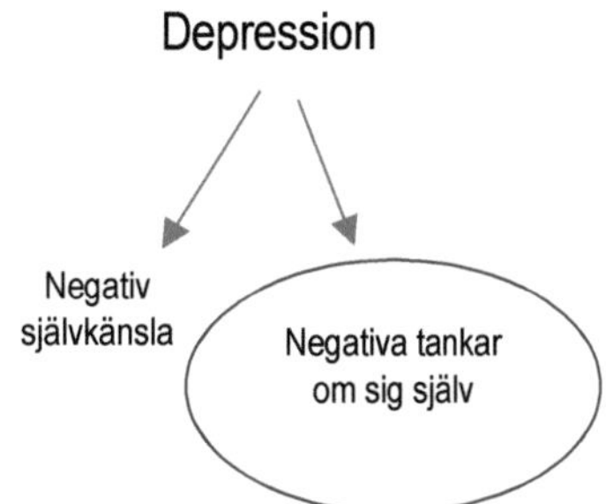

(Fig. 37)

Pga. bekymren blir sömnen dålig och ätandet oregelbundet.
Man minskar nöjen och motion, vilket ger dålig fysik, dålig
kondition. Allt i kroppen går långsamt, även tänkande och
planering. Kroppen reagerar med stress och irritabilitet.

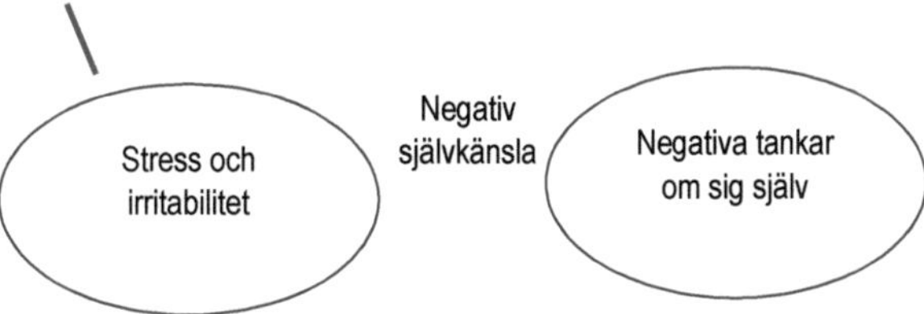

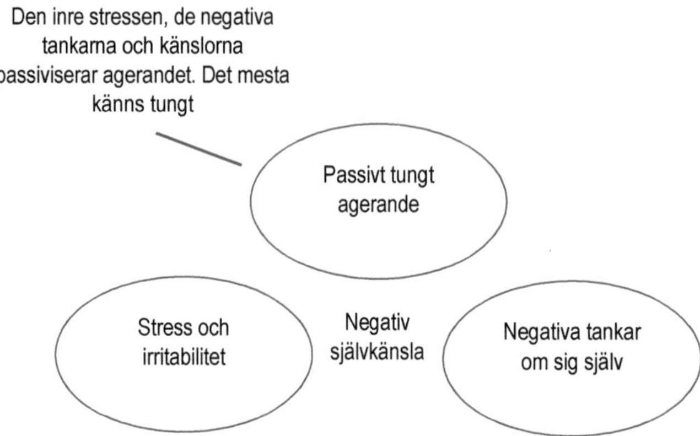

Hela "det inre systemet" och kontakten med andra fungerar sämre och man begränsar sitt umgänge.

Under terapiprocessen hade vi på flera olika sätt bearbetat de uttryck som depressionen hade tagit sig. I mitt arbete på ungdomsmottagningen använder jag ofta figur 36 för att illustrera cirkulära systemiska samband vid depression.

R-faktorn är central vid depression. Den negativa effekten av hyperventilation är ett uttryck för det. Även den positiva effekten av serotoninåterupptagningshämmarna. Vid depression går hela kroppen, inklusive hjärnan, på lågvarv. Man tänker långsammare och mindre abstrakt. Man har svårt att koncentrera sig och att planera och genomföra något (M). Man rör sig långsammare och tyngre (A). Man är inte lika vaken för sinnesintryck, men känner sig ändå lätt överstimulerad (F) på grund av den inre stressen. Man är nedstämd och ledsen (E). Självkänslan (S) sjunker. Om man vill slippa äta medicin hela livet behövs att man kan finna sätt att vända processerna i alla FRAMES-kategorierna till det positiva även sedan man slutat ta antidepressiv medicin.

För det behövs i **F**-faktorn: att jag kommer ut i ljuset. Att jag roar mig, t ex väljer glada filmer även om jag tycker att sorgsna stämmer bäst med min sinnesstämning. Tar emot kramar och tröst från andra.

R-faktorn: att kroppens fysiologi normaliseras som en effekt av mitt agerande, så att ämnesomsättningen inklusive omsättning av hormoner och signalsubstanser fungerar bra.

A-faktorn: att jag sköter om mig själv med vila och sömn, motion, allsidig mat och att jag söker mig till vänner, pratar och försöker förstå.

M-faktorn: att jag stimulerar de mentala processerna med samtal, lagom stimulerande mental aktivitet och formulerar mål i mitt liv, även om det bara handlar om mål för en dag i taget, osv.

E-faktorn: att stämningsläget höjs som en följd av förändringarna i **F, R, A, M** och **S** faktorerna, och det är ju just det som vanligen sker.

S-faktorn: att jag ifrågasätter negativa automatiska tankar om mig själv och ersätter dem med positivt "självprat" s.k. affirmationer.

Två personer kan uppleva samma situation olika, och en och samma person kan uppleva samma situation olika, beroende på sinnesstämningen.

Jag gick förbi en äldre man som satt i sjukhusets foajé och väntade på sjukbussen. En städerska höll på att torka golvet framför honom. Han sa "du kan få komma hem till mig och städa där också om du vill". Kvinna skrattade till och föreföll att vara på bra humör.

Om hon istället hade varit deprimerad eller haft ont kunde hon ha uppfattat hans kommentar som kränkande, och då hade hon förmodligen reagerat med ilska eller med en sur min.

Ett annat exempel handlar om en flicka som hade varit mobbad, och som led av förföljelsemani. Mobbningen hade upphört bl.a. pga. att ledaren hade lämnat skolan. Ofta när de var ute på stan kunde flickan säga till sin mamma; "kolla vad han tittar på mig"!

Mamman, som varit med i denna situation många gånger, och som också blivit uppmärksam på det som skedde på stan hade en annan uppfattning. Hon förnekade att den förbipasserande personen hade tittat speciellt på hennes dotter. Det blev ett dividerande om detta, och både mor och dotter var frustrerade.

När flickan var lugnare så var problemen mindre och när hon var stressad och orolig var problemen större. Vi hade pratat om, och försökt förstå, det som hände utifrån FRAMES och hur selektiv, paranoid varseblivning fungerar.

Resonemanget gick ungefär så här: På grund av att hon hade dåligt självförtroende (S) efter mobbningen tänkte (M) hon ofta, att människor på stan tittade särskilt på henne. Hon blev stressad (R) när hon gick på stan. Hon blev rädd och ledsen (E). På grund av detta såg och hörde (F) hon vissa blickar och tonlägen i röster som hon tolkade (i tanken) som illvilliga och nedlåtande. Hennes gång och kroppsspråk (A) blev spänt och "kantigt".

Jag frågade vilken hjälp som hon skulle vilja ha av mamma. De brukade ofta munhuggas i bilen och ute på stan p.g.a. flickans problem. Hon kunde inte komma på något. Jag frågade om hon ville ta med sig mamma nästa gång till mig. Det ville hon.

När mamma kom pratade vi återigen om hur det var för flickan när de var ute på stan. Eftersom allt blev mycket värre när flickan var ledsen, trött eller stressad kom vi fram till att den bästa hjälpen för flickan kunde vara att hon fick en kram eller någon annan vänlig gest från mamma.

Det skulle kännas bättre än att de skulle bli osams om huruvida flickans tankar och farhågor var sanna eller ej. Eftersom flickan hade neuropsykologiska svårigheter tog det lång tid innan hennes förståelse för den selektiva perceptionens betydelse i förföljelse- manin, men mamman kunde använda sig av våra samtal, när hon i sin tur och tillsammans med flickans lärare, hjälpte flickan att hantera förföljelseidéerna.

Senare i terapin blev det tydligt för henne, att de negativa omdömena om sig själv, som hon tillskrev "de förföljande andra", att de speglade hennes egna negativa åsikter om sig själv.

Om man kramas och upplever trygghet minskar risken för depression, men om man är deprimerad minskar frekvensen av kramar och känslan av trygghet.

Om miljön i hemmet är visuellt stimulerande minskar de- pressionskänslan, och om man är deprimerad verkar hemmamiljön grå.

Om man känner mening i livet, och man känner sig behövd och älskad minskar risken för depression, och om man är deprimerad minskar känslan av mening och att vara behövd och älskad.

Om människorna runt omkring är positiva minskar risken för depression, och om man är deprimerad bli människorna runt omkring mig mindre positiva.

Om man äter en fullvärdig föda minskar risken för depression, och om man är deprimerad äter man sämre.

Om man tänker positivt minskar risken för depression, och om man är deprimerad tänker man mindre positivt. – Detta bekräftar, som jag ser det, att depression liksom andra känslor och behov har totala, systemiska effekter på hela upplevelse- och agerande-systemet.

En medvetenhet och ett erkännande av depression är därför det första steget för att kunna analysera och hantera dessa systemeffekter. Berätta för vänner att "idag känner jag mig nedstämd, och det beror inte på er". Och påminn dig själv om att idag känner jag mig visserligen nedstämd, men jag har haft dagar, och jag kommer att få dagar, när det inte känns så – när jag känner mig uppåt istället.

Erektionssvårigheter eller sexuell olust.

Jag träffade en ung man som hade problem med att erektionen försvann när han skulle ha samlag. Han berättade att han hade bra stånd när han onanerade, och att hans morgonstånd var praktfullt. Inga problem fysiologiskt alltså.

Vi pratade om att ju mer avslappnad han var desto bättre stånd. Att det är ett fysiologiskt fenomen som beror på att ståndet också innerveras av det parasympatiska nervsystemet.

Musklerna som håller kvar blodet i penisskaftet fungerar på samma sätt som musklerna som gör att fåglar kan sitta på en gren och sova. Ju mer avslappnade de är, desto hårdare griper klorna runt grenen som de sitter på.

Sedan pratade vi om vad han tänkte på när ståndet vek sig. Han sa att han tänkte på att "ståndet kommer att vika sig", och därefter vek det sig. Sedan han hade sett det cirkulära sambandet mellan den inre bilden av att ståndet viker sig och det faktum att det vek sig på grund av den inre bilden, experimenterade han med andra inre bilder.

Den onda cirkeln bestod i; inre bild av att ståndet viker sig – stress-reaktion i sympatiska nervsystemet – det *para*-sympatiska nervsystemet blockeras, och ståndet viker sig. Den goda cirkeln bestod i att han känner sig sexuellt upphetsad med ett bra stånd, han tänker på ståndet som det är, han blir varse att hans flickvän är nöjd och de kan tillsammans, med smekningar och långsamt tempo få det hela att fungera. Vid "icke-medicinska" erektions-svårigheter är det de oroande tankarna som orsakar problemen.

Likaså, för kvinnan: Den sexuella upphetsningen, lubrikationen, (fuktningen av slemhinnan i vagina), svullnaden i vagina och "klitoriserektionen" hämmas av stress och ångest.

Om nervositeten är så stor att det parasympatiska nervsystemet inte lyckas ta över från det sympatiska alarmsystemet, och lugna kroppen, så fungerar inte heller kvinnans sexuella upphetsning. Känslan av att vara omhändertagen och trygg ger en avslappning som skapar förutsättningarna för den sexuella upphetsningen.

Neuropsykiatriska funktionshinder och sårbarheter som vid ADHD, DAMP, Aspergers syndrom, autism, Tourettes syndrom, språkstörning m.fl.

Vi lever i en tid av lovande nya uppslag till hur vi ska kunna förstå svårare psykiskt lidande. Både neurofysiologin och neuro-psykologin utvecklas snabbt, inte minst på grund av nya möjligheter att fotografera hjärnan i arbete. Den dåliga kontakten mellan barnpsykiatrin och vuxenpsykiatrin håller på att förbättras. Man börjar upptäcka samband mellan neuro-psykiatriska funktionshinder hos barn och vuxenpsykiatriska diagnoser. Problemen är mångfacetterade. Någon har sagt, att "vi är alla olika, men personer med neuropsykiatriska problem är extra olika".

Exempel på svårigheter som kan drabba personer med neuropsykologiska funktionshinder:

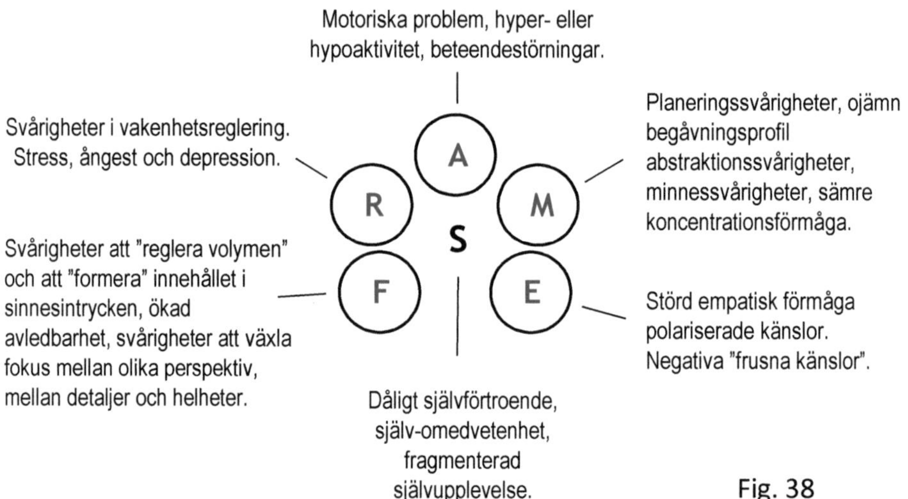

Fig. 38

Om barn med dessa svårigheter lever i en ostrukturerad, stressad miljö är det lätt att förstå att de är mer sårbara, blir mer stressade än mer tålmodiga barn. Stress eller "arousal" i centrala nervsystemet kan aktiveras av både rädsla och aggression. Det handlar om fysiologiska alarmreaktioner (R) som påverkar alla de andra processerna i FRAMES. Eftersom barn med neuropsykologiska svårigheter oftare hamnar i situationer som skapar stress just på grund av sina svårigheter kan man förstå varför många av dessa barn beter sig som om de levde under hot även i de stunder när inget yttre hot finns. Koncentrationssvårigheter och bristande impulskontroll skapar stress, men också det omvända är sant. Stress skapar koncentrations- svårigheter och bristande impulskontroll.

Funktionshindren startar lätt en ond spiral. När man är lugn och trygg är det lättare att lära sig nya saker, att tänka och agera flexibelt. Det är lättare att byta perspektiv, att förstå hur andra tänker och känner, och varför de agerar som de gör. Ett barn med neuropsykologiska funktionshinder påverkas i hela sin existens av svårigheterna, som kan vara mentala, perceptuella och motoriska i grunden, men som också för de allra flesta resulterar i fysiologisk stress, och påverkar känslolivet och självupplevelserna negativt (sammanhang på A-nivå: se textrutan på nästa sida).

Eftersom barnet upplever fler olika negativa FRAMES än andra barn, t.ex. misslyckanden i klassrummet, kommer det naturligtvis att vilja vara någon annanstans än i klassrummet. Han/hon föredrar att vara ute på rast, hemma eller på fritidshemmet osv. (sammanhang på B-nivå i textrutan).

När barnet växer upp till att bli ung vuxen, och närmar sig en yrkesutbildning, kommer han/hon lätt in i inre konflikter mellan gamla känsla-för-skolan-FRAMES och framtids-FRAMES (med drömmar om någon yrkesutbildning som kanske kan resultera i ett åtråvärt arbete – sammanhang på B-nivå).

När den unga mannen/kvinnan pratar med vuxna (lärare och föräldrar) som kanske har visioner eller förslag om vad som skulle kunna vara bra för honom/henne beträffande studieteknik, skolplacering, yrkesval osv. uppstår lätt konflikter mellan barnets upplevelser och den vuxnes upplevelser, om det inte finns en tillitsfull, öppen och kreativ kommunikation mellan dem (sammanhang på C-nivå i textrutan).

Analysnivåerna

A-nivå: Dynamiken mellan de olika faktorerna i FRAMES? Hur påverkar stressnivån ångestnivån? Hur påverkar stressnivån tänkandet? Etc.

B-nivå: Mellan två eller flera olika delar inom samma individs psyke (integrerade eller dissocierade med psyket som helhet). T.ex. "Barnet inombords" som stressar en vuxen person när han/hon ska hantera en viss situation. Inre konflikter och dilemman.

C-nivå: Samspel mellan två subjekt. T.ex. den enes beteende uppfattas av den andre så att denne i sin tur påverkas i sitt agerande mot den förste. Samspel på gruppnivå (i en dyad, en triad osv).

D-nivå: T.ex. att en individs selektiva uppmärksamhet och agerande påverkas av det som "ligger i tiden" i samhällsutvecklingen (analyser på sociologisk nivå).

Med de samhällsförändringar som sker kanske det inte finns arbetsuppgifter som passar för den som har de neuropsykologiska funktionshindren, och en utslagning ligger hotande nära.

FRAMES -analys av alkoholpåverkan

Några vanliga effekter av en liten mängd alkohol sett i ett FRAMES-perspektiv

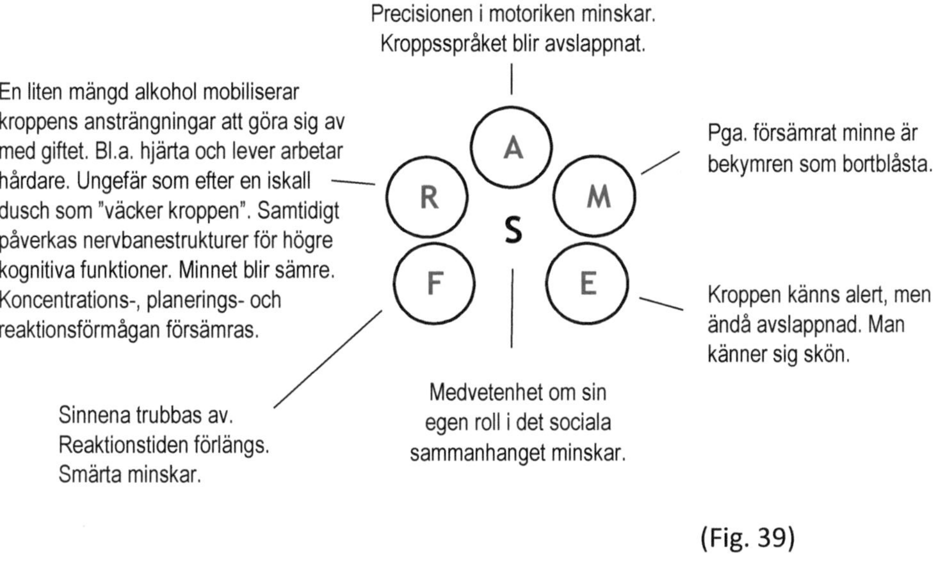

(Fig. 39)

Vid stora doser av alkohol minskar varseblivningen av yttre och inre stimuli ytterligare. Samverkan mellan syn och balanssinne rubbas (F). Alkoholens påverkan på hjärnstammen kan vid större doser leda till medvetslöshet (R). Man blir efterhand allt klumpigare, faller omkull. Artikulationen fungerar inte (A). Tankeverksamheten försämras, och upphör vid alltför stora mängder (M). Känslor (E) och självupplevelser (S) går inte att komma ihåg om vakenheten blir tillräckligt låg.

Efter långvarigt bruk av alkohol kommer den perceptuella förmågan (F) att försämras på grund av skador på nervbanorna (R). Förorenad sprit leder i värsta fall till blindhet. Personer med långt gången alkoholism lyfter ofta fötterna extra högt (A), och går bredbent för att parera den dåliga precisionen i muskelsinnet (det kinestetiska sinnet). Man agerar lynnigt.

Den mentala förmågan (M) försämras även i nyktert tillstånd. Många minnesluckor och skadorna i nervsystemet, saboterar förståelsen av hur världen fungerar. Ett falskt själv (S), som kanske fanns redan före alkoholberoendet, kan fortsätta att utvecklas. Man lurar sig själv och andra för att legitimera missbruket. Viljelivet (S) cirkulerar kring alkoholen. Många fysiologiska reaktioner (R) kommer ur balans på grund av skadorna i nervsystemet och i inre organ. Känslolivet (E) blir torftigare och mindre förutsägbart. Motorik och språk (A) minskar i precision.

Outredda meningsmotsättningar.

Ibland, ja kanske till och med ganska ofta i vissa relationer, blir meningsmotsättningar inte utredda. Båda parter är kanske upprörda, men ingen klarar av att avsluta konflikten på ett bra sätt. Istället kanske man inte låtsas om den och lever vidare i relationen tillsammans med en hel del andra "oavslutade affärer".

Och listan över oavslutade affärer ökar efterhand som tiden går. Det innebär, att om parterna närmar sig "minerad mark" så händer det något i varje FRAMES-faktor:

F: båda ser den andre i ett negativt ljus, och lyssnar med ett negativt "lyssnarfilter".

R: båda blir lätt stressade när de närmar sig frågor som är "heta" i relationen.

A: båda väljer att "hålla större avstånd" till varandra. Konflikter undviks eller blommar upp med stor energi då och då.

M: båda tänker allt mer negativt om varandra, och kanske även om möjligheterna till samförstånd

E: båda blir lätt nedstämda, ledsna eller irriterade i varandras sällskap.

S: bådas självkänsla utmanas lätt i kommunikationer/ transaktioner med varandra.

På samma sätt som på de föregående sidorna kan man FRAMES-analysera många olika psykosomatiska, systemiska samband. De första exemplen i början av detta kapitel handlade om ömsesidigheten mellan FRAMES-kategorierna, två och två. Men i verkligheten handlar psykosomatiska, eller för den delen psykosociala processer aldrig om endast två faktorer, utan om en växelverkan mellan många.

När vi väljer att fokusera en begränsad del av ett system, som består av miljön, psyket och kroppen, i ständig växelverkan med varandra (som "kommunicerande kärl"), så kan vi göra det med gott samvete, bara om vi kommer ihåg, att vi har "zoomat in" begränsade delar i större sammanhang.

Man kan behöva ägna mycket uppmärksamhet åt komplexiteten i tillvaron för att förstå sig själv, och inte minst psykoterapeuter behöver utöva mångfaktoriellt, systemiskt tänkande för att kunna hjälpa sina klienter att förstå sina socio-psyko-somatiska processer.

I arbetet att upptäcka negativa och positiva orsakssamband finns oftast just den komplikationen, att det är flera viktiga faktorer som interagerar och att sambanden därmed blir svåra att tolka.

"Om jag är snäll mot andra, så är de snälla mot mig." Det påståendet kan sägas vara sant, men det är en sanning med modifikation. Om jag är snäll mot andra så till den milda grad, att jag förnekar mig själv och mina behov kan jag bli utnyttjad av andra, och det kan ju inte sägas vara snällt mot mig.

Många biologiska, psykologiska och sociala samband följer schematiskt, på ett ungefär, den upp-och-ner-vända U-formen i fig. 40 som handlade om en ambitiös gymnasieelev som blivit orolig över att hennes studieresultat hade dalat:

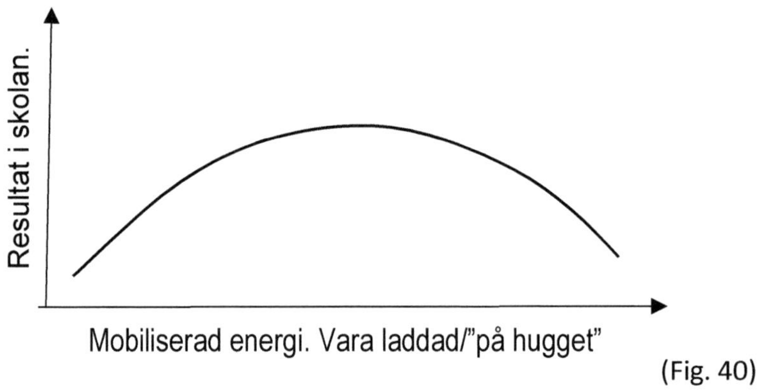

(Fig. 40)

Fenomenet; samband som uttrycks i den upp-och-nervända U-kurvan, kan uppstå på grund av att fler än två faktorer finns med i ett *komplext system*.

Hon tänkte så här: "Ju mer tid jag lägger ner på att läsa läxor, desto bättre resultat i skolan". Men det var en sanning med modifikation på grund av att flera andra faktorer var inblandade (trötthet och leda). Det raka positiva sambandet mellan skolresultat och tid som hon la ner på läxläsning hade gällt under hela hennes högstadietid.

Men efter att hon börjat gymnasiet hade det hela gått till överdrift. Sambandet hade övergått från att vara positivt till att bli tudelat. Om hon la ner för mycket tid på läxläsning blev resultatet sämre.

Efter skolan läste hon läxor under eftermiddagen och kvällen fram till klockan två på natten i stort sett varje skoldag. När hon satte en "deadline" för läxläsning (klockan 21) blev hennes skolresultat bättre.

Anorektiska kvinnor, som fått störningar i självbilden tänker att "ju smalare - desto vackrare". Detta samband kan gälla till att börja med, men så småningom böjer kurvan av eftersom smalheten efterhand övergår i utmärgling, med allt vad det innebär av fysiologisk stress och labilt humör som stör "den inre skönheten".

Jämviktsmekanismer bygger på cirkulära samband. När något rubbas ur jämviktsreglerande cirkulära sammanhang uppstår ofta "onda cirklar".

Kapitel 6

Utveckling av FRAMES till upprepade mönster i självupplevelse och personlighetsdrag

Vad är det som gör att olika människor kan bli så olika i sin personlighet? De flesta föräldrar som har flera barn har upplevt både likheter och olikheter i sina barns personligheter.

Olikheter i t ex temperament och känslighet för stimulering kan man urskilja redan när barnet är nyfött, och det finns kvinnor som säger sig märka det redan när barnet ligger i magen.

De flesta studier som gjorts av arvets och miljöns betydelse för den psykiska utvecklingen visar att man bör ställa frågan; *på vilket sätt* interagerar miljön med arvet? Dvs att miljön påverkar arvet (epigenetisk forskning) och arvet påverkar miljön. Vårt agerande har effekter på vår livssituation.

Eftersom man bara existerar i sitt eget liv är det omöjligt att i helhet jämföra sina upplevelser med en annan människas upplevelser. Tillvaron och upplevelsen av att finnas till (att vara jag) i världen är ett mysterium som jag inte hoppas på att kunna få en förklaring till. Ändå kan jag inte undvika att förundras över och fundera på detta fenomen.

På en nivå skulle jag vilja reflektera över detta på följande sätt:

Upplevelsen av ett kontinuerligt jag beror på att nya FRAMES-processer (psykiska och biologiska processer) bygger på gamla FRAMES-nervspår.

Det är återupprepningen som skapar kontinuitetsupplevelsen av självet. Återupprepningen gör också att utveckling blir möjlig.

Damasio (2002) skriver: "Anledningen till att kroppsrepresentationerna är så väl avpassade för att beteckna stabilitet är den anmärkningsvärda invarians som kroppens strukturer och operationer uppvisar. Under individens utveckling (från barndomen över vuxen ålder och även till den tidiga ålderdomen) förblir kroppens design eller planlösning i stort sett densamma.

Kroppen förändras visserligen i storlek, men de grundläggande systemen och organen förblir desamma under hela utvecklingen och de operationer som de flesta komponenter står för förändras föga eller inte alls. Detta gäller för både skelett, leder, muskler och (framför allt) för inälvor och den inre miljön." Damasio pekar här på kroppskonstitutionens betydelse för upplevelsen av kontinuitet.

Kan man beskriva personlighetsutveckling i FRAMES-termer? Hur sammanlänkas/integreras upplevelsespår i FRAMES?

Man kan ta sig an den frågan både ur ett humanistiskt *upplevelseperspektiv* och ur ett observerande, *naturvetenskapligt* perspektiv. I livets början, när agerandet är omedvetet (på reflexnivå) torde en eventuell självupplevelse i första hand vara sinnlig, komma av yttre sinnesintryck; hörselintryck, doft, smak och hudkänsel och av sinnesintryck från den egna kroppen.

Efterhand, när återupprepning och agerande börjar ge effekter (göra skillnad) på vilka sinnesintryck barnet upplever så utvecklas minnen och mentala flöden.

Kinestetiska intryck (från muskelsinnet), vestibulära intryck (från balanssinnet), lukt och smakintryck, visuella intryck (från synsinnet), auditiva intryck (via hörseln), taktila intryck (via beröring) börjar lagras i minnet.

Motorisk planering och exekutiv kontroll börjar utvecklas som en samordnande process. När spädbarnet upptäcker och "studerar" sin hand gör hon/han det med hjälp av många olika intryck. Visuellt, taktilt, kinestetiskt och lukt och smak genom att stoppa den i munnen.

Den exekutiva planeringen börjar efterhand integrera intryck från muskelsinnet, synen, hörseln, balanssinnet och hudens sinnen, och lukt och smak Intrycken integreras med den motoriska planering som är en av anledningarna till att dessa intryck kommer till stånd.

Efterhand som barnet utvecklar den motoriska förmågan så ger det allt större effekter på F-flödena. Det börjar med att barnet, förutom upplevelserna av mamma och världen, "upptäcker" sig själv (dvs. sin kropp) och genom dessa erfarenheter utvecklar nya färdigheter som leder till att barnet kan förflytta sig (A), vilket leder till nya erfarenheter F, R, M och E.

Det ger möjlighet till ytterligare nya intryck från balanssinne, syn, hörsel, huden, muskelsinne osv. På grund av detta tänker jag mig motorisk planering (exekutiva funktioner, den egna viljan) som en central faktor i utvecklingen av självupplevelsen.

Jean Ayres (1983) beskriver sensorisk integration som: "en organisering av de sinnesintryck som ska användas. Sinnena informerar oss om den egna kroppens fysiska tillstånd och om den värld vi lever i. Sinnesintrycken flyter in i hjärnan likt åar som flyter ut i en sjö. Det sker ett konstant flöde av otaliga sinnesintryck till hjärnan, inte bara från ögon och öron utan även från kroppen i övrigt. Vi har ett speciellt sinne som känner av gravitationen och den egna kroppens rörelser i förhållande till jordens dragningskraft. Hjärnan måste organisera alla dessa sinnesintryck om individen ska kunna röra sig, lära sig saker och ting och bete sig normalt. Hjärnan lokaliserar, sorterar och ordnar sinnesintrycken – ungefär som när en trafikpolis dirigerar trafiken. När flödet av sinnesintryck är välordnat och integrerat, kan hjärnan använda det till att bilda perceptioner, beteenden och inlärning. Om flödet av sinnesintryck är kaotiskt, kan livet bli som en trafikstockning vid rusningstid". Hon skriver senare i boken att "hjärnans psykiska och sociala funktioner är baserade på sensomotoriska processer. Den sensoriska integration som sker när barnet rör sig, pratar och leker är en förutsättning för den mer komplicerade sensoriska integration som krävs för att läsa, skriva och uppföra sig på ett önskvärt sätt. Om de sensomotoriska processerna organiseras ordentligt under de första sju åren, får barnet lättare att tillägna sig intellektuella och sociala färdigheter längre fram i livet" (Ayres).

Också när ett nyfött barn upplever sig själv och mamma, är alla FRAMES-faktorerna involverade. Mamma tar hand om barnet. Det är hon som under den första tiden ser till och tar ansvar för att barnets fysiologiska reglering fungerar tillfredsställande.

Greenspan (1981) kallar denna reglering för homeostas. Allt biologiskt liv regleras av homeostasmekanismer. Ekologisk balans präglar inte bara naturen i stort, utan också människans inre natur.

Mamma skyddar barnet från alltför starka intryck av ljud, ljus, lägesförändringar, kyla, hetta, hunger, törst, kiss och bajs o.s.v. Trots det utsätts barnet för en enorm mängd behagliga och obehagliga stimuli, objektivt sett. Både utifrån och inifrån.

Men det är bara en del av allt detta som är möjligt att börja integrera i den första självupplevelsen och i den första omvärlds-upplevelsen. Anledningen är att hjärnan visserligen har alla de nervceller som behövs, men den övervägande delen av dessa har ännu inte börjat bli sammankopplade via synapser. Det är bara de mest basala förprogrammerade hjärnbanestrukturerna som är uppkopplade gentemot varandra. Synskärpan är anpassad till att se bäst på ett par decimeters avstånd. Lagom för att uppleva mammas ansikte och brösten med skärpa. Luktupplevelsen av mamma jämfört med luktupplevelsen av andra kvinnor kan barnet skilja på.

Stress- och lugn-och-ro-hormoner, som ger de första känsloupplevelserna, integreras med intrycken från de yttre sinnena – som ger de första integrerande FRAMES-upplevelserna, på en mycket låg utvecklingsnivå. Kan FRAMES-modellen vara till nytta för pedagoger? Kan man planera sin undervisning med FRAMES-modellen som referens?

Jag hoppas det. Inlärning har att göra med alla FRAMES-faktorerna. I förskolepedagogiken ingår både sinnesträning (F), färdighetsträning (A) och språk- och begreppsinlärning (M).

Om man, som ofta sker i undervisningen på universitetsnivå, prioriterar teoretisk inlärning av akademiska fakta och begrepp ägnar man sig i första hand åt att utveckla tänkandet och därigenom också perceptionen. Man påverkar studenternas uppmärksamhet gentemot världen genom att påverka deras tänkande om världen, deras "världsbild". Man pluggar in kunskap från böcker och hoppas att eleverna ska minnas denna kunskap, och därigenom bädda för att kunskapen ska användas i framtiden på något sätt.

Men inlärning av fakta och begrepp blir intressantare för eleverna om de också får ta ställning till vilka känslor (E) och värderingar (M + E) som väcks när de kommer i kontakt med dessa fakta och begrepp. Det stärker också självkänslan (S) och relationen till läraren, och det är motivationshöjande, att läraren intresserar sig för vilka känslor och värderingar eleverna har om de fakta och begrepp som man ägnar sig åt.

Under tiden som jag skrivit denna bok har jag haft en hög motivation för att lära mig ord- och bildbehandling med hjälp av word- och powerpoint-programmen, och till slut PageMaker programmet i min dator.

Boken, och datakunskap har stimulerat mig och därigenom har det retikulära aktiveringssystemet ökat min vakenhet och energi (R). Jag har varit extremt mottaglig för ny kunskap som handlar om ord- och bild- och layoutbehandlingsprogrammen. Jag har börjat tillämpa nyvunnen kunskap omedelbart (A). Jag tycker att jag haft ovanligt lätt att komma ihåg det nya (M). Jag har gillat (E) min dator och programmen i den eftersom de hjälpt mig i bokskrivandet.

Jag har känt mig som datakunnig person under tiden jag skrivit och en stor del av mitt intresse och min vilja har varit fokuserade till datorn och boken (S).

Några år innan jag började skriva boken gick jag en kurs på jobbet för att lära mig grundläggande datakunskaper. Den kursen var bra, men min motivation var inte lika stor som när jag verkligen behövde kunskaperna för att skriva boken. Jag upplevde också en stor skillnad i inlärningen under datagrundkursen jämfört med inlärningen nu när jag engagerar mig i bokskrivandet och har stora behov av att kunna utnyttja dataprogrammens potential maximalt.

Motivationen att lära är en viktig del i inlärningen. Viljan har sina rötter i (M) tänkande (begriplighet), (E) känslor och (S) självupplevelser (meningsfullhet), (F) feedback från omvärlden och från kroppens (A) färdigheter i agerandet (hanterbarhet), och den påverkar i högsta grad (R) grundläggande fysiologiska processer som vakenhet och energi.

Under inlärningen sker fysiologiska förändringar i hjärnan. Dels faciliteras de synapskopplingar i hjärnan som används mycket och dels uppstår nya kopplingar, vilket är en reell fysiologisk förändring.

Stern resonerar i boken "Spädbarnets interpersonella värld" kring hur studiet av spädbarn sker från två olika utgångspunkter. Den ena är den moderna spädbarnsforskningen bl.a. med hjälp av videoinspelningar ("det observerade barnet"), och den andra är när terapeuter tillsammans med sina klienter försöker återskapa den subjektiva upplevelsen av spädbarnstiden inom ramen för psykoterapi ("det kliniska barnet").

I fig. 41 har jag placerat in FRAMES-modellen i ett sådant sammanhang.

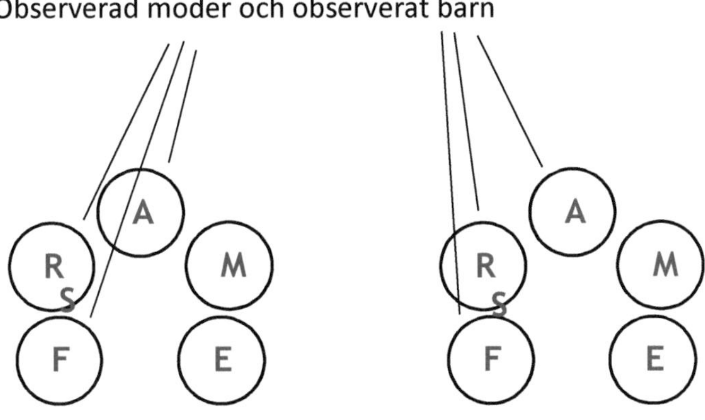

(Fig. 41)

I matrisen på sidan 38 har jag placerat F R och A i ena änden (naturvetenskaplig objektiv psykologi) och M, E och S vid andra änden (subjektiv berättande psykolog) på ett kontinuum.

Det är förvisso problematiskt att göra så eftersom en beteendeforskare (observatör) visserligen ser vilken situation som det handlar om men inte kan veta säkert vad som en individ verkligen lägger märke till (av allt som är möjligt att lägga märke till i situationen).

F-faktorn ska nog egentligen hänföras till subjektiv berättande psykologi eftersom det bara är klienten själv som någorlunda preciserat kan berätta vad som egentligen triggat igång beteenden, tankar och känslor.

F, R, A, M, E och S-faktorerna är alla något som kan upplevas, och är beståndsdelar i det kliniska barnet och den kliniska modern.

Vi kan observera vilka stimuli som finns nära ett barn, barnets agerande och göra observationer och mätningar av fysiologiska processer, men vi kan inte säkert veta vad barnet selektivt uppmärksammar och tar in via sina sinnen.

Det är en viktig pusselbit även i psykoterapi att man allt mer börjar få en uppfattning om hjärnans utveckling under spädbarnstiden.

Hur upplever ett spädbarn tillvaron? Går det att i vuxen ålder bearbeta spädbarnsupplevelserna? Om en klient vill göra det, och känner att det är viktigt för att komma vidare och kunna lämna barndomens trauman bakom sig – kan man då lägga pussel med vad man vet om klientens livssituation när hon eller han var spädbarn, kombinera det med vad klienten subjektivt minns, och med antaganden som grundar sig på observerande spädbarnsstudier?

I familjeterapi skulle man kunna säga att både "det observerade" och "det kliniska" barnet finns i terapirummet, här och nu. Terapeuterna både observerar och samtalar med barnet. Detsamma gäller förstås också mamman, pappan och syskonen.

Föräldrar som vill möta sina barn kring det som hände under barnets första år har större möjlighet att göra det om de själva har bearbetat (ev. i egen terapi) och förstått sitt eget livsöde, den glädje och sorg som funnits i deras liv.

Hur var deras sociala situation och deras FRAMES när de i vuxen ålder fick sitt barn? Vad var det som påverkade dem? Vilken slags stress hade de i sig? Hur agerade de för att hantera sin situation? Hur var deras självupplevelse då?

Om förprogrammerade mönster i barns psykiska utveckling

Följer samspelet mellan föräldrar och barn de mönster som finns genetiskt förprogrammerat i oss? Tomas Ljungbergs huvudpoäng i sin bok "Människan kulturen och evolutionen" är följande: (så som jag tolkat honom). Människosläktet har genom årmiljonernas evolutionstryck utvecklat gener, som är "utmejslade" till att fungera i en jägare-samlare-kultur.

Under den historiskt sett relativt korta tid (c:a 10000 år) som gått sedan jordbruk uppstod, och inledningen till den teknologiska kulturen började, har vår arvsmassa inte förändrats i nämnvärd utsträckning. Eftersom vårt mänskliga sätt att bete oss, och framför allt vårt sätt att reagera känslomässigt, inte bara beror på inlärning (kultur), utan också på ärvda nervbanestrukturer i centrala nervsystemet (natur), så borde det vara naturligast för oss att leva i en sådan ursprunglig samhällsordning som jägarna-samlarna upprätthöll.

Vårt sätt att reagera inför rädsla, stress, glädje, sorg, ilska, sexualitet o.s.v. torde vara bäst anpassat till ett sådant sätt att leva. Låt oss nu göra ett försök att föreställa oss att leva i en jägaresamlarekultur. Vad skulle det innebära?

Vi skulle leva i små släktgrupper. Skolan skulle inte finnas. Elljuset skulle inte finnas, så dygnsrytmen skulle vara stabilare och barnen skulle ligga tätt intill sin mamma. Kapitalism vore otänkbart. Miljöförstöringen orsakad av människor skulle vara försumbar. Dvs inte större än andra djurarters, som lever i ekologisk balans.

Sexindustri och drogsyndikat vore otänkbara. Varje åldersgrupp skulle bestå av några få individer. Lärandet skulle kännetecknas av de yngres beundran och iver att härma de närmast äldre barnen.

Ungdomarna skulle inte behöva uppleva så stor existentiell ångest över yrkesval eller val av partner som ungdomar gör i vår tid. De ungas träning i de vuxnas kunskaper och färdigheter skulle kunna beskrivas som en lång utdragen lärlingstid.

De yngsta barnen skulle ha konstant tillgång till mamma, och kunna trösta sig genom att dia, eller åtminstone "snutta" på brösten upp till och med tre års ålder. Den närmaste och stabila familjegruppen skulle bestå av 20 – 50 personer.

Jämför detta med dagens familjeliv, daghem och jätteskolor. Undersökningar av stresshormoner hos förskolebarn visar starkt samband med barngruppens storlek. En grundskollärare som jag träffade sa att det finns två kritiska gränser för en skolas storlek. Den första går vid att man inte längre känner alla barnen vid namn. Den andra går vid att man inte längre känner igen alla eleverna till utseende.

När och hur sker speglingen av barn i vårt moderna samhälle? Den spegling som är så viktig för att barnet ska utveckla sitt sanna (autentiska) själv.

"Ett barn kan inte växa och bli sig självt utan kontakt med föräldraskap. En människas personlighet, och förverkligandet av den, är totalt beroende av denna speglings-process. Allt det byggnadsmaterial hon har och som krävs för att hon ska kunna bygga upp sitt jag: känslorna, behoven, förmågan, begåvningen – allt det här finns så att säga bakom hennes rygg och hon kan själv inte se det. Därför blir bara det som får synas i speglarna framför henne synligt också för henne själv". (Tommy Hellsten 1999)

Thomas Ljungberg hjälper oss med sin bok att reflektera över skillnaderna mellan ett liv i ett jägar- och samlarsamhälle, och vårt moderna samhälle. Skillnaderna kan sammanfattas på följande sätt: Vi har nu mindre fysisk kontakt, mindre känslomässig kontakt och annorlunda amningsmönster. Etologiska jäm-förelser mellan primaterna visar att människor sannolikt är genetiskt "programmerade" att amma, eller åtminstone då och då suga brösten upp till och med treårsåldern.

Syskon föds nu tätare. Många föräldrar är ensamstående. Närgruppen (den utvidgade familjen) är splittrad. Äldre släktingar finns inte som uppbackning till föräldrarna. Renlighetsträningen är annorlunda. Vi har nu formaliserad inlärning/utbildning i stora grupper. Vi har mycket ofta förekommande indelning i åldersgrupper. Barnen är distanserade bort från föräldrarnas verksamhet. I jägar- och samlar samhället var livet tuffare på andra sätt, men det var med största sannolikhet mycket mer överskådligt.

I mitt arbete som terapeut vid en ungdomsmottagning har jag haft många anledningar till att reflektera över detta. Hur mycket av den ångest och depression som jag möter som psykolog på ungdomsmottagningen beror på vårt levnadssätt i den högteknologiska västerländska kulturen, med förskolor som kännetecknas av stora barngrupper med fragmenterad vuxenkontakt?

Naturligtvis går det inte att svara på det, men jag är övertygad om att detta är en av de viktigaste förklaringarna till barns och ungdomars psykiska ohälsa, och därför är det otroligt viktigt att vi vuxna återtar vårt vuxenansvar och blir mer närvarande och vägledande i barnens liv.

Om hur barnets och föräldrarnas FRAMES utvecklas i samspel

Både mammans och pappans här-och-nu-FRAMES förändras under graviditeten och efter förlossningen. Kvinnans FRAMES påverkas av de hormonella förändringarna (R) under graviditeten. Hennes mentala fokus (M) kommer att påverkas av graviditeten och tankarna på det kommande barnet. Och också (F) formeringen av intryck från omgivningen påverkas.

Mamma ser barnvagnar och pregnanta magar på ett annat sätt än innan hon var gravid. Hon kanske redan nu börjar (A) förbereda kläder och annat som behövs när barnet är fött. Även den blivande pappan går igenom förändringar. För hans del handlar det inte på samma sätt om hormonella förändringar. Han kanske tänker på det kommande barnet (M), förbereder familjelivet på olika sätt, t.ex. med att tillverka en vagga (A) eller göra i ordning den säng som barnet ska ligga i.

Föräldrarna får en ny självbild (som mamma och pappa). Man brukar säga att en gravid kvinna blir "mer hudlös".

Hon blir mer labil och kanske gråtmild. Det sker en psykisk anpassning till den nya situationen som förälder där kommunikationen med barnet främst ska ske på ett emotionellt/ intuitivt plan.

Men tiden när kvinnan är gravid kan både för henne och mannen också innebära bekymmer och sorg, om relationen till den andre inte är bra. Om mannen är på väg att bli ofrivillig pappa innebär det bekymmer, som gör att anknytningen till barnet, när det är fött, kan påverkas negativt.

Jag önskar alla barn att få bli födda av föräldrar som längtar efter att bli föräldrar. Men så är det ju tyvärr inte. Och det förefaller som att det oftast är den blivande pappan som inte är mentalt beredd när det är dags, även om båda föräldrarnas känslor för barnet kan utvecklas under graviditeten, och när barnet är fött.

Integration av FRAMES i ett barns utveckling börjar med samspelet och anknytningen till mamma. Mammas uppenbarelse innebär att mamma är nära barnet, och stimulerar barnets sinnen. Mamma bär barnet vilket leder till stimulering av balanssinnet och motoriska reflexer hos barnet. Den taktila beröringen stimulerar lugn-och-ro-hormonerna i barnet. Efterhand börjar de första gryende mamma-och-jag-upplevelsemönstren gestaltas.

Winnicott beskrev det han kallade "good-enough-mothering". Det väsentliga är att "mamningen" är "tillräckligt bra" - inte att den är utan frustrationer. Det ger möjlighet att lära sig att hantera FRAMES-samspelet med livsglädjen i behåll trots frustrationer. Livet fungerar ju en gång för alla så att det innebär en blandning av tillfredsställelser och frustrationer. Hunger blir till mättnad, törst kan släckas, trötthet blir till vila, ensamhet kan bli till kontakt, kyla till värme, tyngd till lättnad osv.

Det kan till och med vara så att viljelivet, och utvecklingen av personligheten, självförtroende och självkänsla förutsätter frustrationer. Att barnet gång på gång får uppleva sekvensen behov–agerande–tillfredsställelse.

Om behoven upp genom åren blir tillfredsställda omedelbart, innan barnet ens hunnit uppleva och uttrycka dem blir inlärningen ofullständig. Det lär sig inte den naturliga cykeln: behov, som stimulerar eget agerande, vilket leder till behovstillfredsställelse, med åtföljande självkänsla. "Jag *klarar* att ta hand om mig själv. Jag är *inte* hjälplös, och utelämnad till andras gottfinnande". Om man inte lär sig detta under sin uppväxt skapar det problem för barnet på dess väg in i vuxenlivet.

Det ingår också i utvecklingen av känslomässig kontakt, att kunna hantera den kombination av frustration och tillfredsställelse som finns i kontakten mellan två människor, i en två-subjekt-relation. Att kunna hantera och begripa, att likaväl som jag har tankar känslor och behov, så har också mamma, pappa, syskon, och senare min lärare, mina klasskamrater, min livskamrat, min chef, mina arbetskamrater också tankar, känslor och behov. En bra relation kännetecknas av ett behov av ömsesidighet.

Ordet *objekt*-relation som är gängse i psykoanalytisk litteratur har en tendens att påverka associationerna bort från det självklara, att alla relationer mellan två eller fler människor handlar om samspelet mellan två eller flera agerande *subjekt*.

Även om mammabarnsamspelsmönstret är "tillräckligt gott" så kommer barnets upplevelser av mamma-och-jag att "åka hiss". Ena stunden är jagupplevelse färgad av lugn-och-ro i kroppen, och en annan stund är jagupplevelsen färgad av obehag i kroppen. Barnet har den ena stunden en "frånstötande känslor" (emotion kommer av latinets emotion som egentligen betyder "rörelse bort"), och den andra stunden är mamma attraktiv.

Om allt går som det ska kan barnet uppleva en tillräckligt stark förväntan om tillfredsställelse. Dvs att barnet kan uppleva både positiv förväntan och frustration. Hoppet har avgörande betydelse för den framtida emotionella och empatiska utvecklingen.

Om barnet senare ska klara av att vara i konflikt med mamma (och senare pappa och andra), utan att förlora tilliten behövs denna positiva förväntan även i osämjan. Det blir senare viktigt för förmågan till en hängiven kärleksupplevelse. Dvs. att ge sig hän utan oroliga reservationer i ett kärleksförhållande.

Oron över att bli övergiven leder lätt till en "självuppfyllande profetia". Rädslan leder till en defensiv hållning med misstro och anklagelser som frestar på förhållandet. Det tycks finnas en biologiskt förprogrammerad föreställning om att i mammas närhet finns trygghet och tillfredsställelse. Det nyfödda barnet har gripreflexer, som i sig utgör en "biologisk förväntan" om tillfredsställande samspel med mamma. Så småningom blir rörelserna bort från, och tillbaka till mamma, allt mer viljestyrda.

Förväntningarna formas olika hos olika barn. I anknytningen är antingen barnet eller mamman, eller båda aktiva i att komma nära, eller i att dra sig undan från den andra. Ju mer av positiv förväntan på samspelet som barnet kan behålla under stunder av frustration, desto bättre för barnets möjlighet att integrera ett tillräckligt trygg självupplevelse.

Bowlby, en av anknytningsforskningens grundare menade att anknytningsmönster är starkt kopplade till emotioner. "Många av våra intensivaste känslor uppväcks under framväxten, upprätthållandet, avbrytandet och förnyandet av anknytningsrelationer.

Framväxten av relationsband beskrivs som att bli förälskad. Att upprätthålla ett relationsband beskrivs som att älska någon. Att förlora ett relationsband beskrivs som att sörja någon.

Vidare är det så, att hot om förlust av ett relationsband väcker ångest och en verklig förlust väcker sorg. Och båda dessa erfarenheter väcker ilska. Ett ohotat upprätthållande av ett relationsband upplevs som en källa till glädje" (Cassidy & Shaver).

Drivkraften till anknytning till vårdnadsgivare är den första viljeyttringen i en människa. Denna viljeyttring är också drivkraften till sammankopplingen av FRAMES-upplevelserna. Viljans utveckling är senare, under hela livet, den kraft som integrerar FRAMES. Det kan finnas många anledningar till att barn och ungdomar misslyckas med att behålla autentiska, energigivande, nyanserade känslor och relationer.

Orsaken kan vara neurofysiologiskt funktionshinder eller social problematik, och växelverkan mellan båda. Barnet kan vara fött med någon känslighet eller något funktionshinder som gör det svårt att begripa, hantera eller finna mening i det som sker. Det kan vara så att mamma och pappa, av olika skäl, inte kan hantera barnets behov (av "mamning", kärlek, konsekvens, tydliga ramar, tydlig feedback på sitt beteende).

De osammanhängande självupplevelsemönstren blir som en mosaik av olika FRAMES utan sammanhållande kitt emellan. Det kan resultera i ett mycket komplicerat förhållande till mamma och/eller pappa. I överförd bemärkelse riskerar det att drabba alla kommande intima anknytningar i betydelsefulla relationer.

Det blir då viktigt att barnet som vuxen (kanske i terapi) bli medveten om, att hen har detta splittrade, polariserade sätt att möta andra. Det är viktigt för att han/hon ska kunna få hopp om att det är möjligt att uppleva, och lita på, en nära, betydelsefull relation på gott och ont. Alla människor är ju på gott och på ont. Om en kärleksrelation är tillräckligt god och håller tillräckligt länge, kan en nyanserad integrering av upplevelsen av den andra personen ändå växa fram och läka den gamla "mosaik-upplevelsen".

Det blir möjligt att svara an med hela sig själv inklusive sina innersta känslor av frustration och övergivenhet, inför den andra personen, utan att förlora sin upplevelse av kärlek till henne/honom.

Jag träffade en mycket begåvad ung man en tid på ungdomsmottagningen. Han mådde dåligt och berättade om ett mycket brokigt liv som han hade levt. Flera omvälvande flytt-ningar. Olika styvfäder som han hade levt med. Många olika klasser i skolan som han gått i. Han kände att han inte passat in någonstans. Han blev lätt spektakulär i sitt sätt att vara. Det var hans sätt att "passa in". Och han trivdes med att vara så. Hans humör åkte hiss rejält och snabbt. Vi hade pratat om polarisering inombords. Han blev lätt extrem i det han företog sig.

Polariseringen hos honom gjorde att jag fick en känsla av att han gick in i olika roller istället för att vara äkta gentemot sig själv. Han berättade om hur han agerade i olika situationer. Hans berättelse gav intrycket av att han spelade upp rollerna på ett nästan automatiserat sätt. Polariseringen i honom verkade gälla alla FRAMES i för honom välkända roller. Det verkade som om varje roll var "total", dvs varje roll gestaltades av olika FRAMES, som han kastades mellan, utan att ha kontakt med andra roller.

Han var hjälplös. Han kunde inte hjälpa att han kastades mellan så olika stämningslägen (E), olika sätt att tänka (M) och uppleva världen (F), och olika sätt att agera (A).

Vid ett tillfälle fick jag en idé om att jag skulle kunna illustrera polariseringsfenomenet på whiteboardtavlan. Jag frågade om det var OK att göra det. Han svarade ja.

Jag sa; "vi får se om du kan få ut något av det." Och jag började med att rita upp fig. 42a. Han hade då pratat om just dessa polariteter i känslorna.

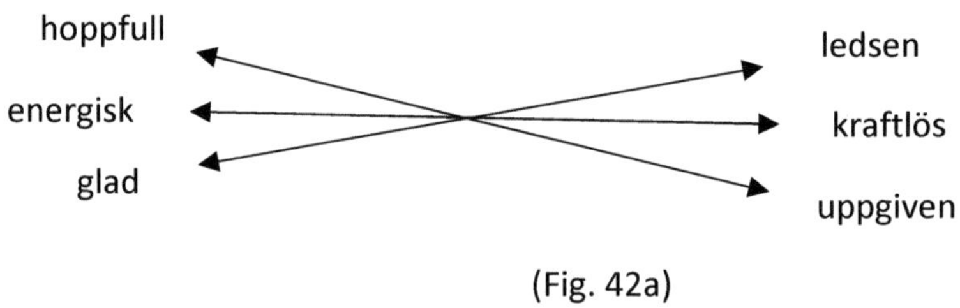

(Fig. 42a)

Därefter sa jag. "Om man pendlar från ytterlighet till ytterlighet, och aldrig är på skalan någonstans i mitten – (jag suddade ut mitten av bilden så som i fig. 42b på motstående sida) - så blir det så här":

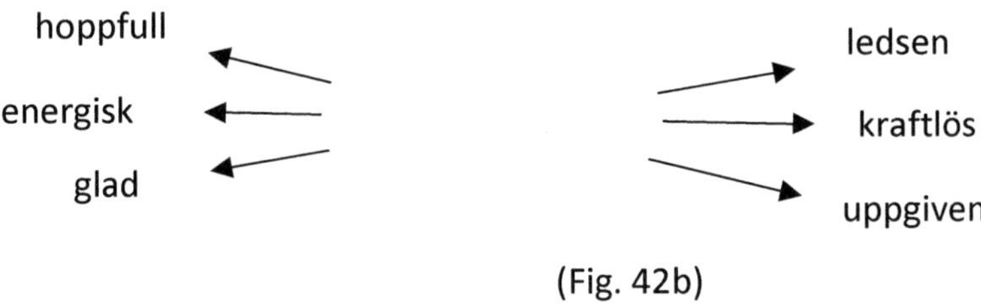

(Fig. 42b)

"Det blir som om man inte har en kärna i sig, som kan hjälpa en att ta sig över från den ena sidan till den andra." Han nickade ivrigt. Vi pratade om att det är OK att befinna sig i polariteterna, men att målet är att inte bara kunna vara där utan kunna vara överallt på skalan och att kunna "förflytta" sig på skalorna med hjälp av självreflektion och experimenterande, och därigenom bli mindre offer för omständigheterna inombords och av hur relationerna fungerar.

De kraftiga svängningarna i upplevelserna (humör, tänkande och agerande) brukade komma utan att han kunde påverka dem. Det bara blev så p.g.a. vilken situation han råkade befinna sig i.

Han behövde utveckla uppmärksamheten på sig själv, tillståndet i kroppen, tankar, känslor, sitt eget agerande. Han behövde kunna säga till sin omgivning t ex att "nu är jag trött" om han var det, istället för att leva upp till en roll som överdrivet glad energisk och hoppfull, om han ändå inte kände så. Om man i förhållande till vissa personer och situationer pendlar från ytterlighet till ytterlighet, och nästan aldrig är i mellanområdet, så är det rätt sannolikt att man är dåligt integrerad med sig själv. Dvs. man har brist på integration av känsla, förståelse och agerande i självet i förhållande till den personen/gruppen

205

och/eller den situationen. Man har svårt att lugna sig själv, att reflektera över sig själv, att agera nyanserat.

Att kastas mellan polariteter är ett tecken på bristande integration mellan varseblivning/tänkande/agerande å ena sidan, och fysiologiska reaktioner/ känslor å andra sidan. Det visar på behovet av bearbetning av det som finns inombords.

För personer i omgivningen blir det en stress att möta den lynnighet och inkonsekvens i agerande och tänkande som blir följden av polariteterna i självkänsla och personlighet.

Barn med neuropsykologiska funktionshinder drabbas ofta dubbelt av polariserade FRAMES. Funktionshindret kan ligga i perceptionen. Förmågan att tänka abstrakt och att vara flexibel i sin uppmärksamhet och i sina mentala strategier kan vara störd (M). Förmågan att reglera vakenheten i vaket tillstånd kan vara drabbad (R). Motoriken kan vara störd (A).

Tyvärr blir barn med sådana svårigheter dessutom ofta missförstådda. Då uppfattas de som lynniga, oberäkneliga och ilskna (E). Andra barn och vuxna är ofta inte i emotionell kontakt med dessa barn.

Det resulterar i att neurofysiologiska och sociala faktorer förstärker varandra i en negativ spiral. Men om vuxna bekräftar barnens svårigheter, (vilket förhoppningsvis kan leda till en accepterande medvetenhet om deras svårigheter) kan både barnen och vuxna i deras värld få ökad förståelse för sina beteenden, och sina frustrationer.

När det fungerar riktigt bra kan de vuxna och barnen/ungdomarna hjälpas åt att komma till rätta med de problem som uppstått p.g.a. funktionshindret och dess konsekvenser.

Min bild av den totala njutningen i tillvaron är bilden av en njutande baby i famnen på en avspänd och njutande mamma som glömt bort tiden. Mamma har glömt bort tiden, därför att hon inte har någon förnimmelse om att hon ska, eller vill vara någon annanstans än här och nu tillsammans med sitt barn.

Hennes sinnen, tankar, känslor och agerande är fokuserade på en och samma sak, nämligen samvaron med barnet. Hon känner ro och harmoni, och samhörighet med alla mödrar i världen. Babyn är utsövd, har fått mat, har bajsat, är ren och lagom varm. Avspänningen och upphetsningen över allt intressant och njutbart finns där samtidigt.

De som haft lyckan att uppleva detta har något att jämföra med, som gör det möjligt att orientera sig i tillvaron. Det är denna upplevelse hos barnet som, om barnet får uppleva den tillräckligt ofta, är en värdegrund som gör det möjligt för barnet att värdera vad som är gott, och vad som är möjligt att förvänta sig av tillvaron.

Denna lustupplevelse ska så småningom integreras med föreställningar om vad livets realiteter innebär när vi blir äldre och får större ansvar för vårt välbefinnande. Det blir mer och mer på vårt eget ansvar att kunna befinna oss i liknande njutningsfulla helhetsupplevelse som den njutande babyn.

De som inte har denna jämförelsemöjlighet, eller som misslyckas att integrera sina successiva upplevelser, och ta hand om sig själva, på ett sätt som omvärlden tycker är rimligt, riskerar att fastna i polarisering, ett falskt själv, indignation och förgrämdhet.

Vägen ut ur detta och in i möjligheten till en vuxen njutbar integrerad helhetsupplevelse av sig själv måste då få ta tid. Personlig utveckling och terapi tar tid. Först behövs en ökad medvetenhet om att man är polariserad i sina upplevelser.

Därefter kan en känsla av nya valmöjligheter växa. Därefter en period av experimenterande av nya tankar och beteenden, som kan resultera i nya känslor i nya helhetsupplevelser.

Tidigt i barnets utveckling är det "mamningen" och stödet från pappa kan hjälpa barnet att "hålla ihop sig själv" i alla kast mellan ytterligheter av känslor, tankar, formering av perceptionen (sätt att uppfatta det som barnet är med om), sätt att agera och kast i självkänslan.

Senare blir kamrater viktigare och viktigare. Det är en sorglig paradox, att samtidigt som man själv blir tonåring, och skulle behöva konsekvent feedback på sig själv för att få en begriplig spegling av sig själv, att dra nytta av i sin utveckling, så får man, på grund av sin fokus på jämnåriga, inkonsekvent feedback på sig själv på grund av att de jämnåriga kompisarna också är inne i en turbulent utvecklingsperiod i sitt liv.

Många tonåringar prövar olika attityder, utseenden och beteenden, med tvära kast från situation till situation, från månad till månad, och ibland från dag till dag.

De "tar ut svängarna" ordentligt och bli "extrema". Det är ett sätt att undersöka både sig själv, sin självupplevelse och att undersöka hur omvärlden reagerar på detta. Ungdomarna har en stor inneboende energi att öka sin medvetenhet och upptäckta nya valmöjligheter, och gå ut och pröva oprövade upplevelser.

De nya ovana "hormon-stormarna" ger energi. Men de ger också humörsvängningar som kan vara mycket påfrestande, både för ungdomarna själva och för omgivningen. Självupplevelserna kan vara allt från nyanserade till splittrade ("svartvita"). Det kan ha sina rötter i att integreringen av tidigare upplevelser inte varit tillräckligt genomarbetade. Han eller hon har ingen tillräckligt god helhetsupplevelse av sig själv och av världen.

Det är ur terapeutisk synpunkt en avgörande skillnad mellan;

(1) att möta och hjälpa tonåringar som har en tillräckligt god helhetsupplevelse av sig själva, och som experimenterar med olika attityder och beteende, och

(2) att finna ett sätt att möta och hjälpa tonåringar som har en splittrad grundstruktur i sina FRAMES. I det senare fallet behövs så mycket mer engagemang och tid, för att hjälpa klienten att integrera hela sin upplevelsevärld till en förståelse på en övergripande nivå. Dvs. att hjälpa honom/henne att "omfamna" hela sig själv och sina sinsemellan till synes oförenliga upplevelser av sig själv i världen.

FRAMES, och relationen till den sociala miljön

För att analysera socialt samspel (social ekologi) behöver vi både reflektera över oss själva och våra medmänniskor. Vilka FRAMES pågår i oss själva och i våra medmänniskor? Hur utbyts känslor och tankar? Om vi vill beskriva social ekologi, dvs. familjeliv, skolans sociala miljö, arbetsliv och samhällskultur måste vi också ta hänsyn till förändringar när tiden fortskrider.

Hur förändras samspelet mellan individens sinnliga uppmärksamhet, affekter, sätt att tänka, och agera efterhand som tiden går? När individen själv förändras, förändras den sociala miljön. Och när den sociala miljön förändras, förändras samspelet i FRAMES.

När FRAMES anpassas till miljön, och när miljön anpassas till FRAMES, så sker en synergi-process (FRAMES SET-process, om tid förkortas till T kan social ekologi med hänsyn tagen till tiden sammanfattas till SET = social ekologi i tiden).

FRAMES utvecklas med den sociala ekologin och den sociala ekologin förändras med tiden.

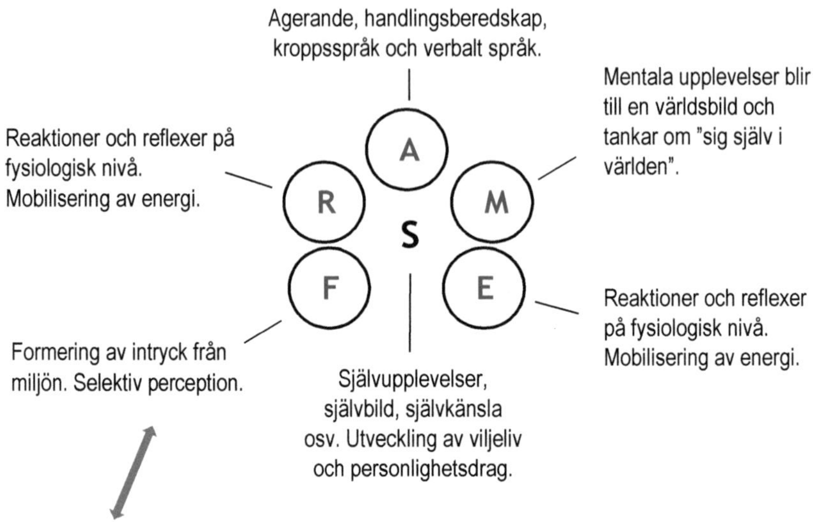

(Fig. 43)

Erik Homburger Erikson skriver i sin bok "Barnet och Samhället" att individens utveckling sker i tre samtidiga förlopp: "det somatiska, jagets och det sociala eller samhällsorienterade. I vetenskapens historia har dessa processer tillhört tre olika vetenskapsgruppers arbetsområde. Biologin, psykologin och samhällsvetenskaperna".

"I samtliga fall har en vetenskap sålunda avgjort problemen i förväg genom att upplösa helhetssituationen och göra isolerade tvärsnitt, som är åtkomliga för (just den) vetenskapens speciella instrument och begrepp."

Erikson har som ideal att i kliniska terapeutiska processer studera de tre nämnda förloppen (det kroppsliga, jagets och det sociala) som tre aspekter i samma förlopp.

Om psykosomatiska händelser, hemma och i skolan återupprepas och bildar mönster (minnesspår) så utvecklas självet och personligheten utifrån detta. Återkommande mönster (automatiserade "motorvägar" av synapskopplingar) som innebär stress eller olycka är särskilt viktiga att analysera och förstå.

Om jag t.ex. varje gång jag blir speglad, i andras försök att hjälpa mig att se mina "blinda fläckar" blir kraftigt stressad (R) och tänker att; "den personen vill mig inte väl", riskerar jag att mitt automatiserade försvars-FRAMES sätter krokben för min egen utveckling.

Det blir svårare att lyssna på kritik på ett konstruktivt sätt. Mitt försvars-FRAMES behöver också analyseras och förstås. Feedback från omgivningen och psykosomatiska reaktioner påverkar agerande, tänkande och känslor inför världen.

En ung man sa i ett terapisamtal: "jag förstår inte varför det sitter kvar så länge" när vi pratade om ett utseendeproblem som objektivt sett inte fanns kvar längre (utstående öron). Jag använde då FRAMES-strukturen för att illustrera hur det före detta utseendeproblemet kom att "byggas in" i hans självupplevelse (S), hans agerande (A) och hans sätt att se (F) på sin plats i familjen och i samhället.

Hans kommentar blev då: "Ja, så tycker jag verkligen att det är. Jag kände på mig att det inte var så enkelt att det bara berodde på en enda sak" (utstående öron). När "rollen som snygg" var upptagen fick öronen bli symbolen för hans "fulhet".

Men hans problem med sin självbild hade "infiltrerat" många av hans FRAMES. De hade påverkat hans beteende, hans tänkande om sig själv, hans känslor ja hela hans självupplevelse.

Erikson (1954) beskrev hur han tänkte att ett antal sociala teman påverkar självupplevelserna efterhand som livet fortskrider. I den processen kan det uppstå en polarisering av självupplevelserna i följande polariteter. (1) Tillit–misstro, (2) autonomi–skam/tvivel, (3) initiativ–skuld, (4) verksamhet– underlägsenhet, (5) identitet–identitets-förvirring, (6) intimitet–isolering, (7) generativitet–stagnation och (8) integritet–förtvivlan.

Man skulle kunna säga, att terapi är att utvecklas från ett "antingen-eller" till att bli förtrogen med "både-och", samt att kunna känna allt mer av tillit, självständighet, initiativ, verksamhet, identitet, intimitet, kreativitet och integritet.

Eriksons variabler skulle också kunna analyseras utifrån FRAMES-strukturen. Vilka tankar (M) finns inbakade i t.ex. underlägsenhetskänslan (S) hos en viss person? Hur påverkar det agerande och kroppsspråk (A)? Hur påverkar det upplevelsen av den feedback som personen får från omgivningen (F)? Hur påverkar underlägsenhetskänslan känslolivet i övrigt (E)? Vilka psykosomatiska effekter (R) kan det ge?

En ung man som kom till mig på grund av depression hade gått hemma och funderat på något som vi pratat om under den förra terapitimmen. Vi hade pratat om "självprat". Han hade kommit underfund om att han "mobbade sig själv" i sitt självprat. Han hade sagt till sig själv att "han var sjuk i huvudet, överkänslig, äcklig och passar inte in med någon".

Han ville ha hjälp av hypnos för att komma i kontakt med minnen från när han var yngre. Han återupptäckte då känslan hos den glada, positiva kille som han varit när han var liten. Nu ville han få hjälp att försvara den glada positiva killen inom sig gentemot den dömande negativa ledsna unga man som nu för tiden dominerade hans upplevelse av sig själv.

Han fick gestalta de båda delarna av sig själv genom att ömsom sitta i en stol där han var den glada positiva lilla killen, och ömsom sitta i en stol där han var den dömande negativa unga mannen. I dialogen blev det tydligt att han hade en annan sida i sig också. Det var en observerande reflekterande logiskt tänkande analytiker. Så det blev ett "samtal på tre" (fyra mig inberäknat). De tre positionerna i stolsarbetet överensstämde mycket väl med de tre jagtillstånd som Eric Berne har beskrivit i sin Transaktionsanalys (se fig. 43).

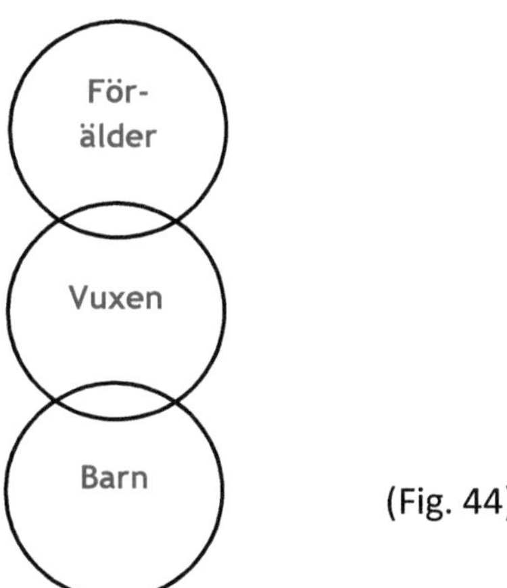

(Fig. 44)

Men man skulle också kunna säga att han gestaltade tre jagtillstånd som kunde kallas "ledsen, dömande ung man", "glad, livsbejakande liten pojke" och "analyserande, forskande ung man" som är målmedvetet inställd på att finna ett sätt att må bättre, och därför har valt att gå till psykolog för att få hjälp.

Med "föräldrajagtillstånd" menas, enligt James och Jongeward, "attityder och beteenden som härrör från yttre källor, i första hand föräldrarna. Utåt uttrycks det ofta gentemot andra genom ett förutfattat, kritiskt och fostrande beteende. Inåt upplevs det som gamla föräldrabudskap som fortsätter att påverka det inre Barnet".

Föräldrabudskap bygger på oreflekterade känslor, både på gott och ont. Gott om det leder till värme och kärlek, och ont om det leder till otillräcklighetskänslor, inskränkthet, tvångsmässighet och eller en generaliserad trotsattityd.

"Vuxenjagtillståndet är inte relaterat till en persons ålder utan till den nuvarande verkligheten och objektiv insamling av information. Det är organiserat, anpassningsbart, klokt och fungerar genom att testa verkligheten, uppskatta sannolikheten och beräkna – allt utan känslomässig inblandning".

Vuxenjaget är med andra ord förnuftigt, rationellt, klokt och rättvist. Jag tycker dock att det kan ifrågasättas, om förnuftigheten, klokskapen och känslan för rättvisa verkligen kan utövas om man inte också har en känslomässig inblandning. (min egen reflektion)

"Barnjagtillståndet omfattar alla impulser som är naturliga för ett spädbarn. Det omfattar även arkiveringar av barnets tidigare upplevelser, reaktioner inför dessa och de livspositioner barnet intog beträffande sig själv och andra. Det kan uttryckas som ett urgammalt (arkaiskt) beteende från barndomen" (James & Jongeward). Om man vill beskriva olika jagtillstånd skulle man också kunna tala om "fler-jag-FRAMES".

Olika FRAMES som alla är en del av min personlighet, kan vara i konflikt med varandra på samma sätt som Freuds överjag, jag och det kan vara i konflikt med varandra. De olika "del-jag-

FRAMES kan vara "tärande" (innebära onda cirklar) i samspelet sinsemellan istället för att vara "närande" (innebära goda cirklar) i samspelet med varandra. Möjligheten att i stolsarbete identifiera de olika delarna i personligheten gör att det blir möjligt att analysera och förstå sig själv.

En ung kvinna kom till mig för att få hjälp med sin depression, som hon utvecklat efter att vid ett tillfälle blivit utsatt för ett sexuellt övergrepp av en bekant till hennes pappa. Vi gick igenom händelseförloppet i övergreppet, som hade skett när hon var tretton år. Hon såg sig själv som lika skyldig som pappans arbetskamrat till det som hade hänt. Efter en del frågor från mig kunde hon tänka sig att pappans arbetskamrat var lite mer skyldig än hon var. Men hon kunde inte se sig själv som ett offer eftersom hon hade "agerat" på ett sådant sätt att hon tyckte att hon var delaktig i det som skedde.

Hon prövade att gestalta den anklagande sidan och den anklagade sidan av sig själv i ett stolsarbete. Hon hade en inre konflikt som innebar att hon anklagade sig själv för det som hade hänt (dynamik på B-nivå). Hon mådde jättedåligt när hon agerade i den anklagades position - hon förefoll nästan förvirrad. I den dömande positionen mådde hon bättre och kände att "det här är min plats".

Nästa terapitimme tittade vi närmare på hennes minnes-FRAMES (en beskrivning på A-nivå). Hon såg sig själv som skyldig, eftersom hon inte hade agerat, och därför att hon hade blivit sexuellt upphetsad. Hon hade blivit "tagen på sängen" i dubbel bemärkelse. Hon hade inte tidigare haft något sexuellt umgänge. Hon var inte intresserad av pappas arbetskamrat. Hon var tretton år.

Men hon hade i efterhand fokuserat på det faktum att hon blev sexuellt upphetsad (R) när pappas arbetskamrat satte sig bredvid henne och började smeka henne (F). Hon kände att det var skönt (E) och hon tänkte att det var skönt (M). Hon agerade inte, utan låg orörlig (A). Det var vad som hade skett.

Det hade inte kommit till något samlag. När jag hade ritat upp hennes FRAMES från den gången det hände, kunde hon för första gången börja se det som skett på ett nytt sätt. Eftersom FRAMES-uppställningen fanns där, kunde vi gång på gång, från olika infallsvinklar, reflektera kring det som skett.

En process påbörjades i vilken hon kunde ifrågasätta sitt tidigare tänkande kring det som hänt. Vi pratade bl.a. om att sexuell upphetsning är en kraftig fysiologisk reaktion. Den påverkar genomgripande både tänkande och varseblivning. Det är därför som den är kopplad till sociala regler för hur man ska hantera den. Pappas arbetskamrat borde känna till reglerna och följa dem. Man kan inte begära att hon, som trettonåring ska ta på sig skulden för det som skedde.

Det är ett helt orimligt straff som hon ger sig själv när hon går in i en depression på grund av sitt tänkande om händelsen. Hon kunde börja byta ut sin första bild (den skyldige) mot den nya bilden (som oskyldig) vilket gjorde att hon efterhand kunde komma ur sin inre konflikt.

Efterhand som livet fortskrider, och man upplever inre konflikter, kan man förhoppningsvis (och många gånger behövs verkligen hjälp utifrån) integrera erfarenheterna i en övergripande förståelse. En viktig del i den personliga mognaden och den ökade förmågan att förstå och hantera livet är utvecklingen av *självreflektions-FRAMES*.

Självreflektion är att reflektera över sitt agerande (A), sitt tänkande (M), sina känslor (E), sin perception (F), sina kroppsliga reaktioner (R) och att reflektera över sina självupplevelser (S).

Denna aktivitet (själv-reflektion), som när den växer fram förutsätter prat (A) och efterhand ett slags inre självprat (Mentalt Agerande), väcker i sig tankar (M), känslor (E), kroppsliga reaktioner (R), påverkar, och påverkas av andras feedback gentemot mig (F), och ger i sig upphov till självupplevelsen att vara någon som reflekterar (S). Självreflektions-FRAMES kan alltså sägas vara det som gör att jag upplever att jag finns till som en individ, och att jag är just jag.

Förmågan till självreflektion är avhängig den kognitiva (M) utvecklingen. Jean Piaget (Baldwin 1967) har beskrivit i grova drag fyra utvecklingsstadier i den mentala utvecklingen. Tänkandet utvecklas från konkreta sinnesbaserade upplevelser, här och nu, till allt mer abstrakta tankeoperationer.

Det första stadiet, som i stort innefattar de två första levnadsåren karaktäriseras av "sensomotoriska" mentala upplevelser. Enligt Piaget innebär "sensomotoriskt tänkande" att det bara är sådant som upplevs här och nu, via sinnen, inklusive muskelsinne och andra inre kroppssignaler, som barnet "tänker".

Men redan under de första två levnadsåren utvecklar barn avsiktligt agerande, som förutsätter minnen av sådant som barnet inte kan uppleva här och nu via sina sinnen. Det innebär att stadieindelningen inte kan ses som stadier med skarpa gränser mellan varje fas, utan som en kontinuerlig utveckling av tänkandet.

Under de första levnadsåren, och med hjälp av sina sinnen och sin rörelseförmåga bygger barnet upp en förspråklig förståelse av världen. Gradvis skiljer barnet ut sig själv från andra, dvs börjar förstå att det är något skilt från saker och från andra levande, och barnet bygger upp praktiska föreställningar omvärlden, om tid och rum, om orsak och verkan.

Det andra stadiet som Piaget kallat "det preoperationella stadiet", omfattar perioden 2-6 år. Barnet är då fortfarande starkt bundet till de omedelbara sinnesintrycken. Tänkandet är egocentriskt och i huvudsak intuitivt. Förmågan att tänka med utgångspunkt från klassificeringar, relationer och kvantiteter är starkt begränsad, men utvecklingen av symboliska funktioner (språk, fantasi, låtsaslek och imitation) sker successivt.

Piagets *tredje stadium*, som han har kallat "de konkreta operationernas stadium" omfattar åldern 6-8 år. "En elementär form av logiskt resonerande blir nu möjlig. Det som tidigare var intuitioner blir nu operationer för klassificering och serialt ordnande. Barnet förmår att fatta relationen mellan delar och helheter. De omedelbara sinnesintrycken dominerar inte längre lika starkt. Mängden material uppfattas som oförändrad även om ett objekt ändrats till formen (t.ex. en lerklump som plattas ut). Även om barnet i sitt tänkande fortfarande är bundet till det åskådliga, det konkreta, är det ändå på väg att få ett sammanhängande och integrerat kognitivt system med vars hjälp det kan organisera och hantera omvärlden" (National-encyklopedin).

Denna förmåga att i tanken vända ett händelseförlopp, att kunna vända ett logiskt tänkande (t.ex. att inse att en lerklump innehåller lika mycket lera oavsett hur den knådas till olika utseenden), gör det möjligt att utveckla allt abstraktare tankeoperationer.

Det sista utvecklingsstadiet enligt Piaget kallas *"de formella tankeoperationernas stadium"*. Förutom att utveckla förmågan till abstrakt tänkande om saker och ting i omgivningen, utvecklas också förmågan att i sitt inre även kunna föreställa sig "sig själv" i en mer "utmejslad, rikare" föreställning, som kan innefatta mer av unika egenskaper och personlighetsdrag. Det är vanligt att barn med handikapp i detta stadium kan få en jobbig period, när de börjar förstå innebörden i sitt handikapp i en vidare bemärkelse. Kommer handikappet att vara livet ut? Hur blir det när jag blir stor och ska ta hand om mig själv, helt själv. Barn med måttligt eller gravt förståndshandikapp kommer inte in i detta stadium av abstrakt tänkande. Därför är deras reflektioner över sig själva mer konkreta. T.ex. "jag kan måla en hund, lika som henne".

Förutom det som Piaget beskrivit, dvs utvecklingen av abstraktionsförmågan, finns fler dimensioner i utvecklingen av den mentala faktorn i FRAMES.

Förmågor som är viktiga för tänkandet i allmänhet, och inte minst för förmågan till självreflektion. Det handlar om koncentrationsförmåga, minneskapacitet, bedömningsförmåga, uppmärksamhetsspan och förmåga att byta uppmärksamhets-fokus i en given situation (mental flexibilitet).

Den mentala utvecklingen påverkas också av miljöns inflytande. Är miljön allsidigt och naturligt stimulerande? Vilken pedagogisk hjälp får barnet och vilka inlärnings-möjligheter erbjuds? Hur samspelar barnets tänkande med de övriga FRAMES-faktorerna? Trygghet och glädje påverkar inlärningen positivt. Möjligheten att få pröva på och uppleva saker praktiskt underlättar inlärning och tänkande.

Utvecklingen av självupplevelser och självreflektions-FRAMES är viktiga för att kunna bearbeta såväl utvecklingskriser som traumatiska kriser. För att kunna uppleva "känsla av sammanhang" (begriplighet, hanterbarhet och meningsfullhet) i livet är självreflektion en viktig färdighet.

Den förmågan utvecklas i samspel med andra som i sin tur har att handskas med sina egna FRAMES, inklusive sina själv-reflektions-FRAMES, som alltså i stor utsträckning beror på mental utveckling.

Barn och ungdomars liv innebär många relationer i skolan och på fritiden. Det är en viktig del under uppväxten att lära sig hantera relationer till jämnåriga, till yngre och till äldre.

Erfarenheter från familjen inverkar på hur relationer till kamrater kommer att gestalta sig. Familjers inre liv kan se mycket olika ut. I vissa familjer har barnen stort inflytande på familjelogistiken. I andra familjer är det inte så.

Därför kommer de tre jagtillstånd som Eric Berne har beskrivit i sin transaktionsanalys; föräldrajagtillstånd, vuxenjagtillstånd och barnjagtillstånd att kunna utformas på många olika sätt.

Ömsesidiga vänskapsförhållanden innebär att man omväxlande leder eller blir ledd i samarbetet i att hantera vardagsproblemen. Att vara ledare kan man vara "på en skala" allt från att fungera som demokratisk ledare till att fungera som härskare.

Något som kan orsakar störningar i kommunikation och själv-reflektion är det topdog-underdogspel som beskrivs med utgångspunkt från positionerna i fig. 45.

Jämlika relationer gör det lättare att vara öppen och äkta i möten med andra. Men att befinna sig i under eller överläge kan göra att öppenhet och inre balans får lida till förmån för kamp eller flyktbeteende.

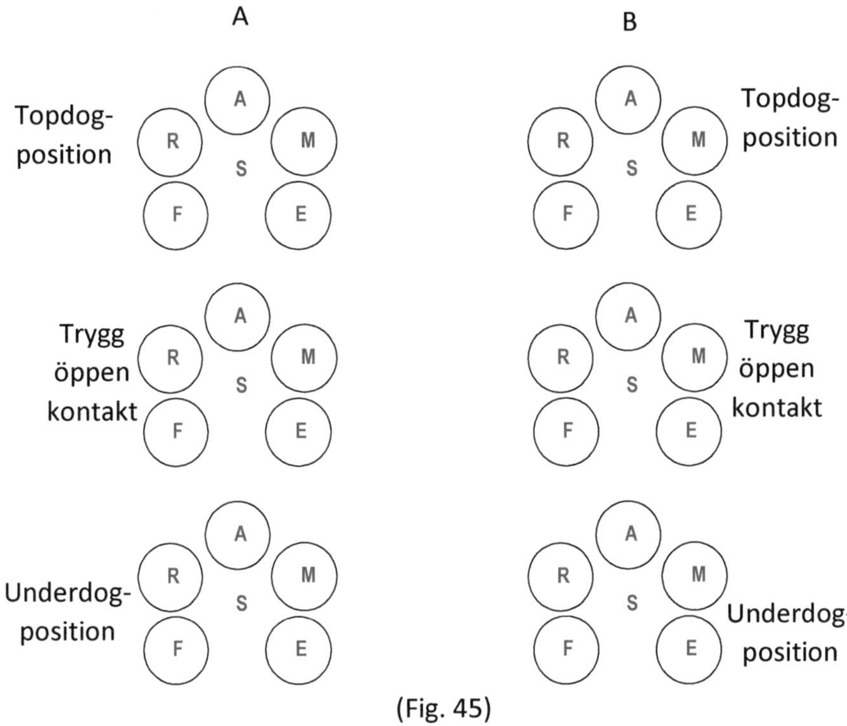

(Fig. 45)

Person A som kommunicerar med person B kan agera utifrån tre olika positioner: 1) i en "topdogposition", 2) i en trygg öppenhet gentemot person B, eller 3) i en känsla av att vara "underdog".

En topdog-underdog-analys väcker frågan: Hur samspelar dina och mina FRAMES i transaktionerna mellan oss?

När barn samspelar med föräldrar så sker det normalt i en trygg, öppen kontakt, även när föräldrarna bestämmer. Föräldrarnas överordnade position behöver inte innebära topdogbeteende.

Föräldrarna bestämmer att barnets behov får bestämma vad som ska ske. När allt fungerar bra kan sedan interaktionerna mellan barnet och föräldrarna fortsätta i en trygg, öppen kontakt.

Men hela tiden finns risken att relationen kan "halka ner i vägens ena eller andra dike" (topdog- eller underdogdiket). Föräldrarna hamnar i ett topdogbeteende, eller barnet hamnar i ett topdogbeteende. Den risken handlar inte bara om risken för topdog-beteende hos de ena, utan också om risken för underdogbeteende hos den andra.

I exemplet med mamman som frågar sin tonårsdotter vad klockan är svarar dottern från en underdogposition: "Varför ska du jämt kolla om jag håller tiderna?" Det är lätt att förstå hennes upplevelse utifrån att dottern tolkar mammas fråga om vad klockan är som ett påstående – "nu börjar det bli sent!"

Samtidigt kanske mamman försöker att inte utöva topdogbeteende gentemot dottern, men blir så kränkt av dotterns utfall att hon reflexmässigt hamnar i en topdogposition och skäller ut dottern för att hon är sen, om inte en trygg, öppen kontakt finns dem emellan.

På arbetsplatser kanske man försöker blockera allt topdogbeteende med hjälp av den så kallade jantelagen ("du ska inte tro att du är någon"). Men en jantelagskultur befrämjar inte trygg, öppen kontakt. Om båda i en relation upplever en underdogposition, finns risken att båda tar i så att de agerar som topdogs, alternativt "tävlar" om vem som är mest offer.

På liknande sätt som i Bernes modell för transaktionell analys, med samspel mellan individers föräldrajag, vuxenjag och barnjag är alla riktningar av transaktioner i figur 45 tänkbara.

Den enes topdog-agerande kan antingen resultera i "svar på tal" från en topdogposition hos den andre, från en trygg öppen kontakt, eller från en underdog-position hos den andre.

Transaktioner från en trygg, öppen kontakt kan ge svar från en topdog-position, en trygg, öppen kontakt eller från en underdogposition.

En transaktion från en underdogposition kan ge svar från en topdog- position, från en trygg, öppen kontakt eller från en underdogposition hos den andre.

(A): Topdog-positions-agerande varierar förstås från person till person, men sannolikheten är stor att han/hon stäcker på kroppen, och att eventuella rynkor i panna är vertikala mellan ögonbrynen under ”attacken”, att rösten är stark (eller väsande) och i de lägre registren av vad personen förmår (kraften i rösten kommer från magen), och att blicken är fokuserad på den andre.

Agerandet från underdogpositionen kännetecknas med största sannolikhet av att kroppen sjunker ihop, blicken blir flackande, eventuella rynkor i pannan är ”vågräta” på grund av de höjda ögonbrynen i den underdåniga positionen. Rösten blir gäll och/eller svag.

Agerandet i en trygg, öppen kontakt kännetecknas av avspändhet. Rösten är melodisk, ansiktet avslappnat, blicken varm och kroppen mjuk och rörlig.

(F) och (M): Perceptionen och tänkandet i topdogpositionen är med stor sannolikhet regelstyrt med förhållandevis liten flexibilitet, särskilt när personen är upprörd och ”tunnelseende och lyssnarfilter” dominerar.

Perception och tänkande i en trygg, öppen kontakt är öppen och nyfiken. Flexibiliteten och avslappningen leder till mer inlärning och ännu mer vidgade vyer.

Perception och tänkande i en underdogposition får mycket av tunnelseende och lyssnarfilter på grund av rädsla och ångest.

(R): Fysiologiskt är risken förhållandevis stor för stresspåslag hos en person i topdogposition. Det gäller ju att var beredd att försvara sin position över den andre och sin rätt att bestämma. (Därmed ökar också risken för inskränkthet i perception och tänkande).

En person i trygg, öppen kontakt har största chansen slippa psykosomatiska besvär. Underdogpositionen är också riskabel ur stressynpunkt. Man måste vara på sin vakt mot kränkningar.

(E) och (S): En person som ofta agerar från en topdogposition riskerar att få åka hiss i självkänslan rätt mycket. Självkänslan beror ju på om han/hon lyckas hävda sig eller inte. Risken är stor att omgivningen kommer att uppleva topdogen som lynnig/oberäknelig.

En person som agerar i trygg, öppen kontakt har största chansen att behålla sitt "själslugn" i de flesta situationer. Även när han "förlorar" i ett socialt samspel behöver en eventuell kränkningsupplevelse inte blockera kontakten fullständigt. Han/hon kan komma igen och förbättra kontakten med den andre. Eller också har han/hon viljestyrkan att bryta en dålig relation på grund av sin säkerhet i att bedöma om relationen är bra eller dålig i längden.

Självkänslan hos en person som befinner sig i underdogposition blir förhållandevis mycket beroende av vilket gensvar han/hon får från andra. Risken att känna sig kränkt och som ett offer blir stor. Risken att åka gungbräda med andra mellan underdog- och topdogpositionen är också relativt stor.

En flicka som varit utfrusen berättade, när jag gav ett exempel på en underdogfras ("vill du verkligen göra det med mig?"), att hon brukade säga en hel del liknande saker till sina kompisar. De hade många gånger sagt till henne att "sluta vara så mesig!" (vilket hon upplevt som en topdogkritik).

Hennes ständiga ängslan över att inte duga gjorde att hon signalerade underdogposition i de flesta situationer, vilket stressade hennes kamrater. Hon upplevde att de inte respekterade henne, och hon var ofta nära till skamkänslor.

I topdog och/eller underdogpositionerna ökar risken för de perceptuella och mentala "förvrängningar" som kan bli resultatet av att perceptionen (F) fungerar selektivt och projektivt. Vid hög stressnivå ökar risken för tunnelseende och lyssnarfilter. När jag känner mig hotad har jag i första hand blick för hotfulla utfall och anklagelser från den andre.

Det innebär att jag inte ser och hör sådant som är menat som vänliga signaler om "vapenvila och fred". I och med att jag inte tar till mig de fredliga utspelen uppstår "luckor i framkallningen" av hela bilden av den andres samspel med mig.

På grund av dessa luckor kan jag projiciera och tillskriva den andre den aggressivitet som jag själv känner, så att en helhetsbild (förvrängd sådan) träder fram (projektiv perception). I ett topdog/underdogspel ökar risken för oäkta agerande (A).

Båda parter, eller den ene, kanske väljer att agera överdrivet vänligt mot den andre, för att inte riskera konfrontation.

Mentalt minskar kreativiteten (M) på grund av den inre stressen (R). Man känner sig irriterad och/eller rädd (E) i den andres närvaro. Man kan lätt uppleva att man förlorar sig själv (S) i den andres närvaro, eftersom man känner sig inskränkt och inte får tillgång till hela sig själv.

Så kanske man gör den andre till syndabock för sin egen dumhet. "Du får mig att känna mig dålig".

I en kärleksrelation hindras den trygga öppna kontakten när man har lätt för att hamna i topdog- eller underdogpositionerna. En ung man som, på grund av sin livshistoria, lätt hamnade i underdogkänslor beskrev sin kontakt med den kvinna som han attraherades av: "Jag får inte fram orden. Det jag säger känns töntigt. Jag har svårt att titta henne i ögonen, och jag känner mig ointelligent".

Under alla mina år som psykolog har jag sett många kombinationer av barnjag, vuxenjag, föräldrajag och topdog, trygg, öppen kontakt och underdog.

Det är inte givet att föräldrajaget innebär en topdogposition. Föräldrajaget kan också agera utifrån en underdogposition. En ung mamma sa till sin femårige son, gång på gång, och med gäll och uppgiven röst: "Du får inte gå på matbordet! Det är farligt. Du kan ramla och slå dig."

Pojken blev allt mer förtjust i att gå på köksbordet. Han visade därigenom sin växande motoriska skicklighet. Han ramlade inte ner en enda gång. Han klarade stolt av det som var så farligt. Mamman däremot visade sin bristande riskbedömningsförmåga.

Hon kände sig hjälplös, medan pojken kände sig allt mer kompetent. Mamman klarade inte att, i en trygg och öppen kontakt med sin son, säga att hon tyckte illa om att han gick på köksbordet, särskilt när de hade besök, och att hon tyckte illa om det på grund av att hon skämdes över sin sons agerande och att köksbordet blev smutsigt när han gick på det.

I en trygg, öppen kontakt skulle hon i stället kunnat säga, utifrån sina egna behov: Du får inte gå på bordet därför att det blir smutsigt. Både jag och dom som kommer och hälsar på vill ha rent och snyggt på bordet när vi ska äta. Om du vill klättra får du göra det i trädet ute på gården.

226

I det fall det skulle pågå en topdog-underdogstrid mellan föräldrarna finns risken att den sista delen av tillsägelsen ("om du vill klättra får du göra det i trädet ute på gården") skulle få kritik från den andre föräldern, och en negativ triangulering skulle uppstå. Den risken visar på vikten av en trygg, öppen kontakt mellan alla i familjesystemet.

Eftersom alternativen i utvecklingen av FRAMES är så många och olika, kan också helheten bli mycket mångskiftande/ "mosaikliknande" och ibland tyvärr fragmenterad. Risken att utveckla en mer ointegrerad personlighet ökar när livet är en kamp i underdog- och topdogpositioner.

För att integrationen av FRAMES till begriplighet, hanterbarhet och meningsfullhet i livet ska flyta på bra måste det finnas mycket av trygg, öppen kontakt med andra.

Triangulering.

De transaktioner som genom tiderna visat sig svårast att hantera är triangeltransaktioner. Freud lyfter fram ett specialfall av dessa i oidipuskomplexet. I det klassiska grekiska dramat beskrevs hur (1) den onde, (2) offret och (3) räddaren/ hjälparen samspelar och byter roller. De dramatiska momenten inträffar när rollkaraktärerna byter status som hjälpare, offer och den onde.

Fortsättningsvis använder jag uttrycket triangulering, (eller trianguleringskomplexet) inte bara som en konfliktbeskrivning, utan i en bredare bemärkelse, som ett samspel med fler än två personer inblandade, vare sig det leder till konflikt eller till ett gott samarbete.

Jag har själv haft stora svårigheter att ta till mig oidipuskomplexet som en viktig del i min livshistoria. Det har helt enkelt inte gått. Och det har inte känts så bra med tanke på att jag faktiskt arbetar som psykolog. "Har jag inte i mitt hjärta förstått ett så grundläggande fenomen som oidipuskomplexet? – som det pratas så mycket om och som ska vara en så avgörande psykisk utvecklingskris".

Inte förrän jag var fyrtiosju år stötte jag på en bok om Freudiansk psykoanalys som innehöll denna kommentar: "För att oidipuskomplexet ska utvecklas måste följande förutsättningar föreligga. För det första ska pojken ha haft en nära och varm relation med modern. För det andra..."

Jag kände stor lättnad. Här fanns förklaringen. Jag är född som åttonde barnet av elva. Jag hade inte känt en nära relation till min mamma, och pappas roll i ett eventuellt oidipusdrama blev det inte mycket av med på grund av hans sjukdom.

Jag drar följande lärdom av detta: Psykologiska utvecklingsteorier är just teorier som man kan använda som möjliga förslag när man vill förstå psykologiska fenomen. Men man får inte lägga dem som en norm som ska gälla alla, eftersom människor växer upp under så olika förhållanden.

I trianguleringssituationer aktiveras olika FRAMES beroende på vilka minnen och attityder som dras igång. Hur agerade mina föräldrar och/eller mina syskon när jag som liten blev del i ett triangeldrama? Svaret på den frågan ger information om F-faktorn i mina triangulerings-FRAMES.

Hur reagerade jag rent fysiologiskt (adrenalinpåslag osv.)? Svaret på den frågan ger information om R-faktorn i mina triangulerings-FRAMES.

Vad tänkte jag? Vilka planer och vilka minnen fanns i mig när triangeldramat utspelade sig? Svaret på den frågan ger information om M-faktorn i mina triangulerings-FRAMES.

Hur kändes det - vilka känslor hade jag? Svaret på den frågan ger information om E-faktorn i mina triangulerings-FRAMES.

Hur agerade jag själv i trianguleringssituationer? I en trygg, öppen kontakt? eller i ett underdog- eller topdogbeteende? Svaret på den frågan ger information om A-faktorn i mina triangulerings-FRAMES.

Vad tänkte och kände jag om mig själv under och efter att jag varit i en trianguleringssituation? Svaret på den frågan ger information om S-faktorn i mina triangulerings-FRAMES. Den unge mannen som sa: "jag förstår inte varför det sitter kvar så länge" hade uppmärksammat ett mycket viktigt psykologiskt fenomen.

Trots att livssituationen kan förändras mycket, kan grundläggande FRAMES, inklusive triangulerings-FRAMES finnas kvar och aktiveras, även om de *inte* är funktionella i den nya livssituationen. Han hade inte längre utstående öron, men hans känsla inför rivalitet, och det motsatta könet påverkades fortfarande av de tankar, ageranden och kroppsspråk som var typiska för honom när han hade utstående öron.

Hans "manlighetsfarmes" var redan utmejslat. Det innefattade kroppsspråk, sätt att tänka och känna, attityder, rolltagande osv. Jag tänker mig att de nervbanespår i hjärnan som tillsammans utgör "stöta på motsatta könet FRAMES" eller triangulerings-FRAMES är invävda i varandra som ribborna i en ribbstol eller flätorna i en flätad korg. De inflätade nervbanespåren kan låsa varandra så att det blir svårt att ändra eller "växla om" något av nervbanespåren.

I vissa mer instabila skeden i livet kan förändringar i en faktor, t.ex. gestaltformeringen lättare skapa en "dominoeffekt" på de andra faktorerna. En tonåring, som blivit varse miljöföroreningarna och den "industri- mässiga" djur-hållningen kan relativt snabbt förvandlas till en konsekvent vegan, och kanske gå in i en militant djurrättsaktivistorganisation.

Den röda tråden (eller de röda trådarna) i självutvecklingen kan analyseras och beskrivas på många olika sätt. Man kan rita "livslinjer" med viktiga händelser beskrivna och FRAMES-analyserade, eller också rita familjekartor, sociogram osv, och reflektera över hur dessa förändras efterhand och påverkar vår perception av världen, våra kroppsliga reaktioner, vårt agerande, vårt tänkande, våra känslor, ja hela vår självupplevelse. Ett annat sätt är i lökform som i fig. 46 (på nästa sida).

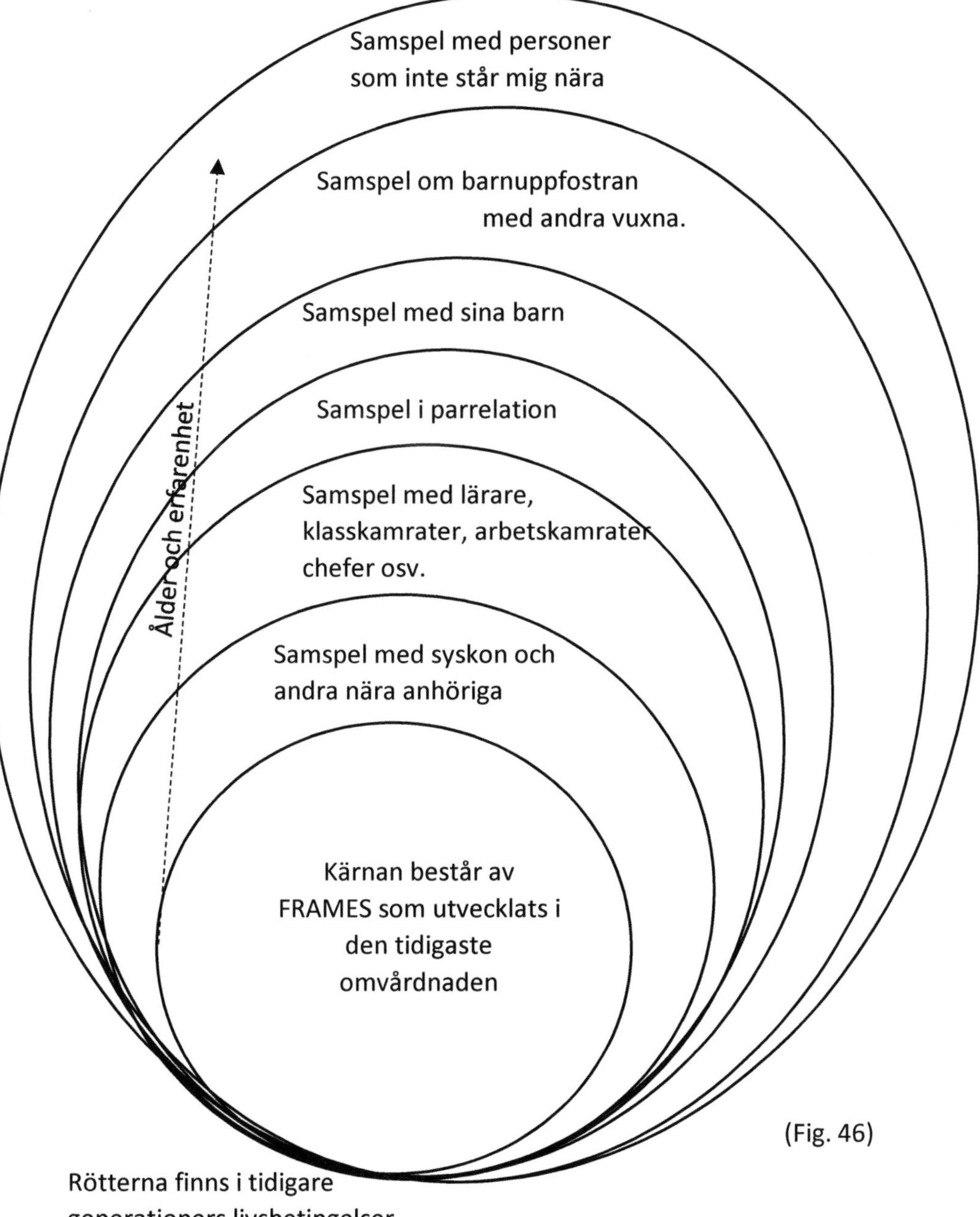

Jordmån och klimat är det familje- och kulturklimat som vi lever i, klimat i skolan, massmedia och samhället i stort.
Samspel med personer som inte står mig nära
Samspel om barnuppfostran med andra vuxna.
Samspel med sina barn
Samspel i parrelation
Samspel med lärare, klasskamrater, arbetskamrater chefer osv.
Samspel med syskon och andra nära anhöriga
Ålder och erfarenhet
Kärnan består av FRAMES som utvecklats i den tidigaste omvårdnaden
Rötterna finns i tidigare generationers livsbetingelser.
(Fig. 46)

Lökens tillväxt beror givetvis på de olika livsbetingelserna för olika människor. Om man t ex inte har några syskon så påverkas det andra lagret i fig.46. Det innebär att barn utan syskon istället kanske får lära sig att hantera trianguleringskomplexet med andra dagisbarn eller kusiner, utöver trianguleringträningen med föräldrarna.

Om man bara har en förälder utvecklas förmågan att hantera trianguleringssituationer på andra vägar än om man har två föräldrar som man står nära osv. ”Löken” i fig. 46 är bara en liknelse som ska illustrera att tidigare relationer/ samspelsmönster påverkar senare samspelsmönster.

Den nedersta, innersta kärnan av FRAMES-löken börjar utvecklas när barnet är nyfött. Det börjar med barnets första sinnesintryck och dess första, mer eller mindre reflexmässiga fysiologiska reaktioner, känslor och ageranden. Därefter ökar erfarenheterna av omgivningen, ageranderepertoaren ökar, den mentala utvecklingen börjar, känslolivet blir rikare och upplevelsen av självet i relation till andra börjar spira. Sedan tillväxer lager på lager ju äldre man blir.

I ”livets teater” lyckas vi förvånansvärt ofta, även om det sker på ett omedvetet sätt, spela upp våra ”rollmanuskript” från barndomen. Och då använder vi våra medmänniskor som ”medspelare” i de roller som behövs för att iscensätta våra sociala FRAMES (utan att de har bett om det).

Nya vänner kan få stå till svars för en misstro, som byggdes upp tidigare, i en annan tid, på en annan plats. Det är inte rimligt att om man blivit kränkt av någon, att en annan person efteråt får ”betala räkningen” för det som någon annan tidigare gjort, kanske bara för att man påminner om den personen till utseendet.

Det är en del av mognaden hos en människa, vare sig det sker med hjälp av terapi eller inte, att bli "ren" i kontakten med andra, och i kontakten med sig själv. Dvs att se och förstå andra så som de är, här och nu, och inte bara som man förväntar sig att de ska vara. Det betyder också att vara i kontakt med sitt autentiska själv så som det är, och inte oreflekterat spela upp ett rollspel som liknar tidigare rollspel i liknande situationer. Rollspel som har utvecklats genom åren, i lager på lager.

Tommy Hellsten (1999) beskriver roller som utvecklas hos barn i familjer där föräldrarna på ett eller annat sätt är frånvarande, t ex vid alkoholism, trångsynt religiositet, arbetsnarkomani, mentalsjukdom, incest, våld och materialism. Familjer där barnen inte kan få vara autentiska gentemot sig själva i familjelivet.

Han beskriver hur barnen i sådana familjer tidigt går in i roller på grund av föräldrarnas behov. Det behöver inte vara så att föräldrarna medvetet tilldelar barnen de olika rollerna. Känsliga små barn går in i roller som uppmuntras, och som behövs i familjelivet, när föräldrarna av olika skäl inte klarar att ta hand om barnen och deras behov av trygghet och autentisk kärlek dag för dag. Om det sker stora förändringar i familjelivet under resans gång kan barnen behöva inta nya roller.

De roller som Tommy Hellsten beskriver är; hjälten, räddaren, syndabocken (problembarnet), det osynliga (eller glömda) barnet och clownen. Alla de beskrivna rollerna har det gemensamt att de utvecklats på grund av att föräldrarna inte haft tillräcklig omsorgsförmåga i förhållande till sina barn.

Eftersom barn i vår tid vistas så stor del av sin vakna tid i grupper utanför hemmet kommer naturligtvis även dessa miljöer att påverka FRAMES-utvecklingen. Barnen kan tvingas gå in i falska

233

själv för att kunna fungera i förhållande till föräldrarna, lärarna och jämnåriga.

Ett autentiskt själv utvecklas när barnets äkta känslor och tankar blir speglade, bekräftade och respekterade, och när barnet utifrån sin äkthet kan bli hjälpt att förstå sig själv och världen. Barnet kan då ta till sig ny kunskap på grund av en äkta och öppen dialog med sina föräldrar och lärare.

"Om en mor ser att hennes barn är ledset, om hon tar det i famnen och tröstar det, då blir barnets sorg sedd och accepterad. Barnets slutledning är: eftersom en fullkomlig och god mor ser och accepterar min sorg, då måste den vara fullkomlig och god. Barnet får använda sorgen som en byggsten för sin personlighet. På samma sätt ser barnet sitt eget behov av tröst hos modern. Också det är gott och får bli en del av barnet. På det här sättet accepterar vi våra känslor, våra iakttagelser, våra behov, vår begåvning och de andra personlighetsdragen som en del av vårt jag". (Hellsten)

Den terapeutiska processen innebär att jag både blir medveten om hur mina FRAMES fungerar här och nu ("jag känner mig arg och jag blir stel i kroppen när jag tänker på...") och att jag blir medveten om i vilket sammanhang detta FRAMES programmerades in. Jag kan ta ställning till om mitt reaktionssätt är funktionellt i min nuvarande livssituation. Den nuvarande situationen kanske är så olik den som var, när ett speciellt FRAMES programmerades in, så att jag kan ifrågasätta FRAMES, och pröva nya sätt att förhålla mig i min nuvarande livssituation.

Som vuxen kan mina FRAMES vara byggstenar som passar in i flera av de rollspel som Hellsten beskrivit (hjälten, räddaren, syndabocken-problembarnet, det osynliga eller glömda barnet och clownen). I lägen när man känner sig trängd och regredierar till "barnjagtillstånd" kan det bli tydligare vilket "överlevnads-jag" som dominerade min barndom.

Kapitel 7

Analyserat liv

Att vara en äkta, genuin person med integritet, som har det bra, fysiskt, psykiskt och socialt, det är väl det som vi alla strävar efter, eller hur? Men vad är integritet, och vad är äkthet?

Om jag genuint älskar att frossa, i mat eller droger, och ständigt gör det, så torde jag knappast uppleva integritet i tillvaron, om det samtidigt innebär att jag inte kan hantera mitt liv i stort. På vägen mot vuxen integritet och äkthet hamnar vi lätt vilse, när vi tvingas göra så många vägval i vårt liv.

Den grekiske filosofen Epikuros menade att vi söker det goda livet på fel ställen. Han menade att vi behöver vänner, frihet och ett analyserat liv för att ha ett gott liv. Många försöker uppnå en känsla av ärlighet, äkthet och integritet via droger, "för att kunna släppa alla hämningar, och vara sig själv".

En del söker det goda livet i den så kallade "upplevelse-industrin", med bungyjumps, bergsklättring, hotellanläggningar med badanläggningar osv. Epikuros menade att vi behöver tid för reflektion. Och till det behöver vi andra, att reflektera tillsammans med.

När två personer samtalar väcker orden inre bilder hos båda. Men det är inte säkert att de väcker samma inre bilder, eller att bilderna associeras till samma känslor. Men ofta finns likheter mellan bådas inre bilder och tillhörande känslor. Att använda liknelser är ett sätt att bearbeta och kommunicera.

Hasse Alfredssons pastor Jansson predikade: "Livet är som en påse. Tomt och innehållslöst om man inte fyller det med något".

Sådana liknelser gestaltar sammanhang och existentiella villkor. Förståelse av sammanhang är viktigt i terapeutiska processer för att vi ska kunna skapa nya tankemönster, nya associationer, nya synapskopplingar, nya känslor, nya sätt att se och höra.

När jag började arbeta inom barnpsykiatrin, ville jag ha en lätt, flyttbar whiteboardtavla till mitt samtalsrum (på grund av min gamla vana att som skolpsykolog använda mig av de tavlor som det finns gott om på skolor). Jag har haft whiteboardtavla i mina arbetsrum sedan dess och jag vill nu på ett par sidor "sjunga whiteboardtavlans lov".

Det är många, många teman, som har gestaltats på denna whiteboardtavla. Det är; olika alternativ i livsval – redovisningar av testprofiler och förklaringar på dyslexi – familjekartor – sociogram – dagordningspunkter i gruppmöten – beskrivningar av allehanda "onda och goda cirklar" i tankar, känslor, beteenden och konsekvenser – barns egna teckningar – flödesscheman över barns alla flyttningar i sitt liv – beskrivningar av ångestens psykofysiologiska mekanismer – transaktionella analysens olika jagtillstånd (barn, vuxen, förälder) – gestalt-terapins tre uppmärksamhetszoner (inre, mellan och yttre) – vad som påverkar och påverkas av depression osv.

När problemets olika delar blir visuellt gestaltade i ett helhets- och samtidighetsperspektiv så ökar känslan av sammanhang. Den visuella helheten gör det lättare att tänka cirkulärt. Att om och om igen fundera över hur pusselbitarna i berättelserna hänger ihop. På ungdomsmottagningen hände det ibland att min klient tog fram mobiltelefonen och fotograferade av de samman- hang som under samtalet hade gestaltats på whiteboardtavlan för att kunna minnas bättre och reflektera hemma över vad hen hade sagt under samtalet.

När jag gjort sådana visuella översikter på whiteboardtavlan i gruppmötessammanhang eller familjesittningar har det för mig blivit tydligt vilken fokuserande effekt det haft på gruppen.

Samtidigt har jag upplevt att det är en konst i sig att välja fokus, som alla i gruppen kan ställa upp på. Men å andra sidan så har individerna i gruppen större möjligheter att komplettera eller dra ifrån vad som ska uppmärksammas, om samtalsledaren "lägger frågorna på bordet" inför öppen ridå.

Gruppens inneboende kreativitet kan kanaliseras när gruppen kan fokusera tillsammans. Gruppen skapar en gemensam "så-här-är-det-bild" och en gemensam "målbild" med samtalsledaren som uttolkare.

Effekten av användandet av whiteboardtavlan vid individsamtal är lite svårare att utvärdera. Den ökning av energin, som jag så tydligt kunnat registrera i grupper, syns inte lika tydligt när jag använt whiteboardtavlan i individsamtalen. Men det kan ju bero på, att fokuseringen i ett individsamtal per definition redan är så uppenbar, dvs. på klientens berättelse.

Anledningen till att jag fortsatt att använda whiteboardtavlan i individsammanhang är att jag har fått höra av mina klienter, att; "det är bra när du ritar och förklarar". Syftet med att använda whiteboardtavlan är att underlätta kommunikationen så att klientens värld och min värld ska kunna mötas och bli till en gemensamt skapad berättelse om klientens liv.

Jag tänker att allt som befrämjar kontakt och kommunikation är bra. Kommunikation är bäst om den kan ske via alla sinnesmodaliteterna, (syn hörsel känsel och muskelsinne osv.)

De områden i hjärnan som tar emot och processar visuell information involverar en större andel av hjärnans integrerande zoner. I bildterapi skapar/målar klienterna själva visuella gestalter. Deras känsla och existentiella logik tolkas sedan av klienten med terapeutens och eventuellt en grupps hjälp.

När jag använder whiteboardtavlan – för att själv rita och skriva efterhand som klienten berättar så är det ett annat arbetssätt. Vi skapar tillsammans gestalterna. Min klient berättar. Jag lyssnar aktivt genom att formulera det jag har hört och jag ritar och skriver på whiteboardtavlan.

Min psykologiska referensram integreras med klientens berättelse. När klienterna både får höra och se vad de har sagt blir det också tydligare för dem vad de har berättat och sammanhangen tonar fram. Medvetenheten om den egna tillvarons valmöjligheter ökar. Ofta blir klienterna förvånade över sammanhangen, och engagemanget ökar. Ibland tar min klient över och illustrerar själv med hjälp av whiteboardtavlan. Att analysera är att dela upp i beståndsdelar och att undersöka dessa beståndsdelar.

Inom gestaltterapin används ordet uppmärksamhetszon för att beskriva vad uppmärksamheten är riktad emot i ett visst ögonblick. Dvs vad är i förgrunden och vad är i bakgrunden av det som man blir varse. Det som finns utanför mig, i min omvärld, utgör den yttre uppmärksamhetszonen. Det som finns i min kropp utgör den inre uppmärksamhetszonen. När jag *tänker* är jag i "en mellanzon". När mellanzonen uppmärksammas mest (jag går i tankar) så är den inre och den yttre uppmärksamhetszonen i bakgrunden.

När den inre zonen uppmärksammas mest (exempelvis; jag känner utmattning) så är mellan- och den yttre zonen bakgrund. När den yttre zonen uppmärksammas mest (jag ser ett vackert träd) så utgör de andra två zonerna bakgrund.

Låt mig ta ett exempel på analys enligt denna modell: Många anklagande gräl börjar i den inre zonen. En ung man känner sig trött och lite nerstämd efter en jobbig dag. Han skulle vilja ha lite uppmärksamhet och bekräftelse av sin flickvän. Om han inte är medveten om detta, dvs. att det inte känns bra inombords – då kan han ju inte heller berätta det för sin flickvän. Då kan det bli så att han istället projicerar ut sin inre trötthet, nedstämdhet och irritation på henne, och anklagar henne för att göra fel saker.

Risken är då att de hamnar i ett gräl som är förvirrande och frustrerade för dem båda. Om han istället visar att han behöver sin flickväns uppmärksamhet för att han känner sig nedstämd får han säkert det. Men det är inte säkert att han kommer sig för att göra det, eftersom han har sitt fokus i den yttre uppmärksamhetszonen (sin flickväns beteende) trots att problemet egentligen finns i hans inre zon.

(Fig. 47)

Många terapeutiska processer handlar om att bli mer i kontakt med sitt inre, med sin kropp och sina känslor, särskilt när oro är problemet. Ett bra liv innebär att kunna prata om sig själv, att bli medveten om olika sidor av sig själv, att förstå och kunna hantera sig själv.

Det gör det lättare för mina vänner att leva med mig, när jag är medveten om vad jag känner, tänker och hur jag upplever mig själv. Då kan jag kommunicera med *"jag-budskap"* (se Gordon 1975).

Därigenom kan jag få bekräftelse och förståelse och eventuellt nya infallsvinklar som berikar min tillvaro. Det kan ge mig feedback på hur jag beter mig, och göra det lättare att ta ansvar för mig själv i samspelet med andra.

S.k. "du-budskap", särskilt de som sägs i vredesmod. T ex "Måste du tjata om det där just nu när jag är så trött! – Du struntar ju i hur jag mår!"… riskerar att blockera kontakten.

För att kunna kommunicera med jagbudskap förutsätts att jag är medveten om hur jag har det inombords och vad mina tankar handlar om. T ex "Jag känner mig trött och stressad just nu. – Det beror inte på dig. – Jag känner bara att jag vill vara med mig själv så att jag kan samla mig."

Det är ett jagbudskap som är lättare att ta emot. Det handlar om samma sak i både fallen, men jagbudskapet har den fördelen att det inte går att ifrågasätta. Jagbudskap handlar om äkta känslor, tankar och självupplevelser.

Att lära känna en person är att uppleva sig själv i dennes sällskap. Vad aktiveras i mig när jag och en annan människa möts. Vad ser jag? Vad hör jag? Hur känns det att ta i hand? Vad tänker jag på, vad minns jag, och vad föreställer jag mig om vår och hans/hennes framtid? Vad känner jag? Vilka kroppsminnen aktiveras? Hur andas jag? Hur slår mitt hjärta? Vad gör jag? Vad säger jag? Vilken kroppshållning har jag? Vilka konsekvenser får mitt agerande i hans/hennes sällskap? Hur känner jag mig i hens närhet?

De reaktioner som *finns i mig* när jag träffar mina klienter, vägleder mig i mitt aktiva lyssnande. – Lyssnande som utgör grunden för analys.

När jag gick gestaltterapeututbildningen grät jag för första gången på många många år. Under samma tid, hemma på mitt jobb som skolpsykolog, hände det för första gången, att en förälder grät i mitt samtalsrum. Jag tänkte: Hur gick det här till?

Jag tror att det fungerade så här: Innan, om någon kände sorg, så registrerade hon/han samtidigt på något sätt (i ögonkontakten eller kroppsspråket) att jag inte var på den rätta "våglängden" för att fullt ut uppfatta och ta emot och vara i denna sorg.

Efter gestaltterapeututbildningen visade jag via ögonkontakt och kroppsspråk att jag var medveten om, och beredd på att ta emot, sorgeupplevelser som mina klienter bar på, och hade behov av att släppa fram. Det fanns nu en bättre "affekt-resonans" mellan mig och mina klienter.

Mats, en ung man som gjorde uppehåll från sina studier p.g.a. depression. Vi hade träffats några gånger. Han börjar samtalet med att säga: "Jag har en känsla som jag egentligen har haft under väldigt många år. Det är att jag liksom inte lever utan finns som en observatör. Det är som att vara i en dröm och det är drömmen som är verklighet".

Eftersom vi hade pratat om FRAMES-modellen förut så ritade jag upp den för att reflektera över det han har sagt. Jag ritade först

upp en väldigt stor cirkel för varseblivning (F), och skrev
"sinnesintryck" i cirkeln. Syn och hörsel är ju observatörens
viktigaste uppmärksamhet. Därefter ritade jag upp en lika stor
cirkel för tänkande (M), och skrev "tankar" i den. Tänkande var
uppenbart en stark sida hos honom. Han hade studerat ett svårt
ämne på universitetet och alltid fått höra att han var intelligent.
Sedan ritade jag upp betydligt mindre cirklar för; reaktioner i
kroppen (R) och känslor och behov (E).

Jag sa: "Känslor är kanske en sida av dig som inte har samma
företräde i din uppmärksamhet." Han nickade. Sedan ritade jag
upp en relativt liten agerandecirkel (A), och skrev "agerande" i
den (liten därför att han beskrivit sig själv som observatör, och
inte som en person som agerar).

Jag frågar om han tycker om att dansa, och han svarar med ett
snabbt och kraftfullt "ja". Mats hade agerat en hel del på scen.
Jag säger att: "Det är litet paradoxalt att du både har en stark
sensuell sida i dig och en stark intellektuell sida i dig men att de
liksom inte har länkats ihop." Han bekräftar.

Jag frågar om han vill gestalta de här sidorna genom att sitta i två
olika stolar. Han svarar ja. Jag frågar vilken stol respektive "del
av honom" ska sitta i, och Mats väljer att låta den intellektuelle
sitta i den bekväma stolen. Han prövar båda stolarna och det går
bra för honom att känna in i båda.

Därefter får han gå och ställa sig en bit ifrån båda och se på dem
utifrån. Därefter sätter han sig i den intellektuella stolen, och jag
ber honom vända sig direkt till den sensuelle Mats. Jag får "pusha
på" litet grand för att han ska kunna säga något rakt till den
sensuelle. Jag föreslår att han prövar: "du ger mig energi." (Han
hade tidigare sagt att den sensuelle gav honom energi.)

Därefter byter han stol och den sensuelle uttrycker sin beundran för den intellektuelle Mats. Efter några stolsbyten i dialog med sig själv säger han: "Det är konstigt att man ska behöva arbeta på det här sättet för att lära känna sig själv. Det borde ju vara naturligt att vara allt det man är".

Nästa timme: Mats fick i hemläxa förra gången, att observera vad han tänker på när han blir "sänkt". Han började detta samtal med att säga att han hade blivit deprimerad i samband med att han tänkte på framtiden. – (både känslomässigt och yrkesmässigt). Nästa möte kommer vi in på minnet av en djup vänskap ("i själarnas gemenskap") med en ett år äldre flicka som Mats hade mellan 0 och 8 år. När han var ungefär åtta år ville hon inte längre vara med honom så mycket. Han stängde då av känslorna och undrade vad det var för fel på honom. – Steg för steg kunde Mats samtalen länka samman sin intellektuella och sin sensuella sida till en energigivande helhet, istället för en tärande, deprimerande dissociation. Man skulle kunna sammanfatta Mats dominerande FRAMES i följande sammanställning:

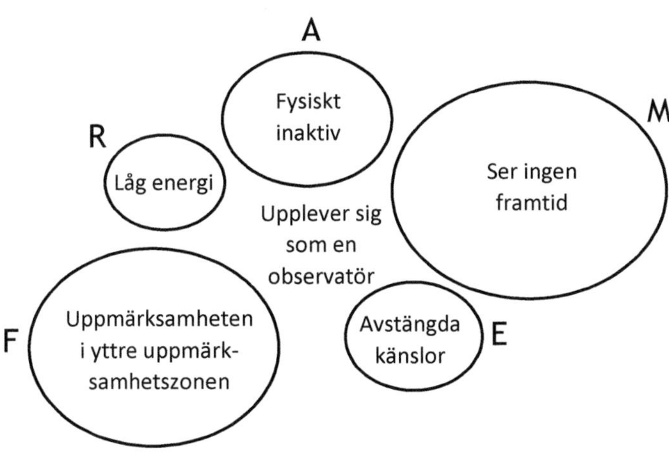

(Fig. 48)

Den integrerande resa som han hade påbörjat skulle komma att handla om att balansera de olika sidorna i honom.

En pojke (Per) som går i mellanstadiet kom till mig därför att han inte kunde sova. Han hade en mardröm (M) som han drömde gång på gång på gång. Den handlade om att han kom till helvetet. Hela föreställningen om att komma till helvetet började för fem år sedan. Det var i samband med att föräldrarna skilde sig, och han tänkte ta livet av sig. Han tänkte då att han i så fall skulle komma till helvetet.

Efterhand så hade han börjat drömma om att han kommer till helvetet. När han kommer till mig så frågar jag om han har lust att pröva en guidad fantasi, och det vill han. Han får luta ner ryggstödet på stolen och jag instruerar honom i avslappning (R). Därefter ber jag honom att för sin inre syn se helvetet – att lägga märke till detaljer och helhet.

Därefter "tar jag över" och beskriver hur *det som han ser* förvandlas, hur de glödheta väggarna sakta öppnar sig uppåt så att det blir fri himmel, hur ett stilla regn sakta strilar ner och kyler ner väggarna, hur väggarna blir beklädda med grönska, hur ormarna förvandlas till kaniner, hur rummet förvandlas till en dalgång med en stilla, flytande bäck med grönska på sidorna, hur luften känns sval och fri att andas, hur helvetet sakta förvandlas till en himmelsk dalgång med lugn och frid.

Vid nästa besök, tre veckor senare, kommer både pojken och hans mamma. Mamma väntar i väntrummet, och pojken följer med upp. Problemen med drömmen är borta! Han kan sova lugnt på nätterna. Jag fascinerades av att ett enda pass kunde ge en sådan effekt. Mamman är misstroende. Kunde det verkligen gå så fort att han slutade drömma mardrömmar?

Att utsätta sig för det som skrämmer gör det möjligt att experimentera med sig själv och de olika FRAMES-faktorerna. Tankar och inre bilder kan förändras.

Höger och vänster hjärnhalva samarbetar i en god terapeutisk process. Höger hjärnhalva är bra på helheter, och vänster på språk och sekventiellt tänkande.

Gestaltning med exempelvis psykodrama är bra för "helhetsprocessande" men den behöver följas av reflektion och analys i ett sekventiellt tänkande för att den ska bli riktigt integrerad i föreställningsvärlden.

Att bearbeta genom att agera i fantasin är också möjligt. Klienten kan föreställa sig att han/hon agerar och ändå få en stark upplevelse som liknar öppet agerande.

Jag hade en klient som hade blivit skuren i armen med en kniv på stan. Han kände sig inte personligen kränkt eftersom den attackerande mannen hade visat sig vara rädd för min klient, och agerat i berusat tillstånd. Det skedde som en blixt från klar himmel på en gata med rätt mycket folk.

Gärningsmannen, som på felaktiga grunder (hörsägen om min klient) ville hämnas (något som inte var sant), gick upp bakifrån till min intet ont anande klient. Min klient såg kniven under bråkdelen av en sekund och blev därefter knivskuren i armen. Därefter sprang förövaren snabbt sin väg. Min klient hade därefter börjat drömma om att han möter personer som plötsligt tar fram en kniv och skär honom med den.

I en guidad fantasi, som började med att han fick guidning i avspänningsandning, tog han sig mentalt tillbaka till händelsen när han blev knivskuren. I fantasin kunde vi tillsammans skapa ett alternativt händelseförlopp, där han kunde "rulla undan från attacken" varpå förövaren flydde från platsen. Efter denna bearbetning slutade han drömma den mardrömmen, men han var ändå fortsättningsvis *mindre intresserad* av att gå ut på stan i vimlet av berusade ungdomar en lördagskväll.

Att "gå i psykoterapi" innebär fortfarande för många *som själva inte gått i terapi* att "man är knäpp på något sätt". För de som gått i terapi är det närmare till hands att tänka på det hela som personlighetsutveckling. Något som alla människor skulle må bra av att unna sig.

Jag tycker om Antonovskys sätt att närma sig frågan om psykiskt välbefinnande. Han frågar sig vad det är som gör att man är psykiskt *frisk*? Den huvudsakliga fokuseringen i vård av psykiskt sjuka har varit: Vad är det som har gjort att just denna patient har blivit *sjuk*? Antonovsky förespråkar ett salutogent synsätt som ett viktigt komplement till det tidigare förhärskande patogenetiska synsättet. (Salut betyder hälsa, patos betyder sjukdom lidande och genes betyder uppkomst alstring).

Med detta synsätt ska vi fråga oss: Vad behövs för att uppnå psykisk hälsa? Enligt Aaron Antonovsky (Hälsans Mysterium 1998) är det när det finns en känsla av sammanhang inombords (**KASAM**).

Känslan av sammanhang finns där när man upplever; begriplighet, hanterbarhet och meningsfullhet i det som är och det som sker. "Känslan av sammanhang är en global hållning som uttrycker i vilken utsträckning man har en genomträngande och varaktig men dynamisk känsla av tillit till att (1) de stimuli som härrör från ens inre och yttre värld under livets gång är strukturerade, förutsägbara och begripliga, (2) de resurser som krävs för att man ska kunna möta de krav som dessa stimuli ställer på en finns tillgängliga, och (3) dessa krav är utmaningar, värda investering och engagemang" (Antonovsky).

Begriplighet: Syftar enligt Antonovsky på "i vilken utsträckning man upplever inre och yttre stimuli som förnuftsmässigt gripbara, som information som är ordnad, sammanhängande, strukturerad och tydlig, snarare än som brus – dvs. kaotisk, oordnad, slumpmässig, oväntad, oförklarlig.

En person med hög känsla av begriplighet förväntar sig att de stimuli som han eller hon kommer att möta i framtiden är förutsägbara, eller att de, när de kommer som överraskningar, åtminstone går att ordna och förklara. Det är viktigt att lägga märke till att detta inte säger någonting om stimulis önskvärdhet. Död, krig och misslyckanden kan förekomma, men en sådan människa förmår att göra dem (be)gripbara" (Antonovsky 1998).

Hanterbarhet; Antonovskys nästa "underavdelning" i KASAM-begreppet är: "den grad, till vilken man upplever att det står resurser till ens förfogande, med hjälp av vilka man kan möta de krav som ställs av de stimuli som man bombarderas av.

Om man har en hög känsla av hanterbarhet kommer man inte att känna sig som ett offer för omständigheterna eller tycka att livet behandlar en orättvist. Olyckliga saker händer i livet, men när så sker kommer man att kunna reda sig och inte sörja för alltid.

Bengt var en ung man (sjutton år) vars liv styrts av en tvångsneurotisk mor. Han hade varit mobbad, och han var själv mycket noggrann med allt han företog sig. Han hade "klappat ihop" i skolan och därefter kommit till mig. Han hade mycket ångest. Vi arbetade med att öka hans medvetenhet om sensationerna i kroppen. Han fick bland annat skatta ångesten på en skala.

När han genom guidad avslappning kommit ner till två (på den tiogradiga skalan) frågade jag om han kunde öka ångesten lite. Han tänkte på sin mor, och ångesten sköt i topp. Vi fortsatte med guidad avslappning och han kunde reducera ångesten igen. Så småningom kunde han, under guidad avslappning höja och sänka ångestnivån med allt större säkerhet.

Denna övning gav honom insikt i hur han själv kunde ta kontroll över sina känslor, och därigenom stoppa känslan av att vara "ett offer", en som inte kunde påverka eller förändra. Han blev medveten om att han kunde använda sig av den nya kunskapen i flera sammanhang. Han insåg skillnaden mellan att fly från känslor, och att ta ansvar för dem och att kunna hantera dem.

(3) Meningsfullhet: är enligt Antonovsky "KASAM-begreppets motivationskomponent. De som bedömdes ha en stark KASAM pratade alltid om områden i livet som var viktiga för dem, som de var mycket engagerade i, som "hade betydelse" för dem i uttryckets känslomässiga och inte enbart kognitiva mening. Det som skedde inom dessa områden betraktades i regel som utmaningar, värda känslomässig investering och engagemang" (Antonovsky).

Det betyder, att ju mer jag känner och vill, desto mer mening kan jag uppleva i livet. Gustav (23 år) som sökte mig för att han hade det besvärligt efter föräldrarnas skilsmässa för tretton år sedan. Det visade sig att det var mer än så. Bl.a. hade han varit mobbad, och pappa var alkoholiserad. När han kom till mig för fjärde gången hade han beslutat sig att flytta från mamma till den stad där hans syskon bor. Han uttryckte sig med engagemang, ilska och glädje: "Nu vet jag vad jag vill. Nu vet jag vad jag känner. Det känns som jag växer och växer!" Jag kände redan i början av vår kontakt att han hade stark KASAM.

Sett genom "FRAMES-glasögon" kan man säga att det är saluto-
gent: Att kunna se saker precis som de är, att vara nyfiken och
autentisk, utan förvrängningar i varseblivningen (F).

Att sköta sin kropp med goda mat-, sömn- och motionsvanor.
Att kunna hantera livets krav så att man gör gott för sig själv och
för andra. Att förstå (begripa) det som händer inombords och i
världen. Att känna tillit till sig själv och livet, och att känna att
det finns en mening i det som sker. Att acceptera sig själv och
helst njuta av att finnas till.

Samspelet med terapeuten kan ha likheter med klientens tidigare
relationer. Målet är att klientens samspel med viktiga andra ska
utvecklas i samspelet med terapeuten. Att det händer något i
relationen mellan terapeut och klient som känns bra, och som ger
insikt om självet och väcker hopp om utveckling hos klienten.

På så sätt kan klienten bearbeta sina sår och få hopp om sin egen
plats i tillvaron, att den ska utvecklas positivt. Grundplattan i den
terapeutiska processen är att bli medveten om sina egna FRAMES
i nära relationer, inte minst sina anknytnings-FRAMES. Man kan
reflektera över sitt eget sätt att knyta an genom att fundera på
följande frågor:

Vad fokuserar du (F) i förhållandet till den andre? Hur känns det
i kroppen (R)? Hur agerar du - vilket kroppsspråk har du (A)?
Hur tänker du (M)? Vad känner du (E)? Vilken självkänsla har du
(S)? Hur kan du utveckla och träna på allt detta så att du kan
uppleva att du mognar i dig själv?

En ung kvinna hade svårt i relation till unga män. Hon var
attraktiv i deras ögon, men hon hade hamnat i ett omöjligt läge.
Det föreföll som om att när hon var intresserad för någon, så var
"föremålet för hennes låga" inte intresserad, och när någon man
var intresserad av henne blev hon ointresserad.

Vi försökte ta reda på vilka tankar och attityder hos henne som orsakade detta återupprepade mönster. Ett förslag var att det kanske handlade om dåligt självförtroende. Att tankarna gick som så att; "den person som kan vara intresserad av en sådan som jag har jag inte det minsta förtroende för", eller "om jag lyckas attrahera någon som från början inte är intresserad, då har jag verkligen gjort ett kap":

Men vid närmare undersökning visade det sig att det var en annan mekanism som låg bakom den omöjliga positionen. Det handlade om hennes förhållande till beroende. Hon kunde inte acceptera att vara beroende och därmed blev det också omöjligt för henne att bli riktigt passionerad i ett förhållande. Hon tyckte att man blev patetisk när man blev beroende.

Vi pratade en hel del om olika grader av beroende, om olika sorters beroende. Hon kunde flirta och på så sätt få en första kontakt. Men hon kunde inte bli passionerad och ge sig hän i relationen. Därmed fungerade nästa steg i utvecklingen av relationen dåligt. Det steg som skulle innebära att hon och hennes kille, som ett par, kunde börja utveckla sitt sociala nätverk.

Hon fortsatte istället att agera "flirtigt" i de sociala sammanhang där de skulle kunnat utveckla sin sociala identitet i en parrelation. Vi fick arbeta mycket med hennes svårigheter att ge sig hän i en relation. Det var svårigheter som bl.a. hade en förklaring i att hennes föräldrar varit alkoholiserade och att hon därmed aldrig riktigt kunnat lita på någon i en nära relation. Hennes växande medvetenhet om sina känslomässiga problem i en kärleksrelation gjorde det möjligt för henne att så småningom känna sig friare att ge sig hän och njuta i relationen.

Medvetenhet är ett av sex terapeutiska motiv som lyftes fram vid utvärderingen av en kurs som Gestaltakademin i Skandinavien hade arrangerat.

I nedanstående uppställning har jag kommenterat terapeutens och klientens ansvar i den terapeutiska processen.

Terapeutens ansvar	Klientens ansvar
Medvetenhet	**Medvetenhet**
Att hålla medvetenheten hög om sina egna FRAMES-settings, så att känslomässiga reaktioner mot klienten inte sammanblandas med känslomässiga reaktioner mot andra viktiga personer i terapeutens liv.	Att sträva efter ökad medvetenhet om sina FRAMES-settings, om reaktionsmönster i sitt liv, och att känna efter om relationer är "närande" eller "tärande".
Ansvar	**Ansvar**
Att tillsammans med klienten utveckla arbetssättet i terapin för att nå de terapeutiska målen.	Att ansvara för sitt engagemang i terapin och inte lägga ansvaret enbart på terapeuten eller på anhöriga.

Terapeutens ansvar	Klientens ansvar
Ledarskap	**Ledarskap**
Att vara medveten om sin klients förmåga till personligt ledarskap i sitt liv och att fungera som lots för att öka den.	Att sträva efter att öka sin medvetenhet om sitt personliga ledarskap och att öva sig i att utöva personligt ledarskap.
Kontakt	**Kontakt**
Att se till att "vara ren" i mötet med klienten och inte driva projekt som klienten inte är delaktig i.	Att bli medveten om sin förmåga att vara i kontakt med sig själv och en annan person, i terapirummet och "där ute".
Integration av polariteter	**Integration av polariteter**
Att ha gjort ett bra förarbete med sig själv och att fortsätta att integrera i nuet. Hjälpa klienten att bli medveten om sina polariteter.	Att upptäcka och acceptera sina polariteter och att utveckla sin beteende-repertoar så att agerandet är anpassat och integrerat med livssituationen.
Kreativitet	**Kreativitet**
Att vara lyhörd för och bekräfta klientens kreativitet.	Att utöva och utveckla sin förmåga till kreativitet i livet

(matris 4)

Medvetenhet (1): Det mest grundläggande terapeutiska motivet är att utveckla medvetenhet om sig själv. Vad kan jag förnimma i den *inre* uppmärksamhetszonen och vad kan jag förnimma i den *yttre* uppmärksamhetszonen här och nu? Vad har jag i tankarna?

Vilken uppmärksamhetszon dominerar (är i förgrunden) i ett visst sammanhang? Hur fungerar ångesten i mig? Vad ser jag, vad känner jag nu? Vilka förnimmelser, vilken energi, vilka föreställningar och handlingar mobiliseras nu? Finns det några återkommande mönster i mitt sätt att agera, tänka, känna, bli varse och reagera psykosomatiskt?

Första steget i att kunna välja huruvida jag vill fortsätta att vara i något beteende-, tanke- eller reaktionsmönster är att bli medveten om att de finns och hur de fungerar.

Om jag *inte* är medveten om sambanden mellan perceptionen, mina minnen, föreställningar, fysiologiska reaktioner, känslor, självupplevelser och mitt agerande så löper jag med tiden risk att få obegripliga psykosomatiska symtom, och bli allt mer osäker och rigid.

Så småningom begriper jag varken världens eller mina egna reaktioner och sätt att existera. Det som man *inte* är medveten om kan styra mer än den medvetna viljan.

Om man inte klarar att möta det omedvetna som spelar mig spratt i mitt agerande, kan livet gång på gång bli till besvikelse för mig.

Målet i terapi är istället att utveckla sin integritet och sin förmåga att vara i kontakt med sig själv och andra. Att reflektera över sig själv i olika situationer, sitt sätt att "ta in" omvärlden (F), sitt sätt att reagera kroppsligt (R), sitt sätt att agera (A), sitt sätt att tänka (M), sina känsloreaktioner (E) och sin självkänsla (S).

Det gör det möjligt att bli medveten om hur livet fungerar för mig och därefter bli medveten om existentiella val som är möjliga att göra.

Om psykisk dissociation "icke-kontakt":

Den franska läkaren Charcot (som hade stort inflytande på Freud när han började utveckla sina modeller) menade att "dissociationen" mellan det medvetna och det omedvetna berodde på någon brist i nervsystemet, en inneboende svaghet, så att själen inte kunde hålla ihop i en helhet.

Freud ansåg, att dissociationen hos de hysteroida patienterna utvecklades på grund av patienternas aktiva försök att dissociera. Han menade att denna aktiva dissociering var en försvarsmekanism som kunde leda till neuropsykos.

Huruvida dissociationen mellan olika delar av själen beror på en biologiskt betingad brist i nervsystemet eller på en aktiv process i klienterna för att hantera en svår situation är en fråga som bör ses i ett bredare perspektiv.

Freud, och hans dotter Anna definierade flera så kallade försvarsmekanismer. Med det menade de både försvar mot driftsimpulser, och försvar mot överjagstrycket. Skillnaden mellan normalt och patologiskt bruk av försvar är att försvar hos normalmänniskan inte ensidigt och stelt tillåts dominera upplevandet. Hon tränger bara tillfälligt bort en oacceptabel impuls, eller avskär i effektivitetssyfte för stunden sina tankar från störande känslor.

Det mest mogna och funktionella försvaret är bortträngning. Det kan i bästa fall vara fritt från emotionell, perceptuell och/eller kognitiv förvrängning. Andra, mer omogna försvar som projektion, isolering och reaktionsbildning innebär ofta sämre realitetsprövning, dvs kan innebära kognitiv och perceptuell förvrängning av realiteter i den inre och/eller i den yttre uppmärksamhetszonen.

När Freud talar om försvar mot driftsimpulser, så skulle det i FRAMES-termer kunna översättas till - försvar mot fysiologiska behov (R), vissa tankar (M) och en handlingsberedskap (A).

Försvar mot sexuell upphetsning kan i FRAMES-termer beskrivas som: Bortträngning av:

(F) tittande, (R) kroppslig kåthet, (A) flirtande och sexuella handlingar, (M) tankar på sex, (E) sexuella känslor och (S) upplevelsen av sig själv som sexobjekt och en person med sexuella behov.

Försvar mot *överjags*-trycket gällande sexualitet kan beskrivas som försvar mot till exempel minnes-FRAMES av sexuella lekar från barndomen där vuxna ingrep på ett negativt sätt, och visade sitt ogillande.

Inom gestaltterapi beskrivs kontakt-brott (dissociation) som tar sig uttryck i *motstånd* mot att vara i kontakt med sina behov. För att komma i balans med sig själv behövs att man inte gör motstånd mot de behov som man har. Men det är just det som händer i många människor - att man inte respekterar sina behov.

Om man gör motstånd mot att uppmärksamma sina behov blir gestaltformeringen/varseblivningen av behoven inte komplett. Man kommer inte i kontakt med sig själv (sin inre uppmärksamhetszon) fullt ut, och/eller inte heller i kontakt med omgivningen (sin yttre uppmärksamhetszon).

Inom gestaltterapi definierar Rosner fyra former av motstånd mot att bli varse och agera utifrån sina genuina behov:

De är:

(1) introjektion,

(2) projektion,

(3) retroflektion och

(4) konfluens

Med *introjektion* menas att man "svalt" ett sätt att agera, känna, ett sätt att "ta in" och tänka om världen, som inte riktigt passar in i ens egna livsbetingelser. Man har inte "tuggat och smält" detta sätt, utan bara övertagit det från andra - utan reflexion. Därmed kanske det inte alls passat en själv och de förutsättningar som man har haft i livet.

Med *projektion* menas att en person som projicierar inte kan acceptera sina känslor och handlingar därför att han tror att han inte *borde* ha dom. Istället tillskriver han andra dessa känslor och attityder - och kan då till exempel känna sig hotad av en person därför att han själv känner sig aggressiv mot denna person.

Tidigare i boken har jag beskrivit begreppet projektion i en bredare betydelse. Projektivt tänkande, projektiv perception eller projektivt agerande innebär att det som redan finns inom mig av tankar, känslor, behov och handlingspotential kommer att ha ett inflytande på nya upplevelser. Det behöver då inte bara handla om sådant som jag inte vill stå för och projicierar ut på andra. Mitt förflutna, invävt i min personlighet, mitt själv, påverkar helt enkelt min varseblivning av det som är, här och nu.

Med *retroflektion* menas att göra mot sig själv sådant som man skulle vilja göra mot andra. Till exempel: Man kanske inte kan acceptera ilska utan tycker att ilska är förkastligt. Om man känner sig arg på någon så vänder man genast ilskan emot sig själv istället.

Med *konfluens* menas att gestaltformeringen av det inre och det yttre blivit "en enda soppa". Man har sämre förmåga till gestaltbildning. Man blandar ihop sina egna behov med andras behov. Man är i en identitetsdiffusion. Upplevelsen av sig själv och sina behov flyter ihop med upplevelsen av andra och deras behov, känslor, tankar och attityder. I och med att man *inte* har en tydlig upplevelse av sig själv i relation till en annan ("jag-gränserna" är diffusa) kan man inte heller vara i äkta kontakt, vare sig med sig själv eller med den andre.

Motsatsen till konfluens kan sägas vara egotism. Dvs självständighet och suveränitet gentemot andra är viktigast av allt i tillvaron. Den livspositionen kan resultera i kontakavbrott gentemot andra i den yttre uppmärksamhetszonen, men det kan också resultera i kontaktavbrott gentemot den inre uppmärksamhetszonen.

Om tänkande, värderingar och agerande utgår från att "man är sig själv nog", finns risken att man inte har kontakt med alla sina behov, t.ex. sina behov av kontakt med andra. Ytterligare en form av kontaktavbrott är "deflektion" eller avledning från det som riskerar att vara "en het potatis". Man låter den andres kontaktförsök "studsa" iväg bort från samtalet. Om det börjat hetta till i relationen kanske man "flyr" från hettan genom att till exempel säga; "nej nu tar vi lite kaffe. Sen kan vi väl …".

Omedvetenhet kan ha fler orsaker än konstitutionella, dysfunktionella neuropsykologiska funktionssätt, så som Charcot antog, eller aktiv dissociering (enl. Freud) — alternativt motstånd mot kontakt med de inre och yttre uppmärksamhetszonerna (ofullbordade gestalter).

Även *bristande socialt stöd* med uteblivna speglingar för att ge hjälp till att kunna "se sig själv", sina eventuella motsägelsefulla tankar och känslor, kan bidra till omedvetenhet. Detta kan lätt drabba en chef vars underlydande inte vågar ge feedback på chefens agerande.

Ett barn kan ha levt i en miljö där dess behov och känslor försummats, inte respekterats, och i vissa fall aktivt motarbetats. Barnet har därigenom blivit mer eller mindre indoktrinerat i att dess behov och känslor inte räknas. Resultatet kan ha blivit att inte ens barnet själv räknar med sina känslor och behov. Därmed blir medvetenheten om sig själv förvrängd.

Omedvetenhet utvecklas också när något blir automatiserat. När man har lärt sig att cykla minskar medvetenheten om själva cyklandet efterhand som cyklingen automatiseras. Den perceptuella processen kännetecknas av ständigt växlande mellan vad som är i förgrunden (vad som är "figur") och vad som är i bakgrunden av uppmärksamheten ("figur-bakgrund-skapande"). Det som för stunden är i bakgrunden är mindre medvetet än det som för stunden är i förgrunden.

Den perceptuella processen (gestaltningen) kan vara dynamisk och växlande som eldens flammor, molnen på himlen eller havets yta i olika väder och olika tid på dagen. Men varseblivningen/ perceptionen kan också fastna i automatiserade associationer. Till exempel vid ångestpräglade tvångstankar. När man befinner sig i tvångstankar är medvetenheten låg om alternativa tankebanor.

Gestaltformeringen påverkas av stress. När man blir rädd eller arg får man "tunnelseende". Tunnelseende kan också sägas vara en form av bortträngning, i bemärkelsen *fokusering* och *av-gränsning* av medvetenheten till att gälla det upplevda hotet.

Detta hot kan upplevas komma från den inre uppmärksamhets-zonen, som vid ångest när den upplevs som en somatisk sjukdom, eller från den yttre uppmärksamhetszonen, som vid ett gräl med någon.

Ångest kan alltså öka ett dysfunktionellt försvar av den personliga integriteten genom att orsaka "tunnelseende" gentemot upplevda hot, och "lyssnarfilter" gentemot andra personer. Ångest kan också vara en effekt av dysfunktionellt motstånd mot egna behov.

Den nedåtgående spiralen i ett ångestfyllt gräl kan beskrivas som en ond cirkel, som kanske börjar med ångest på grund av en inre konflikt mellan egna behov.

Till exempel; jag vill ha förståelse (här-och-nu-FRAMES) men jag upplever en inre konflikt i att be om förståelsen därför att mitt minnes-FRAMES säger mig att jag ska akta mig för att blottlägga mig, för då blir jag med största sannolikhet kränkt.

På grund av den inre konflikten får jag nu ångest. I mötet med den person som jag vill ha förståelse från, och på grund att jag nu upplever ångest, förstärks min selektiva perception (mitt tunnel-seende och mitt lyssnarfilter). I samtalet blir jag över-känslig för ord och kroppsspråk (även mycket subtila signaler) som kan tolkas som icke-förståelse.

Detta ökar min ångest ytterligare och fördjupar min inre konflikt mellan här-och-nu-FRAMES och minnes-FRAMES. Då ökar också behovet att försvara min integritet. Istället för att be om för-ståelse kanske jag säger att; "jag har väl samma rätt som andra att få förståelse, men du varken ser eller hör mina behov", vilket i sin tur leder till ökad ångest, på grund av den ursprungliga inre konflikten (i att be om förståelse), vilket ökar längtan efter att bli förstådd i min ångest.

Den onda cirkeln är igång. På grund av den stress som jag nu befinner mig i, kan jag inte uppfatta och ta in, om den andre verkligen har en vilja att förstå mig. Det kan till och med vara så att den andre förstår mig bättre än jag själv gör. Ångest efter ett utbrott kan bero på skuldkänslor och att man ser på saker med större realism efter utbrottet, jämfört med hur man upplevde allt under utbrottet.

Det finns då alltså minst fyra förklaringar till omedvetenhet:

(1) Mentala/kognitiva, neuropsykologiska funktionssätt som ger svårigheter att växla uppmärksamhet mellan olika upplevelse-segment och olika uppmärksamhetszoner, mellan helheter och detaljer, mellan olika perspektiv och därmed också svårigheter att uppleva mening och sammanhang i det som sker; dissociation som mer överensstämmer med Charcots dissociationsbegrepp.

(2) Aktiv dissociation; försvar enligt Freud, eller motstånd i gestalt- terapeutisk terminologi.

(3) Bristande socialt stöd och hjälp till att bli medveten om sitt tänkande, sina motiv, sitt agerande, och motsägelser och inkonsekvenser i helheten.

(4) Automatiserade perceptuella, mentala och emotionella associationer. Automatiserat agerande, och automatiserade själv-upplevelser. Dvs att associationer mellan FRAMES-kategorierna automatiseras, och därför blir mer eller mindre omedvetna.

Automatiska tankar (M) om självet (S) kan uppstå på bråkdelen av en sekund, och ge fjärilar i magen (R), olustkänslor (E), låsning av agerande (A).

Sammanfattningsvis om automatiserade FRAMES:

Associationerna mellan de olika FRAMES-kategorierna kan ske blixtsnabbt, på ett reflexmässigt sätt, och på grund av detta vara omedvetna i de flesta vardagssituationer. Från början kan associationerna ha varit både osäkra och medvetna. Till exempel när en elev, som förut varit trygg i sin klass, byter klass, och blir mobbad i den nya klassen, kan han/hon från början vara både förvirrad och medveten om sina känslor.

Så småningom, om inget görs för att bearbeta elevens situation, kan automatiska gestalter (F) aktiveras i skolan, med blixtsnabba kroppsreaktioner (R), omedelbara undvikandemanövrer (A), negativa "självpratstankar" (M), nedstämdhet (E) och negativa självupplevelser (S).

Allt detta som till en början var mycket påtagligt och på en hög medvetenhetsnivå, kan efterhand bli till automatiserade FRAMES, som aktiveras i andra otrygga sociala situationer, utan att man är medveten om hur och varför.

Man skulle naturligtvis kunna hävda, att det handlar om ett aktivt dissocierande mellan medvetna och omedvetna reaktioner. Men det kan också handla om associationsbanor i hjärnan, som blivit så dominerande och automatiserade "associations- motorvägar", att medvetenheten om dem minskat på grund av alldagligheten. Om ångest på grund av stress, irritation och rädsla finns med i vardagen, minskar medvetenheten om associationer mellan FRAMES-kategorierna (dissociationen ökar) på grund av "tunnel-seendet".

Som terapeut är det viktigt att tänka sig alla de olika möjligheterna till att en klient dissocierar på ett sätt som är dysfunktionellt (brister i kontakt med andra och sig själv).

Det innebär att;

(1) bristande minneskapacitet, bristande förmåga att abstrahera, generalisera och diskriminera eller bristande förmåga till att skifta uppmärksamhet, vare sig det sker på grund av stress eller av konstitutionella skäl (som exempelvis vid Aspergers syndrom), eller

(2) aktiv bortträngning, eller

(3) bristande medvetenhet på grund av bristande socialt stöd, eller

(4) automatiserade FRAMES och dissociation på grund av hög ångest eller stressnivå ...

att alla dessa förklaringsgrunder ska beaktas som möjliga hypoteser i den diagnostiska fasen av psykoterapi. Vilka orsakerna till dissociationerna än är, kan de permanentas i personligheten.

Men de kan också efterhand bearbetas så att dissociationer ersätts av associationer. Vid akut chock, t ex vid en anhörigs oväntade bortgång, pendlar man mellan fragmenterad medvetenhet (fragmenterade associationer) om vad som har skett, och de invanda associationerna mellan FRAMES, så som de var före katastrofen.

Man agerar till och från som om katastrofen inte hänt. Gamla FRAMES associeras växelvis med insikten om de förändringar som följer av katastrofen, och sorgen över detta. Så småningom utvecklas nya FRAMES som inkluderar minnen av de gamla FRAMES. Det är lättare att uppleva integritet, om man inte behöver överraskas av att man glömt viktiga fakta (dissocierar) om hur livet just nu gestaltar sig.

Men även positiva förändringar kan vara besvärliga att handskas med, om de avviker från invanda FRAMES. I familjeterapi händer det ofta att de övriga familjemedlemmarna har svårt att anpassa sig till positiva förändringar hos någon i familjen. Den "vanartige sonen" har inga utbrott där hemma, men attityden gentemot honom är lika misstrogen som innan han gjorde förändringen. De övriga i familjen behöver hjälp att se, och bekräfta förändringen.

Eftersom vi själva inte alltid är medvetna om inkonsekvenser i vårt beteende, så behöver vi bli speglade av andra för att kunna bli medvetna och insiktsfulla. En spegling kan dock kännas som en "kalldusch". Den kan väcka så starka känslor, att man inte till en början kan komma till insikt, utan man behöver tid att få reflektera, smälta, tänka igenom och integrera det nya med det gamla. Det förutsätter att den spegling man fått är riktig, och inte en ogiltig projektion ("på sig själv känner man andra") från den som speglade mig.

Tyvärr har vi i vår kultur rätt svårt att spegla varandra. Vi har kanske inte så många bra förebilder. På grund av rädsla för att kränka kan vi bli vaga och obegripliga i det vi vill säga, eller så slår det över till ilska när vi ska formulera oss. Det finns risk att speglingar då blir klumpiga och kränkande, att vi ger oss på den vi vill spegla därför att vi måste mobilisera så mycket energi innan vi säger vårt hjärtas mening. Och vi är heller inte särskilt tränade att stå upp för oss själva, svara an (ta ansvar) på ett konstruktivt sätt, som inbjuder till att fortsätta att spegla, att försöka förbättra sättet att spegla varandra med stora portioner positiv feedback.

Det som istället lätt sker är att man pratar "bakom ryggen" på den som skulle ha behövt bli speglad för att han eller hon ska kunna utvecklas i sitt sociala nätverk. Så låt oss finna sätt att konstruktivt och respektfullt ge social feedback till varandra.

Vi behöver få det, för att finna mening i vår roll i vårt sociala nätverk, för att förstå och hantera vår tillvaro. Vi behöver det, för att utveckla vår självkänsla, vårt agerande, vår uppmärksamhet, vårt tänkande och vår "emotionella intelligens", vår äkthet och integritet. Vi behöver det för att ha vänner, frihet och ett analyserat liv.

I terapi arbetar man för att komma bort från en oärlig, omedveten, förvirrad, splittrad, rollspelande, ångestfylld eller deprimerad tillvaro. En katt eller en hund kan sägas vara i sitt autentiska jag (sin essens) hela tiden. Den lever inte efter uttänkta, etiska principer. Den lever i, och på grund av grundläggande biologiska överlevnadsprinciper. Den reflekterar inte över om den varit omoralisk eller inte. Däremot vet hunden om matte och husse ogillar eller gillar det den gör.

Vad menas då med att det är viktigt för den psykiska hälsan att vara autentisk/äkta/ärlig?

Vår psykofysiologiska kon-stitution är anpassad till att leva som flockdjur. Vi mår dåligt av ensamhet. Vår hjärna har en enorm kapacitet för språklig kommunikation som ska ske i samspel med andra. Vi skulle inte klara av att skaffa mat, kläder och skydd utan hjälp av varandra. För att vara autentiska behöver vi uttrycka våra fysiologiska behov och våra känslor.

Att vara autentisk gentemot sig själv, det är att vara ärlig mot sig själv och sina kroppsliga reaktioner, att erkänna sitt sätt att bete sig, sitt sätt att tänka och känna, så som man har utvecklats genom åren. Det behöver inte betyda att man är nöjd med allt i sig själv, eller att man ska lägga allt på bordet gentemot alla, i alla sammanhang. Men det betyder att vara ärlig och äkta gentemot sig själv.

För att reda ut begreppen om ett autentiskt själv, behöver vi dela
upp frågan i två delar. Dels huruvida vi är i kontakt med oss själva
och dels huruvida vi är autentiska gentemot andra.

Grunden för att vi ska kunna vara autentiska gentemot andra är
att vi är autentiska gentemot oss själva. Om det finns en
dissociation (icke-kontakt) mellan de olika FRAMES- faktorerna
(mellan känslor, tankar, agerande) finns också risken för så kallad
"identitetsdiffusion". Dvs otydlighet om vem man är, vad man
vill i relationen till andra. Det blir otydligt och förvirrat i kom-
munikationen med andra; vem som vill vad, vem som tänker,
tycker och känner vad. Vem *ska göra* och vem *har gjort* vad.

Varje relation i en människas liv kan beskrivas på många olika
sätt. Ett sätt är att beskriva den med frågorna:

(F) Vad ser och hör du, och vad är i förgrunden i din
uppmärksamhet, när du umgås med den eller den personen?

(R) Vad händer i din kropp när du möter "den andre"?

(A) Vilken handlingsberedskap/attityd har du, och hur brukar du
agera tillsammans med den andre?

(M) Vad tänker du om den andre, och om dig själv, när du möter
den andre?

(E) Vilka känslor har du när du möter den andre?

(S) Hur upplever du dig själv i mötet med den andre?

Också i kontakten med en terapeut är det en fördel ju mer
autentisk man som klient klarar av att vara. Det är naturligtvis
terapeutens ansvar att på bästa sätt hantera om klienten har svårt
att vara autentisk.

Det kan ju till och med vara så, att den viktigaste orsaken till att hen behöver gå i terapi är just den att hen inte klarar av att vara autentisk gentemot sig själv, och där-med inte mot andra.

De två ursprungligaste psykoterapitraditionerna; den psyko-analytiska och den behavioristiska traditionen hade sina utgångspunkter i olika metodiska lösningar för att hantera klienters eventuella svårigheter med att vara autentiska gentemot sig själva.

Freud instruerade sina klienter att associera helt fritt. Han försökte att inte störa associationerna och därmed inte heller klientens inre kamp med att vara autentisk. Det medförde att psykoanalytiska terapeuter, med sin tekniska neutralitet, tenderade att inta en passiv roll i samtalet, och låta klienten ha initiativet.

I den behavioristiska terapitraditionen hamnade man till en början i den andra änden av skalan. Dvs initiativet låg hos terapeuten. Terapeuten var aktiv i att strukturera den dia-gnostiska fasen i terapin, och därefter aktiv i att strukturera den bearbetande fasen. Terapeuten tog aktiv del i exponeringen/ konfrontationen av problemen och bearbetningen ny- eller om-inlärningen.

Det finns ett dilemma i relationen till en terapeut, vare sig terapeuten är aktiv eller passiv. Det har att göra med F-faktorn i FRAMES dvs klientens varseblivning av terapeuten.

Om terapeuten är passiv ökar sannolikheten att klientens selektiva varseblivning skapar en upplevelse av terapeuten som ger stort utrymme för att terapeuten får "ta emot" överföring av känslor, som klienten har till andra viktiga personer i sitt liv.

En terapeuts passivitet ökar sannolikheten att klienten projicierar tankar, känslor och handlingsberedskap på terapeuten. Tankar, känslor och agerande som kännetecknat relationen till den person som klienten kanske har en "oavslutad affär" med (mamma, pappa eller någon annan viktig person i klientens liv). Men det gör också att klienten just därför får en chans att bli bättre bemött och få nya upplevelser av sig själv.

Även om en terapeut är aktiv kan hon/han förstås få ta emot överföringar av känslor hos klienten om hon/han liknar någon signifikant annan i klientens liv, men utrymmet (och sannolikheten) för att en överföring ska inträffa är större om terapeuten genom sin passivitet lämnar klienten ifred att projiciera sina tankar och känslor på terapeuten utan att klienten behöver bli störd av eventuella olikheter mellan terapeuten och signifikanta andra.

I en psykoanalytiskt präglad terapi är överföring och mot-överföring kärnan i det som klienten ska förstå och bearbeta. Om dessa överföringar uppstår finns en unik chans till läkande, förutsatt klienten orkar fortsätta att vara i kontakt med terapeuten, och om terapeuten lyckas hjälpa klienten att lägga sin upplevelse av terapirelationen "på bordet".

I det fall som terapeuten är mer aktiv, som exempelvis i beteendeterapi, kognitiv beteendeterapi och gestaltterapi finns en annan risk. Terapeuten kan i olyckliga fall "skynda iväg" i handlingen och lämna klienten kvar i missförstånd och undringar. Klienten kan missförstå terapeuten och hans/hennes uppsåt, och få svårt att behålla förtroendet för terapeuten. Den terapeutiska arbetsalliansen hotas.

I en sådan situation blir klientens förmåga att ta personligt ledarskap i sin egen tillvaro, inklusive terapin avgörande för om terapin ska kunna fortsätta. Många gånger är det ju just därför att klienten inte har förmåga att ha personligt ledarskap i sitt liv, som han/hon behöver gå i terapi. Därför blir avvägningen av terapeutens "aktivitetsnivå" ett grannlaga ansvar för terapeuten.

Ansvar (2): Livet ställer mig inför ständiga existentiella val. Det är stora livsval, som att välja livskamrat, bostad, studier, arbete, vänner osv, och mindre genomgripande val som vad jag ska äta idag, roa mig med osv.

Inför dessa val kan jag vara mer eller mindre ansvarstagande. Jag kan lämna över besluten till alla möjliga personer runt omkring mig. Från föräldrar och syskon till kompisar, chefer, "samhället" Gud osv.

Otydlighet om vem som har ansvar för vad kan bero på att ansvarstagandet i mina samspelsmönster har varit otydligt. Om föräldrar inte själva varit på det klara med vad som är barnets behov respektive de vuxnas behov kan sådan otydlighet eller s.k. identitetsdiffusion utvecklas.

Ett exempel på sådana samspelsmönster är när mamma fryser och sätter på sitt barn mer kläder utan att kolla upp om barnet verkligen fryser. Det kan ju vara så att barnet är varmt och inte alls förstår varför det ska ha mer kläder. Ett annat exempel är när ett barn uppfyller pappas eller mammas önskan om yrkesval som han/hon själv egentligen varken vill göra eller passar för.

Att ta ansvar är att *svara an* utifrån sina sanna tankar och känslor och sin vilja. Utifrån sitt autentiska jag kan man sedan ge och ta, i samspelet med andra. En relation som bygger på ensidigt utnyttjande håller inte i längden. Jag får ta ansvar för min del i samspelet om det ska utvecklas till ett ömsesidigt närande samspel. Många av oss går omkring med föreställningar om att vi har mindre valmöjligheter än vi egentligen har.

Men den motsatta föreställningen finns också. Många s.k. "bortskämda barn" går omkring med föreställningar om att de har större valmöjligheter i livet än de egentligen har. I båda fallen blir det ett bristande flyt i tillvaron.

Känslan av valfrihet har både positiva och negativa sidor. Den positiva sidan är att den ökar känslan av att existera, att finnas till. Livet blir rikare.

Den negativa sidan är att valen ibland kan vara alltför svåra att överblicka och därför väcka alltför stor oro och ångest. Denna mekanism är sannolikt en viktig förklaring till att en del barn som börjat *få sista ordet i alltför många familjeangelägenheter* utvecklar en stor ångest och krampaktig men ambivalent bindning till någon av föräldrarna.

Anknytningsmönstret kan domineras av aggressiva krav på ständigbekräftelse och/eller ett ständigt ifrågasättande och avståndstagande från det föräldrarna gör och säger. Även i terapeutiska relationer kan det lätt bli förvirring kring vem som har ansvar för vad.

Ett sådant anknytningsmönster motsvarar det som man i anknytningsforskningen kallar otrygg ambivalent anknytning.

Mitt eget anknytningsmönster skulle jag nog säga är det som i anknytningslitteraturen kallas otrygg undvikande anknytning.

Som terapeut kan man få möta klienter med alla de olika anknytningsmönster som beskrivits i psykologisk litteratur om anknytning (se t.ex. Hemligheten Josefsson & Linge 2008).

En ung kvinna kom till mig på inrådan av en kamrat som hade gått hos mig tidigare. Det var till och med så, att det var min tidigare klient som ringde och beställde tiden.

Jag accepterade motvilligt att sätta upp en tid eftersom det är så viktigt att den som kommer till terapi verkligen tar ansvar för sin avsikt att gå i terapi. Kvinnan kom i alla fall till sin bokade tid.

Men hon visade mycket lite av egna initiativ i samtalet. Jag var extra tydlig i att poängtera hennes eget ansvar i situationen. När jag ställde frågor kom hon med en hel del material, så på så sätt tog hon ett ansvar. Bland annat berättade hon att hennes pappa var alkoholist, och hade varit inlagd på behandlingshem. Hon kommenterade också då och då i samtalet hur hemsk och omöjlig hon själv hade varit gentemot sin pappa.

Eftersom hon inte tyckte att hon behövde gå i terapi satte vi inte upp någon mer tid. Efter en vecka ringde min tidigare klient igen, och ville beställa tid för den unga kvinnan. När hon kom denna gång upprepades samma sak. Hon kom med information om sin livssituation, med många generaliserande kommentarer om hur hemsk hon var. Vi satte upp en ny tid.

När hon kom till den strålade hon som en sol i ansiktet. Men hon berättade om att hon hade en mask av leende, och att de flesta som hon kände inte visste att hon var så nedstämd inuti. Hon kom med mer information, bland annat om sitt sexuella agerande som hon skämdes för. Hon visade fortfarande ingen ledsenhet, men däremot liksom ryckte hon till i hela kroppen av obehag när hon reflekterade över sin historia. Mot slutet av timmen, när jag frågade om hon ville komma fler gånger sa hon att; "jag tar bara upp din tid. Det finns många fler som behöver din tid bättre".

Jag poängterade att jag själv tar ansvar över huruvida jag erbjuder dig fler tider eller inte. Det som du ska ta ansvar för är att bestämma om du vill komma. Hon fick svårt att bestämma sig. Jag föreslog då att vi skulle sätta upp fler tider. Hon blev mycket nöjd.

Jag upplevde hennes osäkerhet i anknytningen, inte bara i förhållande till mig, utan också i de relationer som hon hade berättat om. Därför föreslog jag nya tider, och sa till henne att jag uppfattade att hon var mycket ledsen över sin livssituation.

Jag upplevde starkt balansgången, att dels hjälpa henne att ta ansvar för sitt liv och inte lägga ut på andra att inse hennes behov av terapi, och dels frågan hur jag själv skulle kunna ta ett ansvar för att spegla hennes stora behov av terapi (så som jag uppfattade det).

I vuxna parförhållanden är självständigheten, och förmågan att ta ansvar för sina FRAMES en förutsättning för att relationen ska vara levande och utvecklas till en mogen parrelation efter förälskelse och tveksamhetsfaserna. Fritz Perls (den mest framträdande av gestaltterapins grundare) formulerade gestaltterapins "bön":

"Jag gör det jag vill och du gör det du vill. Jag blev inte satt till världen för att leva upp till dina förväntningar och du blev inte satt till världen för att leva upp till mina förväntningar. Du är du och jag är jag. Om det blir ett sant möte mellan oss två så är det härligt, och om det inte blir det så är det inget att göra åt det".

Jag föreställer mig att han formulerade "bönen" efter att han mött vuxna, som inte tog eget ansvar för sin egen tillvaro.

När man tar sin vän för given finns också risken att man slutar "uppvakta" honom/henne. Och när det handlar om en livspartner så är det rimligt att behandla honom/ henne bättre än man behandlar andra bekanta och vänner. Med respekt, omsorg och öppenhet. Inte tar honom/henne som någon uppassare som ska ta ansvar för ens eget välbefinnande.

På grund av barns oerfarenhet kan de inte ännu ta hela ansvaret för sitt liv. Eftersom barns uppfattning av världen fortfarande är fragmenterad kan de inte integrera sina nyvunna färdigheter i alla situationer där de skulle kunna användas.

En tonårig flicka med Tourettes syndrom, och relativt svag begåvning gick hos mig på grund av tvångstankar och tvångsbeteende. Vi, hennes föräldrar, flickan och jag hade bestämt att hon skulle komma själv till mig, och själv ta ansvaret för terapin, inklusive hemläxorna. Det var bland annat tänkt att föräldrarnas samspel med henne där hemma skulle förändras, eftersom föräldrarna var en del i hennes tvångsritualer.

När hon blev låst i sitt tvång, brukade hon vända sig till någon av föräldrarna och till exempel fråga: "gör det något om jag inte kollar alla dörrarna - om dom är stängda?" Föräldrarna hade svarat på frågorna åtskilliga gånger, och svaret var alltid detsamma; "nej det gör inget".

På så sätt hade föräldrarna blivit indragna i hennes tvångsritualer. Flickan skulle nu ta ansvar för terapin tillsammans med mig, och hon skulle jobba med dessa frågor i relation till mig, och inte dra in föräldrarna. Första gångerna hon kom själv till mig listade vi hennes olika tvångsritualer, och vilka tankar som utlöste dem. Hon började sedan att i ett par utvalda situationer agera på ett nytt sätt, och hon hade framgång, vilket uppmuntrade både henne och mig.

Så en gång följde mamman med och berättade att det inte hade blivit bättre. Det hade snarare blivit sämre. Det hade återigen blivit en dragkamp mellan henne och föräldrarna, där föräldrarna inte ville svara på hennes tvångsmässigt ställda frågor, och hon blev förtvivlad över att hon ville ha svar, för att kunna lugna sig. Fram till nu hade varken mamman eller flickan till fullo förstått ångestens/orons centrala roll i tvångsproblematiken.

Vi pratade nu om tre olika fokus:

(1) Ångesten
(2) Sakfrågorna, som exempelvis "om det gör något att jag inte kollat alla dörrarna"
(3) Vem som ska ta ansvar för situationen - att hantera ångesten

Flickan själv ville ha svar på sina sakfrågor. Jag kände mig som förespråkare för att ångestens fysiologi, och ångestens psykologi skulle få komma i förgrunden, både hos flickan själv och hos föräldrarna. Så att de på så sätt skulle fokusera på att möta ångesten snarare än att fokusera på de "uttjatade", rituella tvångsfrågorna som alltid fick samma svar. "Räcker det med så här mycket tvål?" - "Ja det räcker". "Men jag tycker inte att jag blir tillräckligt ren" osv.

Men vem skulle ta ansvar för att flickan t.ex. kom iväg till skolan på morgnarna, eller till terapitimmarna? – Eftersom flickan hade flera år kvar till sin myndighetsålder, och på grund av hennes funktionshinder, var föräldrarnas ansvar betydande. Eftersom hela familjen var indragen i tvångsproblematiken hade vi några familjesamtal där allas olika ansvar blev utredda. På morgnarna skulle föräldrarna ta ansvar och bestämma vad som skulle ske. Flickan fick preciserade uppgifter att ta ansvar för i sin träning att exponera sig för och lära sig att hantera sina ångestreaktioner, och att byta ut tvångsritualerna mot andra ageranden, som var bättre ägnade till att minska ångesten.

Föräldrarnas uppgift blev nu att vara allmänt stödjande och att hjälpa henne att komma igång med fysisk aktivitet, som motverkar hyperventilation, med alla de symtom som det ger.

Det visade sig efterhand att flickan ville ta ansvar. Hon ville bli av med tvångshandlingarna, eftersom de gjorde hennes liv besvärligt och obekvämt.

Ledarskap (3): Med personligt ledarskap menas här i första hand "att vara kapten på den egna skutan". I den här boken representeras den egna skutan av FRAMES-dynamiken och havet symboliserar den sociala ekologin. Som en följd av eget ledarskap på den egna skutan finns också förutsättningarna för att kunna vara en god ledare för andra ("amiral över andra kaptener").

Vad menas då med att vara kapten på den egna skutan? Ja det innebär ju att som ytterst ansvarig hantera frågor om destination, navigation, utrustning, proviant, sjukvård, arbete, avkoppling osv.

Det innebär att verkligen kunna segla till olika destinationer, och inte ligga i samma hamn t ex för att rodret är skadat. Vad vill jag med mitt liv? Hur ska jag nå det? Vad vill jag lära mig? Hur ska jag ta hand om mig själv? Hur ska jag läka mina sår och hantera min oro eller min lust?

Kontakt (4): Med god kontakt menas att vara i helhjärtad sann kontakt, här och nu, med de människor som jag kommunicerar med. Att våga visa sitt "sanna jag". Att inte sitta och tänka på andra saker medan jag lyssnar på en person. För att kunna vara i autentisk kontakt med andra måste jag kunna vara i autentisk kontakt med mig själv.

Jag behöver också vara medveten om att växla fokus mellan den andre och mig själv, hur och när jag gör det. Att vara i kontakt innebär att kunna se personen som jag har framför mig så som han är, och att inte felaktigt tillskriva honom något som kanske bara är en projektion av tankar och känslor som finns inne i mig, bara därför att han påminner mig om någon annan person eller om egen problematik.

Se verkligheten som den är, och inte som jag skulle vilja att den vore, eller tror att den är. När jag är i kontakt är jag sann mot mig själv och den andre.

Att vara i kontakt innebär att inget ovidkommande kommer mellan mig och den jag möter. Om jag lyckas med det kan jag få en säkrare uppfattning vem jag är, och vem den andre är, i vårt samspel och vår relation.

Integration av polariteter (5): När vi är små pendlar uppmärksamheten mellan olika upplevelser, och vi kanske inte förstår hur de olika händelserna står i förhållande till varandra. Vi begriper inte helheterna. Vuxna kan se sammanhangen men för barnen är en situation (här och nu) ofta helt skild från andra situationer, bland annat därför att barnet kan ha glömt den första när det är i den andra situationen.

När spädbarnet är utvilat, mätt, "nybajsad", "nyrapad", lagom varm, torr, njuter av sitt eget kroppsliga tillstånd och ligger i mammas armar och har ögonkontakt med mamma som älskar sitt barn och är i kontakt med barnet, då älskar barnet tillvaron, mamma-och-sig-själv.

Men den känslan kan också bytas ut mot den ilska och/eller rädsla som barnet känner när mamma säger nej eller inte kan tillfredsställa barnets behov omedelbart. Det innebär att barnet kan uppleva mamma på så helt olika sätt att det blir som om det inte vore samma mammaperson som upplevs.

Mamma-och-jag-upplevelserna polariseras i två extremt olika upplevelser. När barnet med minnets hjälp kopplar ihop en positiv mamma-och-jag-upplevelsen med en negativ mamma-och-jag-upplevelsen och därmed bygger upp föreställningen om att han/hon samspelar med samma mamma, som visserligen kan upplevas olika, men ändå är samma person, så utvecklas också en sammanhållen existens, ett sammanhållet viljeliv, och grunden till en sammankopplande, integrerande självupplevelse har lagts.

Att våga, att misslyckas och att lyckas under kärleksfull ledning skapar trygghet. Det ger barnet känslan att det är tryggt att prova och att misslyckas och på det sättet upptäcker barnet sina egna förmågor, sin egen del i samspelet med andra, och får en trygg känsla inför livet.

Låt oss ta exemplet att barnet spelar fia med knuff med mamma. Mamma kanske inte vågar låta barnet förlora av rädsla att skada barnets självkänsla, och ser till att barnet alltid vinner. Det innebär att hon undanhåller barnet viktiga erfarenheter av att det inte är farligt att förlora. För att kunna koppla ihop (integrera) "vinnakänslan" med "förlorakänslan" behövs att man får uppleva båda känslorna under trygga förhållanden.

Om föräldrarna alltid låter barnet vinna finns risken att barnet diskvalificerar föräldrarna som förebilder som man lär sig saker av. Barnet blir mer sårbart när han/hon sedan spelar med andra som *inte* låter det vinna. Förvirring uppstår. Spelupplevelsen och viljelivet blir polariserat.

Om mamma istället vinner och behandlar honom med respekt när han förlorat kan han upptäcka att han både kan vinna och förlora och att hans självkänsla överlever båda resultaten. Och han förstår att han kan lära sig och utvecklas, och att det är livets gång.

Polarisering kan uppstå i många personlighetsdrag, viljeyttringar och självupplevelser. Generositet, aggressivitet, uthållighet osv. Målet i terapin är att klienten kan börja uppleva att man har förmåga till båda polariteterna och även allt som finns emellan polariteterna. Det fungerar att vara "halv- generös, eller kvarts-generös" också, och i olika situationer är det naturligt med olika nyanser i min vilja och min självupplevelse.

Kreativitet (6): Varför är det bra med kreativitet? Det har visat sig att både när man skrattar och är kreativ så utsöndras endorfiner (*haha!* och *aha!* känns rätt lika och det är kanske ingen tillfällighet).

Kreativitet innebär inte bara en ökad möjlighet till att hantera nya och oväntade livssituationer utan det tycks också leda till fysiologiskt betingat *välbefinnande*. Kreativitet står också för förmåga att kunna koncentrera sig på händelser i tillvaron som man behöver hantera på något sätt. Därigenom sker en personlighets och färdighetsutveckling som ger nya upplevelser i en god utvecklingsspiral.

Psykoterapi har personlig utveckling och psykisk hälsa som mål. De mål som Gestaltakademin i Skandinavien har ställt upp; medvetenhet, personligt ledarskap, kontakt (förmågan att vara i känslomässig och mental kontakt med andra), integrering av polariteter (förmågan till nyanser i uppfattningen av om-givningen, nyanser i tänkandet, känslor och agerande), kreativitet (flexibilitet och utveckling) samt ansvarsvarstagande för sitt liv, är ett sätt att formulera vad som är psykisk hälsa.

Freud lär ha sagt till en journalist i all hast, på frågan om vad psykisk hälsa är; att det är förmågan till att älska och arbeta.

Antonovsky har i sitt begrepp "känsla av sammanhang" lyft fram behovet av begriplighet, hanterbarhet och medvetenhet i sitt liv som hälsobringande (salutogent).

Vad är då negativt för den psykiska hälsan? Ett sätt att uttrycka det är: När de cirkulära sambanden mellan FRAMES-faktorerna blir till onda cirklar som förhindra personlig utveckling, som förhindrar att livsenergin i kroppen får påfyllning, som förhindrar att kärleksfulla relationer utvecklas. De onda cirklarna kan ha många olika utgångspunkter. En orimlig livssituation, utsatthet för mobbning, sjukdomar och funktionshinder, negativa förebilder för agerande och värderingar.

Dysfunktionella FRAMES kan vara resultatet av orimlig social belastning och de kan ha utvecklats när individen inte varit mogen, inte haft tillräckliga färdigheter och inte rätt pedagogik och social feedback för att kunna hantera den situation som gav upphov till rädslan och förvirringen.

Minnen finns även i de limbiska strukturerna i hjärnan (där känslolivet har sitt centrum). Känslo- och kroppsminnen kan generaliseras och ge upphov till orimliga generaliseringar och generaliserad ångest.

Psykiska trauman kan komma av dramatiska förluster, men det kan också handla om s.k. "kumulativa" trauman. Försummelse av ett barns behov av trygghet och näring kan vara ett mer eller mindre konstant tillstånd som ett barn lever i. Det får också den negativa konsekvensen att barnet kan få svårt att riktigt förstå vad det är som är fel.

Han kan utveckla ett falskt själv för att kunna gå in i roller som kompletterar familjens eller gruppens behov. Det blir svårt eller omöjligt att agera utifrån autentiska tankar, behov och känslor. När han sedan möter andra personer/grupper är sannolikheten stor att dessa andra intar komplementära roller som matchar hans agerande. Hans psykiska sår (kränkningsupplevelsen) iscensätts åter därför att hans "mentala karta" över anknytningsbeteende och de tillhörande självbilderna, känslorna, de fysiologiska reaktionerna med tillhörande behov fortsätter i parallella spår som i hans ursprungliga miljö.

Genomslagskraften i sådana parallellprocesser kan vara mycket stor. Om han har tur kan de vuxna som han möter vara kloka, och undvika att falla in i mönster som upprepar de traumatiserade (sårade) anknytningsmönstren, och istället, genom sitt agerande, förändra hans upplevelser, och hjälpa honom till nya anknytningsmönster.

Att bearbeta trauman har med alla faktorerna i FRAMES-modellen att göra. Det innebär att bearbeta varseblivningen, agerandet, tankarna, känslorna och självbilden i förhållande till det svåra. Det innebär att på något sätt lyckas minska stressen, ångesten eller ilskan, att lyckas lugna sig.

Avslappnad andning är en viktig del i denna avspänning: Jag träffade en ung, mycket stressad kvinna som upplevt stark ångest och haft självmordstankar. Hennes andning var mycket låst. Jag bad henne lägga en hand på magen strax ovanför naveln, och en hand på bröstkorgen. Så bad jag henne att iaktta vilken hand som rörde sig mest när hon andades. Hon tittade länge, och så sa hon: "Det ska vara den nedre va´?" Jag svarade: "Precis! Det är lektion 1A".

Så satt hon länge och försökte andas så att den nedre handen skulle röra sig mest, men hon kunde bara se bröstkorgsrörelser. Så bad jag henne att luta tillbaka stolen ytterligare för att hennes magmuskler skulle slappna av och därigenom göra "magandning" lättare. Men det blev ingen förändring i andningsrörelserna. Då bad jag henne kolla om hennes byxlinning satt för hårt åt. Det gjorde den, och när hon öppnade den översta knappen blev andningen en aning bättre. Men det var fortfarande inte en avspänd och lugn magandning. Det var först när hon fick lägga sig på ett liggunderlag på golvet, med underbenen på fåtöljen som hon kunde få till en avslappnad magandning. Hon blev tagen av att det kändes så skönt och avspänt i magen, och att hon kunde gå in i en riktig avspänning.

Att bearbeta trauman är att förstå och integrera sina känslomässiga reaktioner i förståelsen. Att känna allt mer av integritet. När man känner integritet minskar risken för ångest.

Det innebär att så småningom börja kunna se världen som den är, inte orealistiskt pessimistiskt, eller som om det svåra inte inträffat. Det innebär också att kunna komma ur tärande handlingsmönster, bort från "inlärd hjälplöshet" i en offer-roll. Att uttrycka sina känslor för att förstå dem och få tröst. Och det innebär att man börjar uppleva sig själv som en hel och värdefull människa.

En ung begåvad homosexuell man (vars pappa var alkoholist) hade under sina första skolår intagit en passiv, observerande roll i skolan. När han blev äldre blev han allt mer populär i skolan. Men han var ständigt olyckligt förälskad, eftersom de killar som han var förälskad i alla var heterosexuella. Till en början pratade vi om det hela som att han kanske gjorde dessa ställningstaganden (att hålla fast vid en omöjlig relation) som en återupprepning av sitt utanförskap (sina utanför-FRAMES). Han började vidga sina perspektiv, och fann nytt innehåll i sitt liv. Nya intressen. Men efter att vi haft uppehåll i våra samtal, kom han tillbaka och mådde lika dåligt igen. Nu hade han åter blivit fixerad vid en av de förälskelser som fortfarande var lika omöjlig.

Då slog det mig att man skulle kunna betrakta det hela som en besatthet eller som tvångstankar. När jag tog upp detta svarade han genast att han hade andra tvångstankar, och att det hade börjat när han gick i årskurs fyra, alltså samtidigt som han hade intagit sin observerande "utanför roll". Vi kunde nu fokusera på ångestens roll i besattheten/tvångstankarna. Att tänka på den kille han var förälskad i hade två sidor. Å ena sidan väckte det oro/otillfredsställelse, och å andra sidan gav förälskelsetankarna/ förälskelsekänslorna en skön känsla i kroppen. Dessa båda FRAMES i förhållande till föremålet för hans förälskelse avlöste varandra i ständiga tvångstankar och tvångsageranden (han sökte hela tiden sätt att komma i kontakt med föremålet för förälskelsen). Vi "stramade nu upp" terapin, och tillämpade kognitiv beteendeterapi kring tvångsbeteendena. Homosexualiteten blev bakgrund och ångesten i tvångsagerandet blev förgrund i terapin.

Hur kan då bearbetningen ske?

Inom pedagogiken brukar man säga att inlärning blir effektivare ju fler sinnen som är involverade, och ju mer båda hjärnhalvorna engageras i inlärningssituationen. Detsamma vill jag påstå om terapi. Förutom en nyanserad, rik aktivering av sinnena är det också positivt om alla FRAMES-kategorierna (kroppsliga reaktioner och känslor, agerandet, tänkandet, självupplevelsen) konfronteras och kommer med i bearbetningen.

Inom kognitiv beteendeterapi är exponering (dvs att konfronteras med de jobbiga situationerna eller tankarna) en mycket viktig del i behandlingen. I fallet med den unge mannen som led av sina omöjliga förälskelser la vi upp det hela som en exponering/ritualpreventionsterapi. Dvs han fick börja med att hålla isär de oroväckande tankarna på förälskelsen från de tillfredsställande tankarna på föremålet för förälskelsen.

Vi började med att göra det tydligt att vissa tankar (jag kan inte få honom) gav ångest, som sedan ökade och ökade tills han bytte mot andra tankar, som gav ångestlättnad. Ibland hade han också sökt upp föremålet för förälskelsen, vilket minskade ångesten för stunden. Sedan fick han fokusera på de oroväckande tankarna och hålla kvar vid dem, utan att på det rituella sättet tvångsmässigt uppehålla sig i sin beundrande hållning gentemot förälskelseobjektet, eller utan att söka upp honom.

När jag slutade träffa honom hade han börjat kunna finna homosexuella män att bli förälskad i.

Gestaltterapi innehåller två ordled, gestalt och terapi. Det grekiska ordet therapeia betyder vård (behandling, tjänst) och det tyska ordet gestalt kommer av "stellen" som betyder ordna, ställa. Det har också i vårt språkbruk fått betydelsen visuell skepnad, urskiljbar form/figur.

Gestaltpsykoterapi betyder alltså, om man tänker på grundbetydelsen av orden "vård av själen genom att ordna". Och ordningen handlar om sätt att varsebli, tänka och känna.

Ordet gestalt användes av gestaltpsykologerna som studerade perceptionen. Vi talar om visuella gestalter (figurer), verbala gestalter (språkliga formuleringar) kinestetiska gestalter (upplevelser av kroppsrörelser), lukt- eller smakgestalter (t ex pizza) osv. Ett ord utgör en auditiv, språklig gestalt bestående av ljud som ordnas så att de får en bestämd betydelse.

En smärtupplevelse kan gestalta sig så att den får en viss betydelse för den som har den. Mjälthugg känns olikt magknip. Muskelkramp känns olikt mjölksyra i benen osv. Sensationer från balanssinnet kan gestalta sig olika: Att gunga som vanligt på en vanlig gunga känns annorlunda än att gunga upp och ned, hängande i knävecken på en stång. Att smaka på en jordgubbsglass känns olika jämfört med att smaka på en citron. Att lukta på en ros känns annorlunda än att lukta på en avfallshög osv.

På något sätt ordnar vi våra intryck till gestalter som får en viss betydelse för oss. Informationsteorin som är en del av perceptionspsykologin delar upp perceptionen av stimuli i (1) information och (2) bakgrundsbrus.

Gestaltning är; att ur bruset tonar fram information som blir till en sammanhållen, integrerad gestalt. Antalet möjliga gestalter är i stort sett oändligt. Gestalter kan bildas av alla sinnen och kombinationer av sinnen. Vi kan kalla dem perceptionsgestalter.

Men gestalter kan också bildas i fantasin och bygger då på föreställningar som finns i vår mentala sfär. Vi kan kalla dem mentala gestalter. Och vi kan blanda sådant som kommer till oss här och nu i våra sinnen med sådant som finns i minnet.

Både perceptionsgestalter och mentala gestalter "färgas" av känslor och fysiologiska reaktioner (vakenhet och behov). En upplevelse, ett FRAMES är i sig en gestalt. Men gestalter är i ständig förändring, och i terapiprocessen blandas här-och-nu-FRAMES, där-och-då-FRAMES och framtids-FRAMES.

Gestaltning är en process, där upplevelsehelheter tonar fram, och integreras till en meningsbärande ordning eller "figur", mot bakgrund av allt annat som händer inom och utom mig själv (i mina FRAMES). Bakgrundsförnimmelser är också en del av upplevelsen och de kan bli medvetna om man växlar mellan vad som är figur och vad som är bakgrund i uppmärksamheten.

Ofullbordad gestaltning kan i gestaltningsprocessen integreras till en helhetsupplevelse. Detta är en ständigt pågående process, här och nu, och vid inlärning och i terapi kan man uttrycka det så, att ur kaos uppstår ordning.

Därigenom kan upplevelser också bli begripliga, hanterbara och meningsfulla.

Både det mentala och det emotionella i oss kan vara i kaos, förvirring eller ur kontakt med verkligheten. FRAMES-terapi kan sägas syfta till att skapa en sådan ordning i FRAMES att individens medvetenhet om sina FRAMES ökar. Att medvetenheten om den selektiva perceptionen ökar, att medvetenheten om de *psykosomatiska sambanden* ökar, att valfriheten i *agerandet* ökar, att flexibiliteten i *tänkandet* ökar, att medvetenheten om *känslorna* ökar och att meningsfullheten, begripligheten och hanterbarheten av den egna existensen ökar.

För att ändra dessa processer fordras en aktiv attityd. Det är därför som samtalsterapi inte lyckas om det är någon annan än klienten själv som önskar förändringen. De cirkulära sambanden i FRAMES är ofta så stadigt etablerade att det krävs påtagliga förändringar i någon av de sex faktorerna för att hela systemet ska börja förändras.

En kraftig förändring i F-faktorn är t ex byte av miljö. Att samtala om det som är svårt kan kännas lättare om man gör det i en annan miljö, t ex på en semesterresa eller i ett terapirum. En kraftig förändring i R-faktorn kan vara att sköta sin vila och sömn, eller att till exempel börja äta normalt efter en självsvältningsperiod. Det kan också vara att äta antidepressiv medicin. Det kan också vara att lyckas börja andas mindre om man gått i en kronisk dold hyperventilation p.g.a. stress, rädsla, ångest, ilska.

En påtaglig förändring i A-faktorn kan vara att aktivt experimentera med att ändra kroppshållning, och att aktivt slappna av. Att pröva att agera på ett annat, nytt sätt gentemot någon. Det kan också vara att motionera på ett behagligt sätt. Att söka mer kontakt med andra och prata mer om sig själv, sina tankar och känslor.

En förändring i M-faktorn kan vara att tillägna sig ny information, att lära sig om sina symtom; depression, ångest, tvångstankar och tvångshandlingar, PTSS (posttraumatiskt stressyndrom) osv.

En påtaglig förändring i E-faktorn kan vara att omvärdera sina symtom, sin livssituation. En påtaglig förändring i S-faktorn kan vara att skärskåda och ifrågasätta negativa automatiska tankar och grundantaganden om sig själv.

Medvetenhet, ledarskap, kontakt, integration av polariteter, kreativitet och ansvar; vad innebär de målbeskrivningarna i terapiprocessen?

Den första målbeskrivningen – medvetenhet – är att lägga grunden för förändring, att göra en självdiagnos. Det kan vara viktigt att den fasen i terapin inte går för fort. Ju mer man förstår konsekvenserna av att fungera som man gör, desto mer kan motivationen till förändring växa. Desto mer kan man också börja förstå vilka förändringar som skulle behövas för att uppnå ett behagligare och rikare liv. Medvetenhet är ett honnörsbegrepp både i början av processen och under resans gång.

Att ta ansvar för sitt liv, och ledarskap i sitt liv innebär att inte lägga över ansvaret på andra att man ska må bra. Vad kan jag göra annorlunda? Kan jag ändra mina dagliga vanor? Vad kan jag göra för att mina vänner ska vara närande och inte tärande? Hur kan jag agera för att få äkta och positiv kontakt med dem jag umgås med? Att integrera sina polariteter kan ske genom att våga ta ut svängarna och pröva nya beteenden. Om jag har det svårt med min aggressivitet, (jag kanske bara har tillgång till ytterlighetspolerna timiditet och ursinne) kan jag behöva pröva mellanlägena. Jag kan behöva pröva att vara "halv-arg, kvarts-arg eller trekvarts-arg". Om jag har svårt med generositeten och är överdrivet generös eller överdrivet snål kan jag behöva träna på att bjuda lite mer "ljummet".

Kreativitet ger ett rikare liv. Det blir lättare att göra "existentiella val" både i stort och i smått. Sköna FRAMES innebär bland annat att vara i ett inre lugn även i valsituationer och att självkänslan stärks istället för att den sänks när man står inför val. Och livet innebär ständiga val, både stora och små.

Hur kan man då rent praktiskt gå tillväga för att uppnå dessa mål? Det är lätt att drabbas av frustration när man har mål som inte riktigt stämmer med vad som känns möjligt i den verklighet vi lever i. Vi är genetiskt sett programmerade att leva i jägar- och samlarsamhällen.

Är inte de terapeutiska målen väl utopiska? Hur ska man kunna riktigt begripa meningsfullheten i vårt storskaliga samhälle där så mycket bestäms av samhällsmekanismer som är så svåra att överblicka? Hur ska man kunna vara i äkta kontakt med sina medmänniskor när scheman och tider styr vår vardag som de gör?

När två personer möts och den ena hälsar; "tjena´, hur är läget?"… så blir frågaren som regel stressad och okoncentrerad om den andre svara något annat än; "tack bra, själv då?" Hur ska man kunna uppleva kreativitet i sin vardag när man i sitt arbete ska reproducera sådant som andra tänkt ut? Hur ska man kunna känna tillfredsställelse och skönhet när samhällstempot är så uppskruvat att man inte kan värja sig från stresskänslan?

Hur ska man kunna uppleva ledarskap i sin tillvaro när man har så liten överblick över konsekvenserna av alla de viktiga existentiella val som man måste göra i olika åldrar? Hur ska man kunna känna integritet när de personlighetsutvecklande framstegen man gör äger rum i så olika miljöer och på så olika bostadsorter som de gör i vårt västerländska arbetsköpare-och säljaresystem?

Hur ska man kunna känna meningsfullhet i tillvaron när så många andra individer har så olika värderingar av vad som är viktigt i livet? Hur ska man kunna känna ansvar när så mycket av livssituationen beror på så många andra människor som man aldrig kommer i kontakt med?

Även om jag som terapeut inte kan ändra mina klienters sociala ekologi kan jag stötta dem att utveckla medvetenhet, ansvar, integrering av sina polariteter, personligt ledarskap, kontakt och kreativitet i de vardagliga terapeutiska mötena. Ett sätt att hjälpa mina klienter att bli medvetna om, och ta ansvar för sina känslor och tankar är att fråga; "hur känns det för dig?", eller "vad betyder det för dig?" "vad händer i dig?" "vad vill du?" "vad ser du?" "vad hör du?" "vad tänker du?" "vad gör du när det händer?" Jag kan fråga om min klient ser ett mönster i det som sker. Ser ett mönster i känslan, situationen, tankarna, sitt agerande, de kroppsliga reaktionerna eller självupplevelsen i de olika berättelserna som han kommer med.

Polariteter behöver bli speglade och medvetna, för att man ska kunna bearbeta dem. De ger sig bland annat tillkänna när man "säger emot sig själv". Då kan motstridiga känslor, strategier, eller åsikter få stå sida vid sida samtidigt och bli tydliga, gärna nedskrivna på whiteboardtavlan.

Ett sätt att hjälpa klienten till kreativitet är t.ex. att fråga; om ett mirakel skulle ske imorgon och allt skulle bli bra i ditt liv hur skulle allting vara då – vilka förändringar skulle ha inträffat? Ett annat sätt är att inventera alla möjliga och omöjliga förslag som han eller hon kan komma på, och att jag också kan fylla på listan. Den gestaltterapeutiska stolstekniken innebär att klienten "får möta olika sidor av sig själv" genom att uttrycka en sida när han sitter i en stol. Därefter byter han stol och uttrycker en annan sida av sig själv osv.

Ett sätt att hjälpa klienten att känna ledarskap är att inventera vilka val som han eller hon står inför och att bekräfta tvehågsenheten om den finns där. Därigenom kan klienten få bekräftat att valet kanske inte skulle vara enkelt för andra heller. Det är kanske inte så underligt att det hela känns svårt, men det betyder inte att det inte går att välja. Det kanske tyder på ansvarskänsla att tveka. Om det ena alternativet vore helt igenom bra och det andra helt igenom dåligt, så vore det ingen konst att välja.

FRAMES i förhållande till anhöriga, fru, föräldrar, syskon, barn, olika vänner, arbetskamrater, arbetsledare osv kan vara så olika, att man kan tala om att jag fungerar i helt olika roller. Om dessa roller inte samtidigt utgår från en äkta relation till mig själv, kan risken bli stor, att jag känner mig förvirrad i mig själv, och att mitt själv blir splittrat/fragmenterat, som en mosaik utan kitt emellan.

Om jag inte är autentisk mot mig själv finns det risk att mina roller är så olika att jag inte vet vem jag själv egentligen är. Det är en annan sak att gå in i olika roller/FRAMES, om jag väljer att göra det för att jag vill anpassa mig till en speciell situation eller en speciell person, utan att för den skull förlora mig själv.

Bristande integritet kan innebära fragmenterade relationer till omvärlden. Uttryckt i FRAMES-termer: Vid bristande integritet har man ett antal "relaterande-FRAMES" som inte är autentiska och/eller inte passar ihop. Man befinner sig i en splittrad identitet, istället för en integrerande, fritt associerande identitet.

En annan aspekt på identiteten är vilka övergripande personlighets-FRAMES man har. Hur är det till exempel med:

(F) Utåtriktat eller inåtriktat uppmärksamhetsmönster?

(R) Temperament?

(A) Kroppsspråk, beteenderepertoar?

(M) Kognitiv stil, sätt att lösa problem, minnas, besluta sig, sätt att tänka om och förstå andra, personliga värderingar, osv?

(E) Känslosamhet?

(S) Självupplevelser, "självprat", självförtroende, självkänsla?

Vid bristande integritet upplevs man som oförutsägbar, svår att samarbeta med, svår att förstå sig på. Bristande integritet innebär också att man får svårt att prioritera mellan olika åtaganden, att välja i olika "existentiella zoner" arbete, familj, fritid.

Dels kanske man låter andra välja åt sig, även om valet gäller min egen tillvaro och val som jag måste göra själv. Dels kan man sakna en god sammanhållande, övergripande associations-struktur som kan hantera de existentiella valen, som till exempel: "Ska jag prioritera jobbet före min hobby? Mina vänner före min hobby? Släktkalaset före mitt jobb?" osv. Kan jag ta de olika prioriteter i tur och ordning, och i så fall i vilken ordning?

Att terapeutiskt bearbeta sina FRAMES kan göras på olika sätt. I gestaltterapi kan bearbetning innebära att med psykodramatiska tekniker genomleva upplevelseförlopp som är sårande och hindrar kontakt med, och ansvarstagande för den sanna egna existensen. I samtal kan det innebära att upptäcka och sortera i föreställningar om samband och sammanhang. På olika sätt kan man växla mellan, och experimentera med olika mentala föreställningar och sinnesintryck i psykodramaövningar, och på så sätt så småningom begripa och finna mening i tillvaron.

Målet i terapi är att kunna utveckla förmågan att hantera minnet av jobbiga erfarenheter och att kunna utveckla förmågan att "se med öppna ögon" och hantera liknande situationer och händelser i nu- och framtid. För att nå det målet behövs att dynamiken i FRAMES-processerna blir medveten och att de förstås kan, hanteras och få mening i ett större sammanhang.

Slutord

FRAMES-modellen är i första hand tänkt som en dynamisk kommunikationsmodell. Det är det pedagogiska och systemiska arbetssättet som är avsikten med modellen. Den ger en möjlighet att belysa och analysera onda cirklar eller goda cirklar i livet. Därför är det inte så avgörande exakt vilka ord som skrivs in i cirklarna. Huvudsaken är att klienten och terapeuten vet vad de menar med de ord som används i kommunikationen/analysen.

Istället för "fysiologiska reaktioner i kroppen" kan man helt enkelt skriva "kroppen". Istället för "formering/gestaltning av sinnesintryck" kan man helt enkelt skriva "input", "ser" eller "hör"... osv.

Min önskan är att det ska kännas lätt att både strukturera och improvisera när man gör psykoanalyser med hjälp av FRAMES-strukturen.

Jag har musicerat i hela mitt liv, och jag gillar musik bäst när den är både välkänd och improviserad på samma gång. Låt oss likna FRAMES-faktorerna vid en orkester som samspelar, och livet självt vid musik (förhoppningsvis så njutbar som möjligt).

Av alla olika sättningar i orkestrar som jag har spelat i, är dixielandorkestern den som gett det största utrymmet för utspel och improvisation för *alla* bandmedlemmarna. Jag tror att det beror på två saker. För det första är rollerna i en dixielandorkester så igenkännbara och tydliga, att man alltid "landar med fötterna i melodin" efter improvisationerna. Trumpeten spelar huvudtemat i melodin. Trombonen spelar återkommande riff och andra melodislingor som svar på melodins huvudtema. Klarinetten drillar och förgyller ljudbilden så att den blir fyllig och ljus. Banjon ger en harmonimatta och en stadig rytm att luta sig mot. Basen gör ljudbilden och harmonin fyllig i basregistret

293

och tillsammans med banjon och trummorna eller tvättbrädan skapar den "groovet" i låten. Trummorna eller tvättbrädan skapar "tung-gunget" och dynamiken i rytmen. Vem som än improviserar så kan man alltid lätt återgå till ett tryggt och svängigt spelande av låten med en gemenskaps- och helhetskänsla.

För det andra är antalet (ungefär sex) bandmedlemmar i orkestern optimalt för improvisation. Det är så litet att alla kan bli hörda och få chansen att improvisera, och det är så stort att det låter fylligt även om någon förändrar sin roll i harmonin och "utbrister" i ett improviserat solo.

Så vill jag att det ska vara, och så tycker jag att det är med FRAMES-analyser. Antalet faktorer att arbeta med är så litet att det går lätt att växla fokus. I tur och ordning kan man kombinera ihop FRAMES-faktorerna för att analysera hur de samspelar. Och då är det är liten risk att man glömmer helheten. Samtidigt är antalet faktorer så stort, att risken inte heller är särskilt stor att man ska glömma komplexiteten i helheten i de psykologiska processer som man är intresserad av.

Häromdagen satt jag med en flicka i tonåren, som frågade hur det kunde komma sig att hennes mamma reagerade på ett sätt gentemot henne, och pappa reagerade på ett annat sätt. Hon frågade också hur det kunde komma sig att de var så olika gentemot hennes bror och gentemot henne.

Jag tog då till en bild (fig. 49 på nästa sida), som i sin enkelhet, och i sin komplexitet gav en grundskiss för hur hon skulle kunna fortsätta att undersöka saken (hon var bekant med FRAMES-strukturen sedan tidigare, så jag skrev ut F, R, A, M, E och S i figuren) Och så ställde jag följdfrågor på hennes berättelse, som utgick från de olika FRAMES-kategorierna:

När mamma var arg på dig igår, vad sa hon? Hur såg hon ut? Hur såg pappa ut när hon blev arg? Vad tror du att han tänkte? Sa han nå´t? Visade lillebror några känslor? osv. Vad känner du nu när du tänker på det som hände igår? Vad vill du med mamma? Vill du fråga henne om något? Vad vill du säga till henne? osv. osv

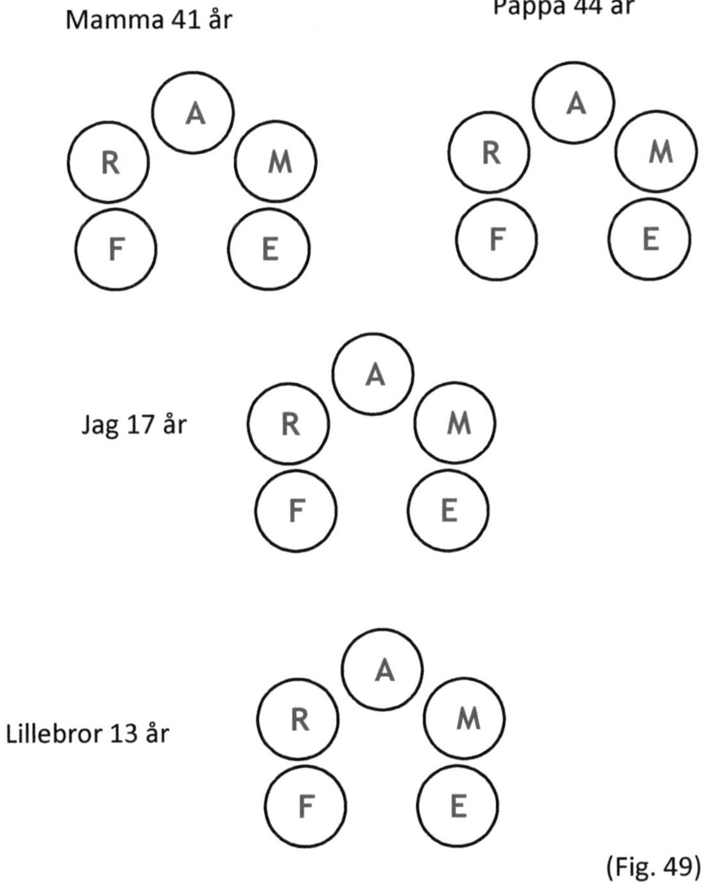

(Fig. 49)

Figur 49 illustrerar vad jag menar med komplexiteten och ömsesidighet i relationer på grund av vars och ens minnes-FRAMES, här-och-nu-FRAMES och framtids-FRAMES.

Det gör att man inför familjesamtal pga. varje individs selektiva varseblivning/subjektivitet behöver börja terapin med att göra en gemensam positionsbestämning. Dvs. att alla inför samtalen samtidigt behöver få höra svaren på frågorna;

Varför är vi här? Vilka mål har vi med samtalen? Vem har pratat med vem inför samtalen? När?

Sammanfattningsvis: Våra upplevelser kan beskrivas med

(1) Fokusering av uppmärksamhet gentemot olika yttre fenomen och inre fysiologiska tillstånd (selektiv uppmärksamhet)

(2) Reaktioner i kroppen (fysiologi; hormoner osv.)

(3) Agerande (beteenden, attityder)

(4) Mentala begrepp, minnen, tänkande

(5) Emotioner och

(6) Självupplevelser Allt efter- hand leder upplevda FRAMES till självmedvetenhet.

Omgivningen påverkar [FRAMES] och vår existens och vårt agerande påverkar omgivningen

Med andra ord: En individs beteende och attityd interagerar med den personens omgivning. Det sammanfattande sambandet gör det möjligt att analysera samspelet mellan olika personers FRAMES. Vi utgör varandras miljö.

Referenslitteratur

Alfvén, G. (1999). Barnpsykosomatik. Studentlitteratur.

Antonovsky, A. (1998). Hälsans mysterium. Natur och Kultur.

Ayres, J. (1983) Sinnenas samspel hos barn. Psykologiförlaget.

Baldwin, A.L. (1967) Theories of Child Development. Wiley International Edition.

Barlow, D.H., (2001). Clinical Handbook of Psychological Disorders. The Guilford Press.

Bates, J. Wachs, T. (1994) Temperament: Individual differences at the interface of biology and behaviour. Washington, DC: American Psychological Association

Bjålie, J.G. m.fl. (1998) Människokroppen. Liber.

Bower, G. (1981). Mood and memory. American Psychologist, 36, 129-48.

Cassidy J & P Shaver. (1999) Handbook of attachment. The Guilford Press.

Erikson, E.H. (1954) Barnet och Samhället. Natur och Kultur.

Eriksson, H. (2001) Neuropsykologi. Liber.

Freltofte, S. (1999) Utvecklingsmöjligheter för barn med avvikande hjärnfunktion. Natur och Kultur

Goleman, D. (1998). Känslans intelligens. Wahlström & Widstrand.

Gordon, T. (1975). Aktivt föräldraskap. Askild & Kärnekull.

Greenspan, S.I. (1981). Clinical infant reports: No.1. Psychopathology and adaptation in early childhood. New York: International Universities Press.

Hellsten, T. (1999) Flodhästen på arbetsplatsen. Cordia.

Henderson, Y. (1940). Carbon Dioxide. Cyclopedia of Medicine.

Hendricks, G. & Hendricks, K. (1995) Kroppens egen intelligens. Svenska Dagbladet.

Hendricks, G. (1995) Andningsövningar för ett bättre liv. Svenska dagbladets förlag. James, M. & Jongeward, D. TA – en metod att leva lättare. Askild & Kärnekull.

Josefsson, D. & Linge, E. (2008) Hemligheten. Natur & Kultur.

Laffey, J.G & Kavanagh, M.B. (2002). Hypocapnia. N Engl J Med. 347, No 1. 43-54.

Ljungberg, T. (1991) Människan kulturen och evolutionen. Exiris.

Luria, A.R. (March 1970).The functional organization of the brain. Scientific American, 222(3), 66-78.

Malmström, C. (2003) Stress i Psykosomatik. www.medicallink.se

Mannerstråle, I. (red.), (1995) Gestaltterapi på svenska. Wahlström & Widstrand.

Nixon, P.G.F. (1994). Effort syndrome: Hyperventilation and reduction of anaerobic threshold. Biofeedback and Self-Regulation, 19, 155-169.

Nörretranders, T. 1993 Märk världen. Bonnier Alba

Meltzoff, A.N. (1981) Imitation, intermodal co-ordination and representation in early infancy. I. G. Butterworth (red.), Infancy and epistemology. London: Harvester Press.

Nationalencyklopedin multimedia. Bokförlaget Bra Böcker.

Olivier, S. (2000) Antistressguide.

Richters. Prior, M. (1992).Temperament: A review. Journal of Child Psychology and Psychiatry 33: 249-279

Rosner, J. (1987) Peeling the Onion. The Gestalt Institute of Toronto.

Sandler, J. et al (1997) Freud´s Models of the Mind. Karnac Books.

Scheifer, L.M., Ley, R & Spalding, T (2002) A Hyperventilation Theory of Job Stress and Musculoskeletal Disorder. American Journal of Industrial Medicine 41:420-432, p 428

Socialstyrelsen. (2002) ADHD hos barn och vuxna. Socialstyrelsen.

Stalmatski, A. (2001) Freedom from Insomnia. ISBN 1-85626-378-9

Steinberg, J. (1978) Aktiva värderingar. Askild & Kärnekull.

Stern, D. (1991) Spädbarnets interpersonella värld. Natur och Kultur.

Tomm, K. (2000) Systemisk intervjumetodik. Mareld.

Wennberg, B. (2000) EQ på svenska. Natur och Kultur.

Wolf, E. (1988) Treating the Self. The Guilford Press.

von Schéele, B.H.C. & von Schéele I.A.M.(1999). The Measurement of Respiratory and Metabolic Parameters of Patients and Controls Before and After Incremental Exercise on Bicycle: Supporting the Effort Syn-drome Hypothesis? Applied Psychophysiology and Biofeedback, Vol. 24, No 3.

Wright, S. (1961) Applied Physiology. Oxford University Press.

Appendix

Balanserade FRAMES eller ångestupplevelser

Ett liv i balans innebär att växla mellan återhämtning och stress.

Om vi inte respekterar behovet av avslappning, sömn och återhämtning eller, om vi pga. livsomständigheter, inte kan finna sinnesro kan vi hamna i utbrändhet, ångest eller depression.

Obalanserat FRAMES:

F – Jag har svårt att fokusera sinnesintryck från omgivningen eller kroppen. Mina tolkningar av mina upplevelser kan därför bli förvrängda.

R – Jag har svårt att mobilisera den energi som jag behöver i mitt dagliga liv pga. att jag är för uppjagad eller har för lite energi för den aktivitet som jag har framför mig.

A – Jag agerar dysfunktionellt, ångestdrivet, hämmat, paralyserat, tvångsmässigt eller maniskt.

M – Jag hamnar lätt i tankefällor.

E – Jag är känslomässig instabilitet och

S – mitt självförtroende och min självkänsla blir låg.

Eftersom vår livssituation påverkar våra FRAMES lika väl som att våra FRAMES (vårt agerande) påverkar vår livssituation handlar våra liv både om socialt samspel och om inre, psykologiska processer (synergi i den psyko-sociala dynamiken).

Balanserat FRAMES vid stress innebär:

F – att både yttre sinnen (syn, hörsel, lukt, smak och hudsinne) och inre sinnen (balanssinnet, muskelsinnet och andra sensationer inifrån kroppen) är fokuserade på de mål jag har för mitt agerande.

R – att uppladdningen i kroppen är anpassad till situationen och vad uppgiften kräver.

A – att agerandet är målinriktat, fokuserat och ändamålsenligt.

M – att jag är mentalt fokuserad på situationen och mina personliga värderingar och prioriteringar.

E – att jag har känslomässig tillfredsställelse.

S – att jag är tillfreds med mig själv.

MEN – om en individ under lång tid upplever kraftig stress, även om hon tycker sig uppnå målen med agerandet och mobiliseringen av energi, så kommer kroppen till slut att reagera om hon inte får tillräcklig vila och återhämtning. Hon riskerar att få utmattningsdepression.

Balanserat FRAMES vid inre lugn och sinnesfrid innebär:

F – att uppmärksamheten i den yttre uppmärksamhetszonen (syn, hörsel, lukt, smak eller hudsinnet) och i den inre uppmärksamhetszonen kan svepa fritt.

R – att kroppen är avstressad (befinner sig i "parasympatiskt tillstånd"). Kroppen är lugn och andningen är lugn.

A – att agerandet är lugnt och fokuserat. Jag agerar därför att "jag vill" och inte därför att "jag måste".

M – att associationer, minnen och tankar kommer och går fritt, och inte fastnar i oroande associationer och tankefällor. Medvetandet kan omfamna vilken FRAMES-komponent som helst.

E – att jag har lugna känslor

S - att jag är tillfreds med mig själv.

Om du vill analysera dina reaktioner i en viss situation kan du svara på frågorna i rutorna på nästa uppslag. Du kan rita upp större rutor i ett kollegieblock för att få bättre plats att skriva.

Situation:

....

F	R	A
Vad/vem fokuserar du?	Reaktioner i kroppen?	Ditt agerande?
Vad lägger du märke till i din omgivning?	Stressnivån?	Konsekvenser?
I kroppen?		

M	E	S
Dina tankar?	Dina känslor?	Hur är din självkänsla i situationen? Vem vill du vara i den här situationen?

Efter att du fyllt i rutorna kan du reflektera över sambanden i dina FRAMES.